财会主干课程系列教材

普通高等教育“十三五”规划教材·会计精品系列

财务管理

CAIWU GUANLI

（第二版）

主编　曹中

副主编　李锋　张玉英　王伟

立信会计出版社

LIXIN ACCOUNTING PUBLISHING HOUSE

图书在版编目(CIP)数据

财务管理/曹中主编. —2 版. —上海：立信会计出版社，2018. 4(2022. 7 重印)
普通高等教育“十三五”规划教材. 会计精品系列
ISBN 978-7-5429-5774-0

Ⅰ. ①财… Ⅱ. ①曹… Ⅲ. ①财务管理—高等学校—教材 Ⅳ. ①F275

中国版本图书馆 CIP 数据核字(2018)第087348号

策划编辑 洪梅春
责任编辑 洪梅春 孙 勇

财务管理(第二版)
CAIWU GUANLI

出版发行	立信会计出版社		
地　　址	上海市中山西路 2230 号	邮政编码	200235
电　　话	(021)64411389	传　　真	(021)64411325
网　　址	www. lixinaph. com	电子邮箱	lixinaph2019@126. com
网上书店	http://lixin. jd. com		http://lxkjcbs. tmall. com
经　　销	各地新华书店		

印　　刷	江苏凤凰数码印务有限公司		
开　　本	787 毫米×1092 毫米	1/16	
印　　张	16		
字　　数	333 千字		
版　　次	2018 年 4 月第 2 版		
印　　次	2022 年 7 月第 3 次		
书　　号	ISBN 978-7-5429-5774-0/F		
定　　价	39. 00 元		

前　言

财务管理是会计学、财务管理和审计学等专业的专业必修课，也是其他各财经类、管理类专业的专业选修课。财务管理是以资金管理为中心内容的一项管理活动，资金是现代企业经营和发展所需要的一项基本资源，实现企业的战略目标离不开资金的支持。同时，企业要想取得良好的资金运作效果，必须依赖发展战略的正确选择，而企业发展的最终目标是为了实现企业价值最大化，所以财务管理应处于企业管理的中心地位。

财务知识和财务工作涉及社会经济的各个领域和各个方面，财务理论的变化频率加快，财务管理新内容、新知识更是层出不穷，市场经济的全球性联系和竞争对财务管理的要求越来越高。财务管理教学必须正确处理好知识与能力的关系，在讲解好基本理论知识的基础上积极引导学生自觉、自主地分析问题，培养学生发散型、创新型思维，引导学生进行自主学习，才可以起到事半功倍的效果，才可能培养出适应社会需要的财务管理人才。

本教材的特点体现在以下几个方面：

(1) 通俗易懂。内容深入浅出，对重点和难点结合实例，力求讲深讲透。

(2) 注重能力培养。以培养学生的能力为主旨，主要阐述财务管理的基本理论和基本方法，为学生进一步学习打下基础，并给学生留有一定的自学空间。

(3) 侧重实务。财务管理是一门应用性、实践性很强的学科，本教材在阐述企业财务管理的基本理论和基本方法的同时，结合我国的实际情况，介绍财务管理工作的相关经验和规律，并安排一些案例供学生参考。

(4) 学练并重。本教材每一章后面都配有练习题，并在书后附有参考答案，便于学生复习和巩固所学内容。

本教材由上海立信会计金融学院曹中老师担任主编，上海立信会计金融学院李锋老师、张玉英老师以及河南质量工程职业学院王伟老师担任副主编，主编、副主编共同拟订写作提纲，由主编负责总纂和定稿。编写具体分工如下：第一和第六章由曹中教授执笔，第四章、第八章和第九章由李锋副教授执笔，第三章由张玉英副教授执笔，第二章、第五章和第七章由王伟老师执笔。编写过程中夏亚丽、时浩锋作出了一定的贡献。

本教材适用于全日制大学和成人高校的教学，也可以作为财务与会计人员、经济管理人员在职培训和自学教材。

随着世界经济的发展，财务管理这门学科正处于快速发展时期，内容也在不断更新与丰富，还有许多问题有待继续讨论和研究，有些方法有待继续完善，特别是如何将西方发达国家的经验用于我国企业的具体实践值得我们狠下工夫。由于编写时间紧迫和作者水平有限，书中如有不妥、疏漏之处，恳请广大读者批评指正。

曹　中

2018年4月

目 录

第一章

学习目的与要求

通过本章的学习，应理解财务管理的概念，掌握财务管理的内容，明确企业财务关系，理解现代企业的财务管理目标。了解财务管理工作的基本环节，了解我国企业所处的法律环境、经济环境和金融市场环境。

第一节　财务管理概述

一、财务管理的产生与发展

财务管理的产生与发展和社会经济的发展密切相关，复杂和高级的经济社会关系需要完善和系统的财务管理与之相适应。

从资本主义的萌芽到资本的原始积累再到工业革命，社会经济的不断发展，企业制度的不断完善，社会经济的日趋发达对财务活动的要求越来越高。1897 年，美国著名财务学者格林的专著《公司财务》的出版，标志着财务管理理论的初步形成。

西方国家的财务管理发展大致可分成三个阶段：

(1) 注重筹资管理阶段。随着资本主义大工业的快速发展，到 20 世纪初期，企业规模不断扩大，竞争更加激烈，企业需要筹措大量资本。在这一阶段，如何有效筹集企业所需要的资本以及确定适合本企业的资本结构是企业财务管理的主要任务。

(2) 注重内部管理阶段。20 世纪 30 年代全球经济危机的产生，使企业大量破产倒闭，面临生存危机。为了企业的生存、发展，财务管理的重心从外部扩张的资本筹集转移到内部财务管理上来。在这一阶段，企业财务管理重点关注企业拥有或控制的经济资源，企业逐渐意识到加强财务整体规划、财务分析、成本控制、预算管理和提高资本的使用效益的重要性。

(3) 注重投资管理阶段。20 世纪 50 年代以后，随着企业经营模式的变化和经营环境的变迁，企业经营的风险不断提高。投资决策的正确与否，在投资过程中进行的风险管理水平高低在一定程度上决定着企业财务管理的成败。如何制定风险投资决策从而成功投资，成为这一阶段企业财务管理的重点。

我国的财务管理理论和实践以改革开放为分水岭。改革开放前，我国实行高度集中的计划经济体制和相应的财政体制，政府对企业财务管理的开展起着直接的作用；改革开放后，随着经济体制和企业经营机制的改革，不断借鉴西方国家的成功经验，财务管理逐步回归企业，财务管理的内容也变得越来越复杂和丰富。

二、财务管理的概念

财务管理从名词性的角度讲，是有关管理财务的一门课程或艺术；从动词性的角度讲，财务管理就是管理财务，即组织企业财务活动，处理财务关系的一项经济管理工作。在企业的生产经营活动中，客观地存在着财务活动，企业也必然要与各方面发生财务关系，因此，任何一个企业要不断地提高经济效益和经营管理效率，在市场竞争中生存、发展，就必须设置专门机构，配备专门人员来计划、组织、指挥和监督控制企业的财务活动，处理、协调企业与各方面的财务关系。财务管理正是基于企业再生产过程中客观存在的财务活动和财务关系而产生的，它是企业组织财务活动、处理企业与各方面财务关系的一项经济管理工作，是企业管理的重要组成部分。

三、财务关系

财务关系是指企业在财务活动中与各利益主体形成的经济利益关系。企业的财务活动以企业为主体，企业作为法人在组织财务活动过程中，在资金的筹集、投放与使用、回收与分配过程中，必然与企业各有关方面发生着经济联系。在市场经济条件下，企业的财务关系可归纳为如下几个方面。

（一）企业与投资者之间的财务关系

企业与投资者之间的财务关系主要是指由于企业的所有者向企业投入资本而形成的所有权关系。企业的所有者主要有：国家、个人和法人单位。依据出资的情况，可能有独资、控股和参股关系。一般地说，投资者出资的多少，决定了他们各自对企业承担的责任以及在企业中的权力和利益的大小。企业与投资者之间的财务关系体现着所有权性质，反映着受资与投资的关系。

（二）企业与被投资者之间的财务关系

企业与被投资者之间的财务关系主要是指企业以购买股票或直接投资的形式向其他企业投资所形成的经济关系。企业与受资方的财务关系体现为以所有权为基础的投资与受资的关系。企业向其他单位投资，根据其出资额，可形成独资、控股和参股等股权关系，并根据其出资份额参与受资方的重大决策和利润分配。

（三）企业与债权人之间的财务关系

企业与债权人之间的财务关系主要是指企业通过发行债券或者直接向债权人借入资

金，并按借款合同等有关规定按时支付利息和归还本金的借款行为，以及在赊购中由于延期付款等与其他单位发生的商业信用而形成的经济关系。企业的债权人主要有：金融机构、企业和个人。企业借入一定数量的资金，以便扩大企业经营规模，降低资金成本。债权人不直接参与企业经营管理，对企业的重大活动不享有表决权，也不参与剩余收益的分配，但在企业破产清算时享有优先求偿权。因此，债权人投资的风险相对较小，收益也较低。企业同债权人的财务关系在性质上属于债务与债权关系。

（四）企业与债务人之间的财务关系

企业与债务人之间的财务关系主要是指企业购买其他单位债券、向其他单位提供借款或商业信用等形式而与其他单位所形成的经济关系。企业在提供信用的过程中，一方面会产生直接的信用收入，另一方面也会产生相应的机会成本和坏账损失的风险，企业必须考虑两者的对称性。企业与债务人之间的财务关系，在性质上反映了债权与债务关系。

（五）企业与税务机关之间的财务关系

企业与税务机关之间的财务关系主要是指企业按照国家税法规定向税务机关缴纳各种税款而形成的关系。企业必须及时、足额地纳税，以保证国家财政收入的实现，满足社会各方面的需要。企业与税务机关之间的财务关系，反映了一种强制和无偿的分配关系。

（六）企业内部各单位之间的财务关系

企业内部各单位之间的财务关系主要是指由于企业内部各单位之间在生产经营各环节中相互提供产品或劳务所形成的经济关系。在实行内部经济核算的企业，企业内部各单位是单独的责任中心，各单位之间提供产品或劳务要进行计价结算。这样，在企业内部形成了各单位与财务部门之间的领款、报销、代收、代付等的收支结算关系，以及企业内部各单位相互之间的资金结算关系。企业内部各单位之间的财务关系是企业内部各单位之间的利益均衡关系的体现。

（七）企业与职工之间的财务关系

企业与职工之间的财务关系主要是指企业向职工支付工资、津贴、奖金等劳动报酬，按规定向职工提供各种福利或者代垫款项等而形成的经济关系。企业向职工支付工资津贴，为职工提供福利，体现职工个人和集体在劳动成果上的分配关系。

四、财务管理的内容

企业的基本活动是从资本市场上筹集资金，投资于生产性经营活动，并运用这些资产进行生产经营活动。因此，企业的基本活动可以分为投资、筹资和利润分配活动。企业筹资、投资和利润分配构成了企业财务活动的主要方面，与此对应的，企业筹资管理、投资管理和利润分配管理便成为企业财务管理的基本内容。

（一）筹资管理

筹资管理是企业财务管理的首要环节，企业从各种渠道以各种方式筹集资金，也是企业资金运动的起点。筹资是企业投资活动的基础。在筹资过程中，企业既要确定合理的筹资规模，以保证企业投资和运营所需要的资金；又要选择适当的筹资方式，降低筹资的成本和筹资风险。根据国家有关制度规定，企业的筹资可以通过向投资者吸收直接投资、发行股票以及运用企业内部留存收益等自有资金方式取得，也可以通过向银行借款、发行债券、合理占用应付账款等举债方式取得。企业筹集资金过程中的资金收付活动就是因筹集资金而引起的财务活动。

（二）投资管理

投资是指企业对资金的运用，是为了获得收益或避免风险而进行的资金投放活动。投资管理主要指资金的投放与使用过程中对资金的管理活动。企业将筹集到的资金投放于企业的生产经营过程，以谋求最大的经济效益。企业投放与使用的资金主要包括购置流动资产、固定资产、无形资产，支付工资和其他费用的资金，以及购买其他企业的股票、债券，与其他企业联营等对外投资的资金。企业无论是支付内部所需资产和费用，还是购买各种证券，都需要支付资金，而当企业收回对外投资、出售各种证券、变卖各种资产时，则会产生资金的收入。这些资金收付活动就是因企业资金的投放与使用而引起的财务活动。

企业的投资按投资方式可分为直接投资和间接投资。直接投资是指将资金投放在生产经营性资产上，以便获得利润的投资，如购买设备、兴建厂房、开办商店等；间接投资又称证券投资，是指将资金投放在金融商品上，以便获得利息或股利收入的投资，如购买政府债券、购买企业债券和企业股票等。按投资期限的长短可分为长期投资和短期投资。长期投资是指投资期 1 年以上的投资，如固定资产投资和长期证券投资；短期投资是指投资期在 1 年以内的投资，如应收账款、存货和短期证券投资，短期投资又称流动资产投资或营运资金投资。按投资的范围可分为对内投资和对外投资。对内投资是对企业自身生产经营活动的投资，如购置流动资产、固定资产、无形资产等；对外投资是以企业合法资产对其他单位或对金融资产进行投资，如企业与其他企业联营，购买其他企业的股票、债券等。

（三）利润分配管理

成功的投资会使企业获得资金的增值。分配是作为投资的结果而出现的，它是对投资成果进行分配。投资成果表现为取得各种收入，并在扣除各种成本费用后获得利润，所以，广义地说，分配是指对投资收入（如销售收入）和利润进行分割和分派的过程，而狭义的分配仅指对税后利润的分配。利润分配管理主要解决利润如何分配的问题。如果利润分配过多会影响企业再投资能力，不利于企业扩大生产规模和长期发展；如果利润分配过少，可能引起投资者不满。因此，利润管理的关键是确定利润的支付率。影响企业分配决策的因素很多，企业必须根据情况制定出企业最佳的利润分配政策。在资金的回收与分配过程中，必然要发生资金的收入和付出，从而引起财务活动。

资金的筹集、投放与使用、回收与分配三个方面的财务活动，是相互联系、相互依存的有机整体，共同构成企业财务活动的完整过程，同时也是企业财务管理的基本内容。

第二节 财务管理的目标

现代企业的目标就是创造价值,现代企业财务管理的目标就是为企业创造价值服务。鉴于财务主要是从价值方面反映企业的商品或者服务的提供过程,因而财务管理可为企业的价值创造发挥重要作用。财务管理目标又称理财目标,是指企业期望通过财务活动达到的目的。财务管理目标是企业财务管理活动的出发点和归宿,决定着企业财务管理的基本方向。合理的财务管理目标,对优化理财行为,改善经营管理,提高经济效益等都具有重要意义。目前,人们对财务管理目标的认识尚未统一,主流观点主要有三种:利润最大化、净资产收益率最大化(或每股利润最大化)和企业价值最大化(或股东财富最大化)。

一、利润最大化

利润最大化观点认为:利润代表了企业新创造的财富,利润越多,则企业的财富增加就越多,越接近企业的目标。同时,利润的多少在一定程度上反映了企业经济效益的高低和企业竞争能力的大小,所以,企业财务管理的目标应该是使企业的利润最大化。但这种观点存在以下缺点:①没有考虑时间因素。利润是指企业一定时期实现的利润总额,投资项目收益现值的大小,不仅取决于其收益将来值总额的大小,还要受取得收益时间的影响。因为早取得收益,就能早进行再投资,进而早获得新的收益,以利润最大化为目标没有考虑利润取得的具体时间因素,即没有考虑资金的时间价值。②没有考虑所获利润与成本之间的关系,使不同资本规模的企业或同一企业在不同期间的利润总额缺乏可比性。③没有考虑风险问题。高收益意味着高风险,追求最大利润,有时会增加企业风险,一旦不利的因素出现,企业将陷入困境,甚至可能破产。④容易导致短期行为。片面追求利润最大化往往会使企业财务决策带有短期行为的倾向,只顾实现目前的最大利润,而不顾企业的长远发展,如忽视产品开发、人才培养、技术装备水平,等等。

二、净资产收益率(或每股利润)最大化

对非股份制企业而言,采用净资产收益率。净资产收益率是净利润与所有者权益平均余额的比率。对股份制企业而言,则采用每股利润。每股利润是净利润与普通股股数的比率。这种观点认为:应该把企业利润与投入的资本相联系,用净资产收益率最大化(或每股利润最大化)作为企业财务管理目标。这种观点的优点是:考虑了所获利润与投入资本额或股本之间的关系,使不同资本规模的企业或同一企业不同期间的利润具有可比性。

但是这种观点本质上还是以利润作为基础,因此,仍然没有克服利润最大化目标的三个缺点:①没有考虑资金的时间价值。②没有考虑风险与报酬的关系。③容易导致企业

财务决策的短期行为。

三、企业价值最大化(或股东财富最大化)

大多数投资者投资企业的目的就是创造尽可能多的财富，这种财富首先表现为企业的价值。企业价值的大小不但取决于企业目前的获利能力，同时也要反映企业潜在或预期的获利能力。这种观点是现代中西方财务管理理论普遍公认的，认为企业价值是衡量企业财务行为和财务决策的合理标准，并在此基础上讨论财务管理的理论和实践。企业价值最大化要求企业通过采用最优的财务政策，充分考虑资金的时间价值以及风险与报酬的关系，在保证企业长期稳定发展的基础上使企业总价值达到最大。

对于股份制企业来说，企业价值最大化就是股东财富最大化，对于上市的股份公司，股东财富最大化可用股票市价最大化来代替。股东财富是由其所拥有的股票数量和股票市场价格两方面决定的，股票的市场价格体现着投资大众对公司价值所作的客观评价。人们通常以股票市场价格来代表公司的价值或股东财富，在股票数量一定时，股票价格达到最高，股东财富也达到最大。股票价格是由公司未来的收益和风险决定的，股价的高低，不仅反映了资本和获利之间的关系，而且体现了预期每股收益的大小，全面地反映了公司目前和将来的盈利能力、预期收益、资金的时间价值、风险等方面的因素及其变化。所以，企业价值最大化(或股东财富最大化)被认为是一个较为合理的财务管理目标，企业追求其市场价值最大化，有利于避免企业在追求利润上的短期行为。因为不仅目前的利润会影响企业的价值，而且未来预期的利润对企业价值的影响所起的作用更大。

由于企业价值最大化是一个抽象的目标，在运用时也存在一些缺陷：①非上市企业的价值很难确定，须通过资产评估确定其价值的大小，评估标准和评估方式的主观性比较大，会影响到企业价值确定的客观性和准确性。②对于股份制企业来说，股票价格的变动取决于企业自身因素，还受各种因素的影响。③股东财富最大化目标只强调股东的利益，而忽视了企业其他利益主体的利益。

企业是通过契约关系将各种利益主体联系在一起的组织形式。企业应将长期稳定发展放在首位，强调在企业价值增长中满足与企业相关的各利益主体的利益。企业只有通过维护与企业各利益相关者的利益，承担起应有的社会责任(如保护环境、参加慈善活动、支持政府、支持社会公众活动等)，才能更好地实现企业价值最大化这一财务管理目标。

第三节　财务管理环节

财务管理环节是指财务管理的工作步骤和一般工作程序，这些环节构成财务管理循环。企业财务管理的环节一般包括财务预测、财务决策、财务预算、财务控制和财务分析，这些财务管理环节互相联系、互相制约，构成了完整的财务管理工作体系。

一、财务预测

财务预测从名词性角度讲就是财务预测的结果，从动词性角度讲是企业根据财务活动的历史资料（如财务分析报告），结合企业当前状况和其他条件，运用特定方法对企业未来的财务活动和财务成果作出科学的预计或测算的过程。财务预测是财务决策的基础，是编制财务预算的前提。

财务预测有定性预测和定量预测两种方法。定性预测是指在企业缺乏完整、充分的历史资料或有关变量之间不存在较为明显的数量关系的情况下，依靠个人的主观判断和综合分析能力，对事物未来的状况和趋势作出预测的一种方法。定量预测是指企业根据历史资料，运用数学方法，建立数学模型，根据变量之间存在的数量关系建立数学模型来进行预测的方法。实际工作中，通常将两者结合起来进行财务预测。财务预测一般包括如下工作步骤：①确定预测目标。②搜集和整理相关资料。③选择预测方法。④实施预测，修正预测误差。

二、财务决策

财务决策是指企业财务人员按照财务战略的总体要求，利用专门的方法对各种备选方案进行比较分析，并从中选出最优方案的过程。在市场经济条件下，管理的中心在经营，经营的中心在决策，财务管理的基本职能是财务决策。正确的决策可使企业起死回生，错误的决策可导致企业毁于一旦，所以财务决策是企业财务管理的核心，其成功与否直接关系到企业的兴衰成败。财务决策一般包括如下工作步骤：①确定决策对象。②提出备选方案。③选择最优方案。

三、财务预算

财务预算是指企业以财务预测提供的信息和财务决策确立的方案为基础，运用科学的技术手段和数量方法，对未来财务活动的内容及指标进行综合平衡与协调的具体规划。财务预算是财务预测和财务决策的具体化，是控制和分析财务活动的依据。财务预算一般包括如下工作步骤：①分析财务环境，确定计划指标。②协调人力、物力、财力，进行综合平衡。③编制财务预算并协调各项计划指标。

四、财务控制

财务控制是指在财务管理过程中，为了实现财务预算的目标，以财务预算为基础，利用有关信息和特定手段，对企业财务活动进行监督和调节。实行财务控制是落实财务预算、保证预算实现的有效措施，也是责任绩效考评与奖惩的重要依据。财务控制一般包括如下工作步骤：①制定控制标准，分解和落实指标。②实施控制。③确定和调整差异。④考核奖惩。

五、财务分析

财务分析是指运用特定方法，对企业财务活动的过程及其结果进行分析和评价的一项工作。财务分析既是本期财务活动的总结，也是下期财务预测的前提，具有承上启下的作用。通过财务分析，可以掌握企业财务预算的完成情况，评价财务状况，研究和掌握企业财务活动的规律，改善财务预测、财务决策、财务预算和财务控制，从而提高企业的管理水平和经济效益，提高企业财务管理水平。财务分析一般包括如下工作步骤：①进行指标对比，作出评价。②分析原因，明确责任。③落实措施，改进工作。

第四节　财务管理环境

财务管理环境是指对企业财务活动和财务管理产生影响的企业内外部的各种因素。企业财务活动的进行是受理财环境制约的。目前，企业财务管理环境特别是外部财务管理环境正面临着前所未有的挑战。经济全球化形势的进一步加剧、电子商务和互联网金融的蓬勃发展、知识经济和信息经济方兴未艾的今天，财务管理人员只有深入研究企业所处环境的现状和发展趋势，把握开展财务活动的有利条件和不利条件，才能为企业财务决策提供准确的信息，提高企业财务行为对环境的适应能力、应变能力和利用能力，更好地实现企业的财务管理目标。

企业财务管理环境按其存在的空间，可分为外部财务环境和内部财务环境。外部财务环境存在于企业外部，对企业财务行为的影响无论是有形的硬环境，还是无形的软环境，企业都难以控制和改变。内部财务环境主要内容包括企业的经营管理水平、企业的资本实力、生产技术水平和决策者的素质等四个方面。内部财务环境存在于企业内部，是企业可以从总体上采取一定的措施施加控制和改变的因素。

财务管理环境是企业开展财务管理工作的前提和平台，它会对企业的生产经营管理产生深远的影响。目前，企业财务管理环境特别是外部财务管理环境正面临着前所未有的挑战。

一、外部财务环境

（一）法律环境

财务管理的法律环境是指企业生产经营活动中所应遵守的各种法律、法规和规章。在市场经济条件下，企业的一切经济活动总是在一定的法律、法规范围内进行的。一方面，法律提出了企业从事一切经济活动所必须遵守的规范，从而对企业的经济行为进行约束；另一方面，法律也为企业合法从事各项经济活动提供了保障。

企业财务管理中应遵循的法律、法规主要包括：

（1）企业组织法。企业是市场经济的主体，不同组织形式的企业所适用的法律是不同的。现代企业组织的主要形式有:①独资企业。②合伙企业。③公司制企业。每个国家均有相应的法律来规范这三类企业的行为。因此,不同组织形式的企业在进行财务管理时,必须熟悉其企业组织形式对财务管理的影响,从而作出相应的财务决策。

(2) 税收法规。税法是税收法律制度的总称,是调整税收征纳关系的法律规范。与企业相关的税种主要有以下五种:①所得税类。②流转税类。③资源税类。④财产税类。⑤行为税类。

(3) 财务法规。企业财务法规、制度是规范企业财务活动,协调企业财务关系的法令文件。我国目前的企业财务管理法规、制度有:企业财务通则、行业财务制度和企业内部财务制度三个层次。

(4) 其他法规。例如,《证券交易法》、《票据法》、《商业银行法》、《合同法》等。

(二) 经济环境

财务管理作为企业的一种管理活动与企业所处国家或地区的经济发展水平、宏观经济调控政策、经济管理体制、经济结构等经济环境密切相关。

1. 经济发展水平

任何国家的经济发展水平都处在不断变化之中。经济发展繁荣时期,经济发展速度较快,市场需求旺盛,销售额大幅度上升。企业为了扩大生产,需要增加投资,与此相适应则需筹集大量的资金以满足投资扩张的需要。经济衰退时期,经济发展速度缓慢甚至倒退,企业的产量和销售量下降,投资下降,资金时而紧缺、时而闲置,财务运作出现较大困难。经济发展中的通货膨胀也会给企业财务管理带来较大的不利影响,主要表现在:资金占用额迅速增加;利率上升,企业筹资成本加大;证券价格下跌,筹资难度增加;利润虚增、资金流失、需求增加等方面。

2. 宏观经济调控政策

在一定时期,政府为了协调经济发展,往往通过财政、税收、货币政策对国民经济运行进行调控。这些宏观经济调控政策对企业财务管理的影响是直接的,企业的决策如果符合国家的调控方向,则对企业有利;企业的决策如果违背政府的意图,则对企业不利。例如,国家采取紧缩的调控政策时,会导致企业的现金流入减少、现金流出增加、资金紧张、投资压力增大;反之,当国家采取扩张的调控政策时,企业财务管理则会出现与之相反的情形,如财税政策会影响企业的资金结构和投资项目的选择等,而且这些政策会因经济状况的变化而调整,这就要求财务人员按照这些宏观政策规划企业的财务行为并留有余地。

3. 经济管理体制

经济管理体制是指在一定的社会制度下,生产关系的具体形式以及组织、管理和调节国民经济的体系、制度、方式和方法的总称。经济管理体制分为宏观经济管理体制和微观经济管理体制两类。宏观经济管理体制是指整个国家的基本经济制度,而微观经济管理体制是指某一国家的企业体制及企业与政府、企业与所有者的关系。企业财务管理的目标、财务管理的手段与方法必须与宏观经济管理体制的要求相一致,必须服从和服务于宏观经济管理体制。微观经济管理体制对企业如何处理企业与政府、企业与所有者之间的财务关系具有重要影响。

4. 经济结构

经济结构一般指从各个角度考察的社会生产和再生产的构成,包括产业结构、地区结构、分配结构和技术结构等。其中,产业结构对企业财务行为的影响比较广泛。因为不同产业所要求的资金规模、投资规模和所要求的资本结构均不相同,所以产业结构会在一定程度上影响甚至决定财务管理的性质。产业结构的调整和变动就会要求财务管理作出相应的调整和变动,否则会导致企业日常财务运作困难,财务目标难以实现。

(三) 金融市场环境

金融市场即资金融通市场,是指资金供应者和资金需求者双方通过某种形式进行交易而融通资金的市场。广而言之,是指实现货币借贷和资金融通、办理各种票据和有价证券交易活动的市场。金融市场为资金供应者和资金需求者提供了各种金融工具和选择机会,使融资双方能自由灵活地调度资金。当企业需要资金时,可以在金融市场上选择合适的筹资方式筹集资金;当企业有暂时闲置资金时,又可以在金融市场上选择合适的投资方式进行投资,从而提高资金的使用效率。同时,金融市场为企业进行财务决策提供了交易中形成的各种参数,如市场利率、汇率、证券价格和证券指数等有用的信息。

1. 金融市场与企业财务活动

企业从事投资活动所需要的资金,除了所有者投入以外,主要可在金融市场取得。金融政策的变化必然影响企业的筹资与投资。所以,金融市场环境是企业最为重要的环境因素,它对企业财务活动主要产生如下影响:

(1) 金融市场是企业良好的投资和筹资的场所。当企业需要资金时,可以在金融市场上选择合适的方式筹资;而当企业有多余的资金时,又可以在市场上选择合适的投资方式,使其资金增值。

(2) 金融市场为企业的长期资金和短期资金相互转化提供方便。企业可通过金融市场将长期资金,如将发行的股票、债券,变现转为短期资金,也可以通过金融市场购入股票、债券等有价证券,将短期资金转化为长期资金。

(3) 金融市场为企业财务管理提供有意义的信息。金融市场的利率变动反映资金的供求状况,有价证券市场的行情反映投资人对企业经营状况和盈利水平的评价。这些都是企业生产经营和财务管理信息的重要来源。

2. 金融机构

金融机构主要是指银行和非银行金融机构,银行包括中国人民银行、商业银行和政策性银行。中国人民银行是我国的中央银行,它代表政府管理全国的金融机构和金融活动,经理国库。商业银行和政策性银行是指经营存款、放贷、汇兑和储蓄等金融业务,承担信用中介的金融机构,如中国工商银行、中国建设银行、中国银行、中国农业银行、交通银行、国家开发银行、中国进出口银行、中国农业发展银行。非银行金融机构主要包括信托投资公司、保险公司、证券公司、财务公司、融资租赁公司、金融资产管理公司等机构。

3. 金融市场利率

在金融市场上，利率是资金使用权的价格，一般来说，金融市场上资金购买价格的计算公式为：

利率＝纯粹利率＋通货膨胀附加率＋变现力附加率＋违约风险附加率
＋到期风险附加率

其中：

(1) 纯粹利率：纯粹利率是指无风险、无通货膨胀情况下的平均利率。在没有通货膨胀时国库券的利率，可以视为纯粹利率。纯粹利率的高低，受平均利润率、资金供求关系和国家调控的影响。

(2) 通货膨胀附加率：由于通货膨胀使货币贬值，造成投资人的实际报酬下降，他们把资金出借时，会在纯粹利率的水平上再加上通货膨胀利率，以弥补通货膨胀造成的购买力损失。所以，每期发行的国库券利率会随着预期的通货膨胀率变化而变化，它等于纯粹利率加上预期通货膨胀率。

(3) 变现力附加率：各种有价证券的变现力有所不同，政府、银行发行的债券和大公司发行的股票容易被人接受，这些证券有很强的变现能力，投资人随时可以出售以收回投资。而一些小公司的债券不易被人接受，从而变现很难，投资人要求变现力附加率(一般提高利率1%～2%)作为补偿。

(4) 违约风险附加率：违约是指借款人未能按时支付利息或偿还本金的行为，资金出借人借出资金后所承担的这类风险称为违约风险。违约风险越大，投资人要求的利率就越高。所谓债券评级，实际上就是评定违约风险的大小。信用等级越低，违约风险越大，要求的利率越高。

(5) 到期风险附加率：到期风险附加率是指因到期时间长短不同而形成的利率差别。长期国库券的利率要比短期国库券的利率高，这是因为到期时间越长，在此期间市场利率上升的可能性也越大，而长期国库券按固定利率计息，使购买者遭受损失的风险越大。到期风险附加率是对投资者承担利率变动风险的一种补偿。

二、内部财务环境

内部财务环境是指存在于企业内部，影响和制约企业财务活动的各种因素。它一般包括企业资产总量及其结构比例、企业组织形式、企业生产状况和企业销售状况等几个方面。

(一) 企业资产总量及其结构比例

企业资产总量是指企业所拥有的各类资产的总称。企业的投资决策必须建立在企业资产和资金实力的基础之上。

企业的流动资产体现了其营运能力,固定资产则体现企业的生产能力,企业的生产能力与营运能力必须相互配合,两者之间保持一定的比例,才能保证企业正常的生产经营活动。固定资产过多,流动资产过少,会造成固定资产闲置;反之,流动资产过多,固定资产过少,又满足不了生产的需要。企业除了安排好资金占用方面的结构比例外,还要安排好资金来源方面的结构比例,即安排好自有资金与借入资金的结构比例、负债与所有者权益的结构比例。企业必须根据自身的资产总量及其结构比例,来规划自己的财务行为和进行财务决策,以便实现资金的最大经济效益。

(二) 企业组织形式

企业的财务活动直接受到其组织形式的影响。目前我国企业的组织形式按所有权性质不同划分,有股份制企业、国有企业、集体企业、私营企业、中外合资经营企业、中外合作经营企业、外商独资经营企业及其他经济组织等形式。不同组织形式的企业要遵守的财务制度、法律、法规不同,资金来源和利润分配也有着较大的差别。企业在进行财务活动时,财务管理人员筹集资金、投放资金和分配收益必须充分考虑企业的组织形式,处理好企业与各方面的利益关系。

(三) 企业生产状况

企业生产状况主要包括两方面内容:一是企业的生产条件;二是企业产品的生命周期。

按生产条件,可以把企业分为技术密集型企业、资源开发型企业和劳动密集型企业,不同的生产条件要求有不同的财务制度和财务管理方法与之相适应。技术密集型企业设备多,固定资产比重大,企业需要筹集大量的长期资金。资源开发型企业需要大量资金用于勘探、开采资源,且资金回收时间长,企业则需要筹集较多的长期资金。劳动密集型企业劳动力较多,固定资产比重较小,企业需要筹集大量的短期资金。

产品的生命周期通常分为初创期、成长期、成熟期和衰退期四个阶段,不管是对个别产品还是对整个企业而言,产品收入的多少、成本的高低、利润的大小以及企业资金周转的快慢都会因不同产品生命周期而存在较大的差别。因此,企业财务管理人员不仅要针对产品所处的阶段,采取适当的措施,而且要有预见性地开发新产品,保持企业在同行业中的领先地位和竞争优势。

(四) 企业销售状况

企业销售状况主要以企业产品所在销售市场上的竞争程度为参照。企业所处的销售市场按其竞争程度可分为以下四种。

1. 完全竞争市场

完全竞争市场是指竞争充分而不受任何阻碍和干扰的一种市场结构。在这种市场类型中,买卖人数众多,买者和卖者是价格的接受者,资源可自由流动,信息具有完全性。

2. 不完全竞争市场

不完全竞争市场又称垄断竞争市场。垄断竞争市场是一种介于完全竞争和完全垄断之间的市场组织形式，在这种市场中，既存在着激烈的竞争，又具有垄断的因素。垄断竞争市场上企业数量较多，但在商品的质量、服务、特性等方面存在一定的品牌差异，因此，产品价格也会有一定程度的差异。那些生产规模大、质量优、服务好、品牌知名度高的企业在同行业中具有较强的竞争能力。

3. 寡头垄断市场

寡头垄断市场是介于垄断竞争与完全垄断之间的一种比较现实的混合市场，是指少数几个企业控制整个市场的生产和销售的市场结构，这几个企业被称为寡头企业。其特点是企业数量很少，企业之间的商品在质量、服务、特性等方面略有差异，个别企业对其产品价格有较强的控制能力。

4. 完全垄断市场

完全垄断市场是指在市场上只存在一个供给者和众多需求者的市场结构。其特点是该行业只有独家生产经营，其产品价格与市场也为独家企业控制。

企业销售状况，对企业财务管理具有重要的影响。处在完全竞争市场的企业，产品价格和销售量容易出现波动，风险较大。因此，要慎重利用债务资金；处在不完全竞争市场和寡头垄断市场的企业，应注重产品特色，创出名牌产品，应在产品开发、宣传、售后服务等方面投入较多资金；处在完全垄断市场的企业，由于其产品销售畅通，价格波动不大，利润较稳定，风险较小，可较多地利用债务资金。

练习题

一、单项选择题

1. 现代企业财务管理的最优目标是(　　)。

A. 利润最大化　　B. 股东财富最大化

C. 企业价值最大化　　D. 现金流量最大化

2. 企业与债权人的财务关系在性质上是一种(　　)。

A. 经营权与所有权关系　　B. 债权债务关系

C. 投资与被投资关系　　D. 委托代理关系

3. 在多数大型企业中，通过(　　)使财务管理与会计部门各自履行相应的职责。

A. 设置与会计部门合一的财务部门

B. 单独设置与会计部门并列的财务部门

C. 设置以公司型组织为特征的财务部门

D. 在会计部门内设置财务部门

4. 影响企业价值的两个基本因素是(　　)。

A. 风险和报酬　　B. 时间和利润

C. 风险和贴现率　　D. 时间价值和风险价值

5. 与企业财务管理直接相关的金融市场主要是指(　　)。

A. 外汇市场　　B. 黄金市场　　C. 资金市场　　D. 期货市场

6. 有关纯利率的论述中,错误的是(　　)。

A. 无通货膨胀、无风险情况下的平均利率

B. 国库券的利率可视为纯利率

C. 纯利率的高低受平均利润率、资金供求关系和国家调节的影响

D. 利率的最高限受平均利润率的制约

7. 由于借款人不能按时支付本利带来的风险而要求的利率是(　　)。

A. 到期风险补偿率　　B. 违约风险补偿率

C. 通货膨胀补偿率　　D. 流动性风险补偿率

8. 财务管理的核心工作环节为(　　)。

A. 财务预测　　B. 财务预算

C. 财务决策　　D. 财务控制

9. 企业购置固定资产、无形资产等属于(　　)。

A. 经营活动　　B. 投资活动

C. 筹资活动　　D. 分配活动

10. (　　)是进行财务决策的基础,是编制财务预算的前提。

A. 财务预测　　B. 财务决策

C. 财务控制　　D. 财务分析

11. 下列关于财务管理目标的说法中,(　　)观点反映了对企业资产保值增值的要求,并克服了管理上的片面性和短期行为。

A. 利润最大化

B. 每股收益最大化

C. 股东财富最大化

D. 公司价值最大化

12. 利润最大化作为财务管理的目标,其缺陷在于(　　)。

A. 没有区分是总利润还是投资利润率的最大化

B. 没有考虑利润所发生的时间

C. 没有考虑边际收入与边际成本之间的关系

D. 没有考虑利润以及期望现金流量的风险

13. 企业财务人员按照企业财务管理目标,利用专门方法对各种备选方案进行比较分析,并从中选出最优方案的过程,被称为企业的(　　)。

A. 财务预测　　　　B. 财务决策
C. 财务控制　　　　D. 财务分析

二、判断题

1. 利润最大化是现代企业财务管理的最优目标。（　）
2. 股东财富最大化目标考虑了众多相关利益主体的不同利益。（　）
3. 企业可以不受任何条件的约束自主进行筹资、投资和收益分配活动。（　）
4. 税收的缴纳会增加企业的现金流出量，但不影响企业利润。（　）
5. 企业应当根据有关法律、法规要求和自身经营特点设计企业内部财务制度。（　）
6. 企业可以利用金融市场来调整资本结构。（　）
7. 金融市场通过股票行情的变动为企业理财提供有用的信息。（　）
8. 如果预期市场利率上升，企业应当筹集长期资本。（　）
9. 企业价值最大化强调的是企业预期获利能力而非当前的利润。（　）
10. 企业股东、经营者在财务管理工作中的目标是完全一致的，所以他们之间没有利益冲突。（　）
11. 在生产经营过程中，企业目标与社会责任既一致又相互背离。当相互背离时，解决的办法是以企业目标为准。（　）
12. 由于利润指标是根据会计标准、按权责发生制计算的结果，因而利润最大化目标具有很大程度上的弹性。（　）
13. 在较成熟的资本市场里，股东财富最大化目标可以理解为最大限度地提高股票的市场价格。（　）
14. 企业价值最大化目标与股东财富最大化目标的区别是：前者考虑了风险因素而后者未能考虑风险因素。（　）
15. 企业价值与预期报酬成正比，与预期的风险成反比。（　）
16. 在金融市场上，利率是一定时期购买资本这一种特殊商品的价格。（　）

第二章

学习目的与要求

通过本章的学习，应了解资金时间价值的概念及其与利率的区别，掌握资金时间价值的现值与终值的概念并掌握几种现值和终值的计算。了解风险和报酬的概念，了解风险与报酬之间的权衡。能够运用时间价值和风险价值观念分析解决实际问题。

第一节　资金时间价值

一、资金时间价值的概念

资金时间价值是指一定量资金在不同时点上价值量的差额。一定数量的货币资金在不同的时点上具有不同价值，其实质就是资金被周转利用后会增值。一定量资金周转利用的时间越长，其产生的增值额也越大。今天的 1 元钱和将来的 1 元钱不同。例如，银行存款的年利率为 5%，如果今天存入银行 100 元，1 年以后就得到本利和 105 元。经过 1 年的时间，100 元产生了增值额 5 元。这说明今天的 100 元和 1 年后的 105 元等值。换句话说，这项增值是因为放弃现在使用货币的机会，可以按一定利率和放弃时间长短计算其报酬，这种报酬就是资金时间价值。由于长期投资的投资额大，投资收益回收时间长，因此为了正确评价长期投资各备选方案，必须考虑资金的时间价值。

在利润平均化规律作用的影响下，资金时间价值的一般表现形式就是在没有风险与通货膨胀条件下社会平均的资金利润率。由于资金时间价值的计算方法与利息的计算方法相同，很容易将资金时间价值与利息率相混淆。实际上，投资活动或多或少总存在风险，市场经济条件下通货膨胀也是客观存在的。利率既包含时间价值，也包含风险价值和通货膨胀的因素。只有在通货膨胀率很低的情况下，方可将几乎没有风险的国库券的利息率视同资金时间价值。由于资金的时间价值是一种客观存在的经济现象，在财务管理中，无论是在筹资决策、投资决策，还是在证券价值、企业价值评估中，企业都需要考虑资金的时间价值，才能作出正确的决策和估价。

二、资金时间价值的计算

在资金时间价值的计算中，为了表示方便，采用以下符号：

P——本金，又称现值；

F——本金和利息之和（简称本利和），又称终值；

I——利息；

i——利率，又称折现率或贴现率；

n——计算利息的期数。

（一）单利计息和复利计息

单利计息是指只按本金计算利息，而利息部分不再计息的一种计息方式。单利计息情况下利息的计算公式为：

$$I = P \cdot i \cdot n$$

单利计息情况下本利和（终值）的计算公式为：

$$F = P + P \cdot i \cdot n = P \cdot (1 + i \cdot n)$$

【例 2-1】 某人在银行存入 1 000 元，年利率为 6%，采用单利计息。

要求：分别计算第 1、第 2 和第 3 年年末的应计利息和本利和。

解：$I_1 = 1\,000 \times 6\% \times 1 = 60$（元）　　$F_1 = 1\,000 \times (1 + 6\% \times 1) = 1\,060$（元）

$I_2 = 1\,000 \times 6\% \times 2 = 120$（元）　　$F_2 = 1\,000 \times (1 + 6\% \times 2) = 1\,120$（元）

$I_3 = 1\,000 \times 6\% \times 3 = 180$（元）　　$F_3 = 1\,000 \times (1 + 6\% \times 3) = 1\,180$（元）

现代企业财务管理中资金时间价值通常是按复利计算的，复利计息是指本金加上已产生的利息再计算下一期利息的计息方法，即所谓“利上滚利”，即：

第 1 年年末本利和（终值）　$F_1 = P + P \cdot i = P \cdot (1 + i)$

第 2 年年末本利和（终值）　$F_2 = P \cdot (1 + i) \cdot (1 + i) = P \cdot (1 + i)^2$

第 3 年年末本利和（终值 ）　$F_3 = P \cdot (1 + i)^2 \cdot (1 + i) = P \cdot (1 + i)^3$

……

第 $n-1$ 年年末本利和（终值）　$F_{n-1} = P \cdot (1 + i)^{n-1}$

第 n 年年末本利和（终值）　$F_n = P \cdot (1 + i)^n$

所以，在复利计息情况下，本利和（终值）的计算公式为：

$$F = P \cdot (1 + i)^n$$

在复利计息情况下，利息的计算公式为：

$$I = F - P = P \cdot [(1 + i)^n - 1]$$

【例 2-2】 某人在银行存入 1 000 元，年利率为 6%，采用复利计息。

要求：分别计算第 1、第 2 和第 3 年年末的应计利息和本利和。

解：

$$F_1 = 1\,000 \times (1+6\%) = 1\,060(\text{元}) \qquad I_1 = 1\,060 - 1\,000 = 60(\text{元})$$
$$F_2 = 1\,000 \times (1+6\%)^2 = 1\,123.6(\text{元}) \qquad I_2 = 1\,123.6 - 1\,000 = 123.6(\text{元})$$
$$F_3 = 1\,000 \times (1+6\%)^3 = 1\,191.02(\text{元}) \qquad I_3 = 1\,191.02 - 1\,000 = 191.02(\text{元})$$

在第一个计息期，单利和复利计算的利息相同，但在第二个及以后各个计息期，两者的利息就不同了，复利计算的利息一定大于单利计算的利息，而且计息期越长，差异越大。

在上面的计算公式中利率 i 和期数 n 一定要相互对应。例如，i 为年利率时，n 应为年份数；i 为月利率时，n 则应为月份数，以此类推。

在长期投资决策中，资金时间价值一般是指复利，各个指标的计算也都是以复利为基础的。

（二）复利终值和现值的计算

1. 复利终值的计算

终值又称将来值，是指现在一定量的资金在未来某一时点上的价值，也称本利和。已知现值 P，利率为 i，n 期后的复利终值的计算公式为：

$$F = P \cdot (1+i)^n$$

式中，$(1+i)^n$ 通常称为利率为 i、期数为 n 的"1 元复利终值系数"，用符号 $(F/P, i, n)$ 表示，其数值可以直接查阅书后附表一。例如，查表得到 $(F/P, 8\%, 5)=1.469\,3$，说明在复利计息的条件下，年利率为 8%，现在的 1 元相当于 5 年后的 1.469 3 元。

于是复利终值的计算公式又可表示为：

$$F = P \cdot (1+i)^n = P \cdot (F/P, i, n)$$

【例 2-3】 某公司将 10 000 元存入银行，银行年利率为 8%，每年复利一次。

要求：计算该公司 5 年后可取出的本利和。

解：$$F = 10\,000 \times (F/P, 8\%, 5) = 10\,000 \times 1.469\,3 = 14\,693(\text{元})$$

从以上计算可知，该公司 5 年后从银行可取出本利和为 14 693 元。

2. 复利现值的计算

复利现值是指未来某一时点上的一笔资金按复利计算的现在价值。复利现值是复利终值的逆运算，其计算公式为：

$$P = F \cdot (1+i)^{-n}$$

式中，$(1+i)^{-n}$ 通常称为利率为 i、期数为 n 的"1 元复利现值系数"，用符号 $(P/F, i, n)$ 表示，其数值可以直接查阅书后附表二。例如，查表得到 $(P/F, 8\%, 5)=0.680\,6$，说明在复利计息的条件下，年利率为 8%，5 年后的 1 元仅相当于现在的 0.680 6 元。

于是复利现值的计算公式又可表示为：

$$P = F \cdot (1+i)^{-n} = F \cdot (P/F, i, n)$$

【例 2-4】 某公司准备在 5 年以后用 10 000 元购买一台设备，银行年利率为 8%，每年复利一次。

要求：计算该公司现在需一次存入银行多少钱。

解：$$P = 10\,000 \times (P/F, 8\%, 5) = 10\,000 \times 0.680\,6 = 6\,806(\text{元})$$

公司只要现在存入 6 080 元，5 年后可取出本利和为 10 000 元。

（三）年金的终值与现值

年金是指一定时期内，以相同的时间间隔连续发生的等额收付款项，以 A 表示。年金在现实生活中有广泛的应用，如定期支付的租金、计提的折旧费、保险费、利息、分期付款、零存整取或整存零取的储蓄的年金等。

年金有许多不同的种类，如普通年金、预付年金、递延年金和永续年金等。普通年金是指每笔等额、收付款项都发生在期末的年金，又称后付年金。普通年金是实际工作中最为常用的年金，所以，以后凡涉及年金问题，若不作特殊说明均指普通年金。

1. 普通年金终值的计算

普通年金终值是指一定时期内每期期末等额款项的复利终值之和。例如，企业每年年末存入资金 A，年利率为 i，每年复利一次，则 n 年后的普通年金终值如图 2-1 所示。

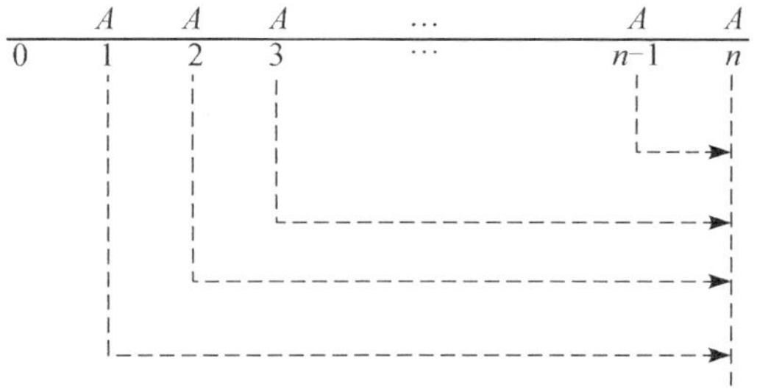

图 2-1 普通年金的终值计算示意图

第 1 年年末的 A 折算到第 n 年年末的终值为 $A \cdot (1+i)^{n-1}$

第 2 年年末的 A 折算到第 n 年年末的终值为 $A \cdot (1+i)^{n-2}$

第 3 年年末的 A 折算到第 n 年年末的终值为 $A \cdot (1+i)^{n-3}$

……

第 $n-1$ 年年末的 A 折算到第 n 年年末的终值为 $A \cdot (1+i)^{1}$

第 n 年年末的 A 折算到第 n 年年末的终值为 $A \cdot (1+i)^{0}$

可见年金终值的计算公式为：

$$F = A \cdot (1+i)^{n-1} + A \cdot (1+i)^{n-2} + \cdots + A \cdot (1+i)^{2} + A \cdot (1+i) + A \qquad ①$$

将①式两边同乘上$(1+i)$得：

$$(1+i)\cdot F=A\cdot(1+i)^n+A\cdot(1+i)^{n-1}+\cdots+A\cdot(1+i)^3+A\cdot(1+i)^2+A\cdot(1+i) \quad ②$$

将②减①式，得：

$$(1+i)\cdot F-F=A\cdot[(1+i)^n-1]$$

经整理，得：

$$F=A\cdot\frac{(1+i)^n-1}{i}$$

式中，$\frac{(1+i)^n-1}{i}$通常称为利率为i、期数为n的"1元年金终值系数"，用符号$(F/A, i, n)$表示，其数值可以直接查阅书后附表三。

于是年金终值的计算公式又可表示为：

$$F=A\cdot\frac{(1+i)^n-1}{i}=A\cdot(F/A, i, n)$$

【例2-5】 某人在银行每年年末存入1 000元，年利率为6%。

要求：计算8年后某人可获本利和。

解：$F=1\ 000\times(F/A, 6\%, 8)=1\ 000\times9.897\ 5=9\ 897.5$(元)

从以上计算可知，该人8年后从银行可取出本利和为9 897.5元。

2. 偿债基金系数的计算

偿债基金是指为了在未来某一时点偿还一定的金额而提前在每年年末存入相等的金额。它是年金终值的逆运算，亦属于已知整取求零存数的问题，即由已知的年金终值F，求年金A。其计算公式如下：

$$A=F\cdot\frac{i}{(1+i)^n-1}$$

式中，$\frac{i}{(1+i)^n-1}$称为利率为i、期限为n的"偿债基金系数"，记作$(A/F, i, n)$，其数值可通过查偿债基金系数表得到，一般可根据年金终值系数的倒数推算出来。所以上式也可表示为：

$$A=F\cdot(A/F, i, n)=F\cdot[1/(F/A, i, n)]$$

【例2-6】 某企业有一笔500万元的长期债务，在第5年年末到期。企业准备在5年内每年年末存入银行一笔资金，以便在第5年年末偿还这笔长期债务，假定银行利率为5%。

要求：计算每年年末应存入银行多少钱。

解：
$$\begin{aligned}A&=500\times(A/F, 5\%, 5)=500\times[1/(F/A, 5\%, 5)]\\&=500\times(1/5.525\ 6)=90.487\ 9(\text{万元})\end{aligned}$$

企业每年年末应存入银行90.487 9万元。

3. 普通年金现值的计算

普通年金现值是指一定时期内每期期末等额款项的复利现值之和。例如，企业每年年末存入资金 A，年利率为 i，则该企业 n 年内的年金现值如图 2-2 所示。

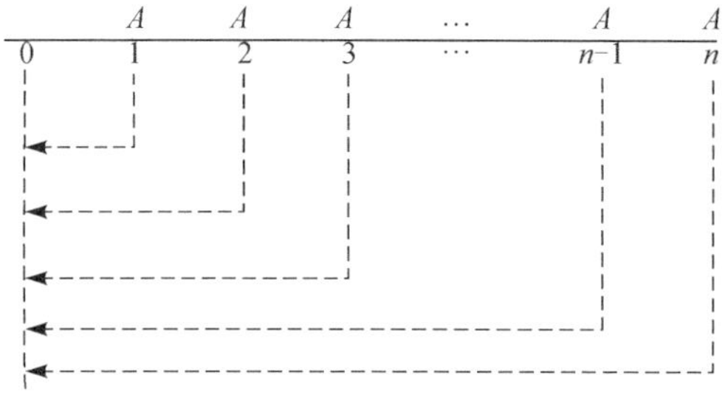

图 2-2　普通年金的终值计算示意图

第 1 年年末的 A 折算到第 1 年年初的现值为 $A\cdot(1+i)^{-1}$

第 2 年年末的 A 折算到第 1 年年初的现值为 $A\cdot(1+i)^{-2}$

第 3 年年末的 A 折算到第 1 年年初的现值为 $A\cdot(1+i)^{-3}$

……

第 $(n-1)$ 年年末的 A 折算到第 1 年年初的现值为 $A\cdot(1+i)^{-(n-1)}$

第 n 年年末的 A 折算到第 1 年年初的现值为 $A\cdot(1+i)^{-n}$

可见年金现值的计算公式为：

$$P=A\cdot(1+i)^{-1}+A\cdot(1+i)^{-2}+A\cdot(1+i)^{-3}+\cdots+A\cdot(1+i)^{-(n-1)}+A\cdot(1+i)^{-n} \quad ③$$

将③式两边同乘上$(1+i)$得：

$$(1+i)\cdot P=A+A\cdot(1+i)^{-1}+A\cdot(1+i)^{-2}+\cdots+A\cdot(1+i)^{-(n-2)}+A\cdot(1+i)^{-(n-1)} \quad ④$$

将④式减③式，得：

$$(1+i)\cdot P-P=A\cdot[1-(1+i)^{-n}]$$

经整理，得：

$$P=A\cdot\frac{1-(1+i)^{-n}}{i}$$

式中，$\frac{1-(1+i)^{-n}}{i}$ 称为利率为 i，期限为 n 的“1 元年金现值系数”，用符号 $(P/A,\ i,\ n)$ 表示，其数值可以直接查阅书后附表四。

于是年金现值的计算公式又可表示为：

$$P=A\cdot\frac{1-(1+i)^{-n}}{i}=A\cdot(P/A,\ i,\ n)$$

【例 2-7】 某公司准备租用一台设备，每年年末需要支付租金 10 000 元，假定年利率为 8%。

要求：计算 5 年内支付租金总额的现值。

解：　$P = 10\ 000 \times (P/A,\ 8\%,\ 5) = 10\ 000 \times 3.992\ 7 = 39\ 927$(元)

5 年内支付租金总额的现值为 39 927 元。

4. 资本回收系数的计算

资本回收系数又称资金回收系数或投资回收系数，是指在一定时期内，等额回收初始投入资本或清偿所欠债务的金额。它是年金现值的逆运算，亦属于已知整存求零取的问题。即由已知年金现值 P，求年金 A。计算公式如下：

$$A = P \cdot \frac{i}{1-(1+i)^{-n}}$$

式中，$\frac{i}{1-(1+i)^{-n}}$ 称为利率为 i、期限为 n 的“资本回收系数”，记作 $(A/P,\ i,\ n)$，其数值可通过查资本回收系数表得到，一般可根据年金现值系数的倒数推算出来。所以上式也可表示为：

$$A = P \cdot (A/P,\ i,\ n) = P \cdot [1/(P/A,\ i,\ n)]$$

【例 2-8】 某企业准备投资 50 万元建造一条生产流水线，预计使用寿命为 10 年，若企业期望的资金收益率为 10%。

要求：计算该企业每年年末至少要从这条流水线获得多少收益，方案才是可行的。

解：
$$\begin{aligned} A &= 50 \times (A/P,\ 10\%,\ 10) = 50 \times [1/(P/A,\ 10\%,\ 10)] \\ &= 50 \times (1/6.144\ 6) = 8.137\ 2 (\text{万元}) \end{aligned}$$

该企业每年年末至少要从这条流水线获得收益 8.137 2 万元，方案才是可行的。

(四) 预付年金的终值和现值

预付年金又称先付年金或即付年金，是指从第一期起，每期期初等额发生的系列收付款项，它与普通年金的区别仅在于收付款的时点不同。如图 2-3 所示。

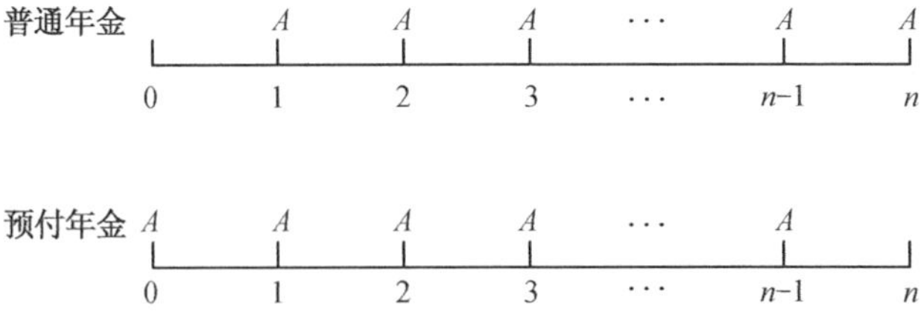

图 2-3　普通年金和预付年金对比示意图

从图 2-3 可知，n 期的预付年金与 n 期的普通年金，其收付款次数是一样的，只是收付款时点不一样。如果计算年金终值，预付年金要比普通年金多计一期的利息；如果计算年金现值，则预付年金要比普通年金少折现一期，因此，只要在普通年金的现值、终值的基础上，乘上$(1+i)$便可计算出预付年金的终值与现值。

(1) 预付年金的终值。预付年金终值的计算公式为：

$$F = A \cdot (F/A,\ i,\ n) \cdot (1+i)$$

即

$$F = A \cdot \frac{(1+i)^n - 1}{i} \cdot (1+i) = A \cdot \left[\frac{(1+i)^{n+1} - 1}{i} - 1\right]$$

式中，$\left[\frac{(1+i)^{n+1} - 1}{i} - 1\right]$称为“预付年金终值系数”，记作$[(F/A,\ i,\ n+1) - 1]$，它是在普通年金终值系数的基础上，期数加1，系数减1所得的结果。预付年金终值的计算公式也可表示为：

$$F = A \cdot [(F/A,\ i,\ n+1) - 1]$$

【例 2-9】 某人连续6年每年年初在银行存入1 000元，年利率为6%。

要求：计算第6年年末可获本利和。

解：$F = 1\ 000 \times (F/A,\ 6\%,\ 6) \times (1+6\%) = 1\ 000 \times 6.975\ 3 \times 1.06 = 7\ 393.82$(元)

或　　$F = 1\ 000 \times [(F/A,\ 6\%,\ 6+1) - 1] = 1\ 000 \times (8.393\ 8 - 1) = 7\ 393.80$(元)

(2) 预付年金的现值。预付年金现值的计算公式为：

$$P = A \cdot (P/A,\ i,\ n) \cdot (1+i)$$

即

$$P = A \cdot \left[\frac{1-(1+i)^{-n}}{i}\right] \cdot (1+i) = A \cdot \left[\frac{1-(1+i)^{-(n-1)}}{i} + 1\right]$$

式中，$\left[\frac{1-(1+i)^{-(n-1)}}{i} + 1\right]$称为“预付年金现值系数”，记作$[(P/A,\ i,\ n-1) + 1]$，它是在普通年金现值系数的基础上，期数减1，系数加1所得的结果。预付年金现值的计算公式也可表示为：

$$P = A \cdot [(P/A,\ i,\ n-1) + 1]$$

【例 2-10】 某人连续6年在每年年初在银行存入1 000元，年利率为6%。

要求：计算相当于在第1年年初存入多少钱。

解：$P = 1\ 000 \times (P/A,\ 6\%,\ 6) \times (1+6\%) = 1\ 000 \times 4.917\ 3 \times 1.06\% = 5\ 212.34$(元)

或　　$P = 1\ 000 \times [(P/A,\ 6\%,\ 6-1) + 1] = 1\ 000 \times (4.212\ 4 + 1) = 5\ 212.40$(元)

(五) 递延年金的终值和现值

递延年金是指第一次收付款发生时间不在第一期期末，而是在第二期或第二期以后才开始发生的等额系列收付款项。它是普通年金的特殊形式。递延年金与普通年金的区别如图2-4所示。

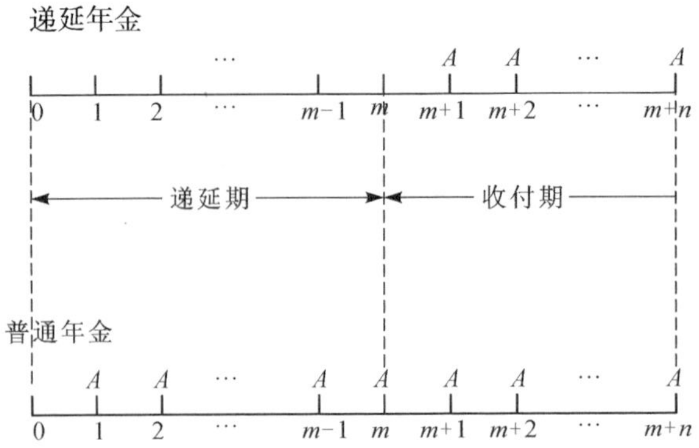

图 2-4 递延年金与普通年金对比示意图

从图 2-4 中可知，递延年金与普通年金相比，尽管期限一样，都是 $m+n$ 期，但普通年金在 $m+n$ 期内，每个期末都要发生等额收付款。而递延年金在 $m+n$ 期内，前 m 期无等额收付款项发生，称为递延期。只在后 n 期才发生等额收付款。

(1) 递延年金的终值。递延年金终值的大小，与递延期无关，只与收付期有关，它的计算方法与普通年金终值相同：

$$F = A \cdot (F/A,\ i,\ n)$$

【例 2-11】 某企业于年初投资一项目，预计从第 4 年开始至第 8 年，每年年末可获得投资收益 30 万元，年利率 8%。

要求：计算该投资项目年收益的终值。

解：$F = 30 \times (F/A,\ 8\%,\ 5) = 30 \times 5.866\ 6 = 175.988$(万元)

(2) 递延年金的现值。递延年金现值的计算方法有三种。

计算方法一：把递延年金视为 n 期的普通年金，先求出在递延期期末的现值，再将此现值折现到第一期期初。其计算公式为：

$$P = A \cdot (P/A,\ i,\ n) \cdot (P/F, i, m)$$

计算方法二：先计算 $m+n$ 期的普通年金的现值，再扣除实际并未发生递延期(m 期)的普通年金现值，即可求得递延年金现值。其计算公式为：

$$P = A \cdot [(P/A,\ i,\ m+n) - (P/A,\ i,\ m)]$$

计算方法三：先计算递延年金的终值，再将其折算到第 1 年年初，即可求得递延年金的现值。其计算公式为：

$$P = A \cdot (F/A,\ i,\ n) \cdot (P/F,\ i,\ m+n)$$

【例 2-12】 某企业于年初投资一项目，预计从第 4 年开始至第 8 年，每年年末可获得投资收益 30 万元，年利率 8%。

要求：计算该投资项目年收益的现值。

解：方法一：$P = 30 \times (P/A, 8\%, 5) \times (P/F, 8\%, 3)$

$= 30 \times 3.9927 \times 0.7938 = 95.082$(万元)

方法二：$P = 30 \times [(P/A, 8\%, 8) - (P/A, 8\%, 3)]$

$= 30 \times (5.7466 - 2.5771) = 95.085$(万元)

方法三：$P = 30 \times (F/A, 8\%, 5) \times (P/F, 8\%, 8)$

$= 30 \times 5.8666 \times 0.5403 = 95.092$(万元)

该投资项目年收益的现值为 95.092 万元。[例 2-12]中以不同方法计算的现值产生的微小差异是系数表保留位数有限所引起的。

（六）永续年金的现值

永续年金是指无限期等额收付的年金。在经济生活中，并不存在无限期的年金，但可将持续期较长的年金视同为永续年金。由于假设永续年金没有终止的时间，因此不存在终值，只存在现值。永续年金的现值计算公式可由普通年金现值公式推导得出：

$$P = A \cdot \frac{1-(1+i)^{-n}}{i}$$

$$当\ n \to +\infty\ 时，(1+i)^{-n} \to 0$$

因此，永续年金的现值的计算为：

$$P = A/i$$

【例 2-13】 某企业考虑建立一个永久性帮困基金，每年计划提出 100 000 元用于帮助企业内部和社会上的困难家庭，若银行年利率为 5%。

要求：计算一次性存入多少钱才能保证以后的支付。

解：　$P = A/i = 100\,000/5\% = 2\,000\,000$(元)

三、名义利率和实际利率

在实际工作中，复利的计息期不一定是 1 年，可能是半年、季度，或月份。当利息在 1 年内复利次数超过一次时，给出的年利率称为名义利率，实际得到的利息要比名义利率计算的利息高。

实际利率与名义利率的关系可用下面公式表示：

$$i = (1 + r/m)^m - 1$$

式中　i——实际利率；

r——名义利率；

m——每年复利次数。

根据实际利率与名义利率之间的关系可知：按实际利率每年复利一次计算得到的利

息与按名义利率每年复利若干次计算得到的利息是相等的。对于 1 年内复利多次的情况，可采取两种方法计算资金时间价值。

【例 2-14】 某人于年初存入银行 10 000 元，年利率为 6%，半年复利一次。

要求：计算第 5 年年末能得到的本利和。

解：方法一：根据题意，$P = 10\ 000$，$r = 6\%$，$m = 2$，$n = 5$

因此，实际利率 $i = (1 + r/m)^m - 1 = (1 + 6\%/2)^2 - 1 = 6.09\%$

$$F = P \cdot (1+i)^n = 10\ 000 \times (1 + 6.09\%)^5 = 13\ 439.16(\text{元})$$

方法二：不计算实际利率，而是相应调整复利终值计算公式中的相关指标，即利率调整为 r/m，期数调整为 $m \cdot n$。本例中利率为 $6\%/2 = 3\%$（半年利率），期数为 $2 \times 5 = 10$ 期（10 个半年）。

$$\begin{aligned} F &= P \cdot (1 + r/m)^{m \cdot n} = 10\ 000 \times (1 + 6\%/2)^{2\times5} \\ &= 10\ 000 \times (1+3\%)^{10} = 10\ 000 \times (F/P,\ 3\%,\ 10) \\ &= 10\ 000 \times 1.343\ 9 = 13\ 439(\text{元}) \end{aligned}$$

四、贴现率(利率)和期间的计算

(一) 贴现率(利率)的计算

在资金的时间价值计算中，利率一般是给定的，但在财务管理中，经常会遇到已知计息期数、终值和现值，求贴现率（利率）的问题。

贴现率的计算，一般先计算终值、现值系数，然后根据计算出来的系数及查找系数表，通过插入法求得贴现率。根据复利终值、现值的计算公式，可知：

复利终值系数 $(F/P,\ i,\ n)$ = 终值/现值

复利现值系数 $(P/F,\ i,\ n)$ = 现值/终值

年金终值系数 $(F/A,\ i,\ n)$ = 年金终值/年金

年金现值系数 $(P/A,\ i,\ n)$ = 年金现值/年金

查找相应的系数表，在表中有可能找到正好等于上述终值（或现值）系数的数值，只要读出该系数所在列的 i 值，即为所求的贴现率（利率）。如果无法找到正好等于上述系数的数值，则要查找最接近上述系数的两个上下临界系数值 β_1、β_2 以及与 β_1、β_2 对应的利率 i_1、i_2，然后用插入法计算插入法的计算公式如下：

$$i = i_1 + (\text{终值或现值系数} - \beta_1)/(\beta_2 - \beta_1) \cdot (i_2 - i_1)$$

【例 2-15】 购入面值为 100 000 元的国库券，该国库券按复利计算，5 年后可获本利和 127 632.40 元。

要求：计算该国库券的利率。

解：$(P/F,\ i,\ 5)$ = 现值 / 终值 $= 100\ 000/127\ 632.40 = 0.783\ 5$

查 1 元复利现值系数表(附表二),与 $n=5$ 相对应的利率中,5%的系数为 0.783 5,因此利率 $i=5\%$ 。

【例 2-16】 现在存入银行 100 000 元,按复利计算利息。

要求:计算在利率为多少时,才能保证在以后的 10 年中每年年末均能从银行取出 15 000 元。

解:$(P/A, i, 10)$=年金现值/年金=100 000/15 000=6.666 7

查 1 元年金现值系数表(附表四),当 $n=10$ 时:

$$(P/A, 8\%, 10) = 6.710\,1 \rightarrow i_1 = 8\%,\ \beta_1 = 6.710\,1$$

$$(P/A, 9\%, 10) = 6.417\,7 \rightarrow i_2 = 9\%,\ \beta_2 = 6.417\,7$$

用插入法计算:

$$i = 8\% + (6.666\,7 - 6.710\,1) \div (6.417\,7 - 6.710\,1) \times (9\% - 8\%) = 8.15\%$$

当利率为 8.15%时,才能保证在以后的 10 年中每年年末均能从银行取出 15 000 元。

(二) 期间的计算

期间的计算与贴现率(利率)计算的步骤相仿。根据终值、现值的计算公式,可知:

复利终值系数$(F/P, i, n)$=终值/现值

复利现值系数$(P/F, i, n)$=现值/终值

年金终值系数$(F/A, i, n)$=年金终值/年金

年金现值系数$(P/A, i, n)$=年金现值/年金

在已知 F、P、i 时,根据计算出来的系数查相应的复利系数表,在表中沿着已知的 i 所在列纵向查找,有可能找到正好等于计算出的系数的系数值,其对应的 n 值即为所求的期间值。如果无法找到正好等于计算出的系数的系数值,则要查找最接近计算出的系数的两个上下临界系数值 β_1、β_2 以及与 β_1、β_2 对应的临界期间 n_1、n_2,然后用插入法计算 i。插入法的计算公式如下:

$$n = n_1 + (\text{终值或现值} - \beta_1)/(\beta_2 - \beta_1) \cdot (n_2 - n_1)$$

【例 2-17】 某企业准备贷款对一台旧设备进行改建,预计改建费用 10 万元,但改建后每年可节省设备营运费用 3 万元,年利率为 8%。

要求:计算改建后的设备至少可使用多少年,才对企业有利。

解:$(P/A, 8\%, n)$ =年金现值/年金=10/3=3.333 3

查 1 元年金现值系数表(附表四),当 $i=8\%$ 时:

$$(P/A, 8\%, 4) = 3.312\,1 \rightarrow n_1 = 4,\ \beta_1 = 3.312\,1$$

$$(P/A, 8\%, 5) = 3.992\,7 \rightarrow n_2 = 5,\ \beta_2 = 3.992\,7$$

用插入法计算:

$$n = 4 + (3.333\,3 - 3.312\,1) \div (3.992\,7 - 3.312\,1) \times (5 - 4) = 4.03(\text{年})$$

即改建后的设备至少可使用 4.03 年,才对企业有利。

第二节 风险与报酬

一、风险的概念

风险是指在一定条件下、一定时期内，某一项行动有多种可能但结果不确定。在市场经济条件下，风险广泛存在于企业的财务活动中，并对企业实现财务管理目标有着重要的影响。高收益意味着高风险，收益越高，风险也越高。因此企业理财时，必须识别风险，评估风险并设法应对风险，以求承担较小的风险，获得最大的收益。

从财务管理角度而言，风险就是在财务活动中由于各种难以预料和无法控制的因素的发生，给企业的目标实现带来负面效应的可能性。这些负面效应将阻碍价值创造或者破坏现有价值。例如，企业某项投资所期望的收益率是30%，而实际获得的收益率只有20%，两者的差异即反映了风险。

风险具有不确定性，但风险和不确定性又不完全等同。风险能够确定各种情况发生的概率，不确定性是指事先只知道某种行动可能形成的各种结果，但不知道它们出现的概率，或者两者都不知道，而只能作出粗略的估计。例如，企业购买股票，投资者事前不可能确定所有可能得到的报酬率及其出现的概率大小。但在实践中，大多数决策一般都是在不确定的情况下作出的。很难对风险和不确定性这两个概念加以区分，因为对风险问题的概率往往只能进行估计和测算，而对不确定性问题也可以主观估计一个概率，这样，不确定性问题就转化为风险性问题了，因此，在财务管理中对风险和不确定性并不作严格区分，而统称为风险。

二、风险的类型

按照不同的标准，风险可以划分为不同类型。按照能否通过投资组合予以分散可划分为可分散风险和不可分散风险。按风险成因可划分为经营风险和财务风险。

（一）可分散风险和不可分散风险

可分散风险又称非系统风险或公司特有风险，是指发生于个别公司的特有事件造成的风险。它是随机发生的，只与特定企业和特定投资项目有关，不涉及所有企业和所有项目，且可以通过多元化投资来分散。如新产品开发失败、法律诉讼和行销计划的成败等，这类事件是随机发生的，可以通过组合投资来分散风险，即发生于一家公司的不利事件可以被其他公司的有利事件所抵销。例如，一个人投资于股票时，买几种不同的股票，比只买一种股票的风险小。

不可分散风险又称系统风险或市场风险，是指那些影响所有公司的因素引起的风险，如通货膨胀、经济衰退、高利率等。这类风险涉及所有的投资对象，不能通过组合投资来分散。它由企业外部因素引起，企业无法控制、无法分散，涉及所有的市场主体，且不能通过多元化投资来分散。例如，战争、自然灾害、利率的变化、经济周期的变化、通货膨胀等。

（二）经营风险和财务风险

经营风险又称商业风险，是指因生产经营方面的原因导致的企业盈利的不确定性。比如，由于市场销售、生产成本、生产技术、经济状况等变化，使企业的收益变得不确定，从而给企业带来的风险。这些生产经营条件的变化可能来自企业内部，也可能来自企业外部。这些内外部变化，使企业的生产经营产生不确定性，最终引起收益变化。例如，由于原材料价格波动，新材料、新技术的出现等因素给供应方面带来的影响；由于产品生产方向不符合市场需求，生产组织不合理等因素给生产方面带来的影响；由于销售渠道不畅，广告宣传不力，货款回收不及时给销售方面带来的影响等。

财务风险又称筹资风险，是指由于举债方面的原因导致的企业财务成果的不确定性。企业在资金不足或者为了充分利用财务杠杆的作用的情况下，就会运用负债的方式进行筹资。企业负债经营，虽可解决企业资金短缺的困难、提高自有资金的盈利能力，但同时也改变了企业的资金结构，还须还本付息，并且借入资金所获得的利润是否大于支付的利息额，具有不确定性。此外，在全部资金来源中，借入资金所占的比重大，企业的财务负担就重，风险程度也就增加；借入资金所占的比重小，企业的财务负担就轻，风险程度也就减轻。因此，保持合理的资金结构，维持适当的债务水平是风险管理的关键。既要充分利用举债经营来获得财务杠杆收益，提高自有资金的盈利能力，同时也要防止过度举债而引起的财务风险的增大。如果一个企业没有负债，全部用自有资金经营，那么，该企业只有经营风险，不存在财务风险。

三、风险的衡量

企业财务管理工作，在很多情况下，都是在不确定的情况下进行的。离开了风险因素，就无法评价企业报酬的高低，因此必须了解风险衡量的方法。由于风险是可能值对期望值的偏离，可利用概率统计中的期望值、标准离差和标准离差率等指标来计算与衡量风险的大小。风险衡量的基本步骤如下。

（一）确定概率分布

在完全相同的条件下，某一事件可能发生也可能不发生，可能出现这种结果也可能出现另外一种结果，这类事件称为随机事件。一个随机事件的概率是指这一事件发生的机会。例如，某一投资项目实施成功的概率为70%，失败的概率为30%。如果把所有可能的事件或结果都列示出来，且每一事件都给予一个概率，便构成概率分布。通常我们用X表示随机事件，X_i表示随机事件的第i种结果，P_i表示第i种结果出现的概率。随机事件的概率必须满足以下两个条件：

（1）$0 \leqslant P_i \leqslant 1$，$i = 1, 2, 3, \cdots, n$。

（2）$\sum_{i=1}^{n} P_i = 1$。

概率为 0 的随机事件为不可能发生的事件，概率为 1 的随机事件为必然发生的事件。概率越大，表示该事件发生的可能性越大；反之，概率越小，表示该事件发生的可能性越小。随机事件所有可能结果出现的概率之和一定为 1，即将全部可能发生的情况完全包括在内。

【例 2-18】 某企业投资项目有甲、乙两个方案，在不同市场情况下，各种可能的概率分布如表 2-1 所示。

表 2-1　　甲、乙两个方案报酬的概率分布表

经济情况	概率(P_i)	预期报酬(X_i)	
		甲方案(万元)	乙方案(万元)
繁荣	0.3	$X_1=600$	$X_1=700$
一般	0.6	$X_2=400$	$X_2=400$
较差	0.1	$X_3=200$	$X_3=-100$

从表 2-1 中可见，所有的 P_i 均在 0 和 1 之间，且 $P_1+P_2+P_3=0.3+0.6+0.1=1$。在这里，概率表示每一种经济情况出现的可能性，同时也就是各种不同预期报酬出现的可能性。在表 2-1 中，将来经济情况出现繁荣的可能性是 0.3，假如这种情况真的出现，甲方案投资项目可获得 600 万元的报酬，也就是说按甲方案投资项目获得 600 万元报酬的可能性是 0.3。

（二）计算期望值

期望值是指一个概率分布中的所有可能结果，期望值是可能发生的结果以各自概率为权数的加权平均值，反映投资者的平均预期，用 E 表示。期望值的计算公式为：

$$E=\sum_{i=1}^{n}X_iP_i$$

【例 2-19】 利用[例 2-18]中的资料。

要求：计算甲、乙两个方案项目预期报酬的期望值。

解：$E_{甲}=600\times0.3+400\times0.6+200\times0.1=440$(万元)

$E_{乙}=700\times0.3+400\times0.6+(-100)\times0.1=440$(万元)

两个项目的期望值相同，但其概率分布不同。甲方案项目报酬的分散程度小，变动范围在 200 万元和 600 万元之间；乙方案项目报酬的分散程度大，变动范围在 −100 万元和 700 万元之间。说明尽管两个项目的期望值相同，但风险程度不同。为了定量地衡量风险大小，还要应用标准离差和标准离差率指标。

（三）计算标准离差

标准离差是用来衡量概率分布中各种可能值与期望值的偏离程度的，反映风险的大小，用 σ 表示。标准离差的计算公式为：

$$\sigma=\sqrt{\sum_{i=1}^{n}(X_i-E)^2\times P_i}$$

标准离差用来反映决策方案的风险，是一个绝对指标，只能用来比较期望值相同情况下的投资项目的风险程度。在存在 n 个方案的情况下，若期望值相同，则标准离差越大，表明各种可能值偏离期望值的幅度越大，结果越不确定，风险也就越大；反之，标准离差越小，表明各种可能值偏离期望值的幅度越小，结果的不确定性越小，则风险也就越小。

【例 2-20】 利用[例 2-18]的数据。

要求：计算标准离差。

解：

$$\sigma_{甲}=\sqrt{\sum_{i=1}^{n}(X_i-E)^2\times P_i}=\sqrt{(600-440)^2\times 0.3+(400-440)^2\times 0.6+(200-440)^2\times 0.1}$$
$$\approx 120$$

$$\sigma_{乙}=\sqrt{\sum_{i=1}^{n}(X_i-E)^2\times P_i}=\sqrt{(700-440)^2\times 0.3+(400-440)^2\times 0.6+(-100-440)^2\times 0.1}$$
$$\approx 224$$

甲、乙两个方案的期望值相同，但甲方案的标准离差比乙方案的标准离差小，则甲方案的风险比乙方案的风险小。

（四）计算标准离差率

标准离差率是指标准离差与期望值的比值，用 q 表示，计算公式如下：

$$q=\frac{\sigma}{E}\times 100\%$$

标准离差率是一个相对指标，可用来衡量期望值不同时，投资项目的风险程度。在期望值不同时，标准离差率越大，表明可能值与期望值偏离程度越大，结果越不确定，风险也就越大；反之，标准离差率越小，表明可能值与期望值偏离程度越小，结果的不确定性越小，风险也就越小。

【例 2-21】 利用[例 2-18]的数据。

要求：计算标准离差率。

解：$q_{甲}=\frac{\sigma}{E_{甲}}\times 100\%=\frac{120}{440}\times 100\%=27.27\%$

$q_{乙}=\frac{\sigma}{E_{乙}}\times 100\%=\frac{224}{440}\times 100\%=50.91\%$

从标准离差率中也可看出，虽然两个项目的平均报酬率（期望值）相同，但风险大小不同。乙方案取得高报酬的可能性大，同时亏损的可能性也大；甲方案取得高报酬的可能性小，亏损的可能性也小。甲方案和乙方案的期望报酬相同，可直接用标准离差来比较两个项目的风险水平。但如果比较方案的期望报酬不同，则一定要计算标准离差率，才能进行比较。

四、风险和报酬

（一）风险和报酬的关系

风险报酬是指投资者由于承担着风险进行投资而获得的超过资金时间价值的那部分额外收益，也称为风险价值或风险溢价。投资者所冒的风险越大，其要求的风险报酬越高。

风险报酬与资金时间价值一样，也有两种表现形式：一种是绝对数，即“风险报酬额”，是指冒着风险进行投资而取得的额外报酬；另一种是相对数，即“风险报酬率”，是指风险报酬额与原投资额的百分比。在实际工作中，风险报酬通常以相对数即风险报酬率进行计量。

在不考虑通货膨胀的情况下，风险投资所要求的投资报酬率（即期望投资报酬率）包括两部分：一部分是资金时间价值，是指投资项目在没有风险状态下的投资报酬率，即无风险报酬率，通常为政府债券利率或存款利率；另一部分是风险价值，即风险报酬率。

标准离差率虽然能正确评价项目投资风险程度的大小，但无法将风险和收益结合起来进行分析。例如，我们要对某一投资项目进行决策，这时不是比较投资项目的风险水平，而是要比较投资项目的报酬率，于是就不能用标准离差率来评价，而要用风险报酬率来评价。风险报酬率的计算公式为：

$$R_R = bq$$

式中　R_R——风险报酬率；

b——风险报酬系数；

q——标准离差率（风险程度）。

风险报酬系数是将标准离差率转化为风险报酬的一种系数。在［例 2-21］中，假设风险报酬系数为 9%，则两个投资项目的风险报酬率分别为：

甲方案：$R_{R甲} = bq_{甲} = 9\% \times 27.27\% = 2.45\%$

乙方案：$R_{R乙} = bq_{乙} = 9\% \times 50.91\% = 4.58\%$

计算表明，甲项目的风险较小，风险报酬率也较低；乙项目的风险较大，风险报酬率也较高。

总之，风险和报酬之间存在密切的关系，高风险的项目必然有高的期望报酬，低风险的项目必然有低的期望报酬。如果不考虑通货膨胀，那么，投资者冒着风险进行投资所希望得到的总的投资报酬率为无风险报酬率与风险报酬率之和。即：

$$K = R_F + R_R = R_F + bq$$

式中　K——投资报酬率；

R_F——无风险报酬率。

各项的关系如图 2-5 所示。

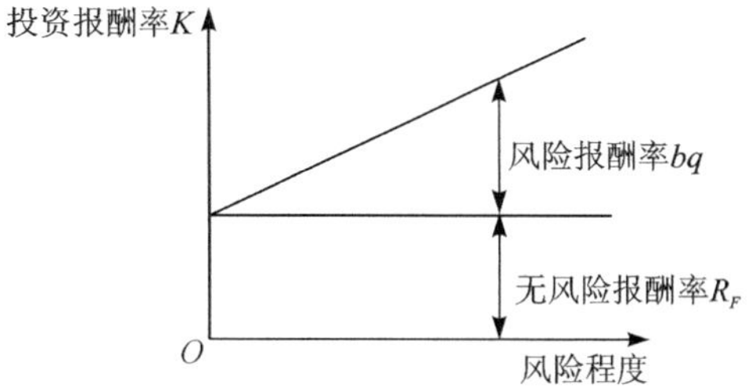

图 2-5　标准离差率(风险程度)

无风险报酬率是在没有风险状态下的投资报酬率,通常可用资金的时间价值加上通货膨胀率来确定,而在不考虑通货膨胀的情况下,即为资金的时间价值。无风险报酬率具有预期报酬的确定性,与投资时间的长短有关,在财务管理中,一般可用政府债券利率或存款利率表示。

风险报酬率是超过资金时间价值的额外报酬,具有预期报酬的不确定性,与风险程度和风险报酬系数有关,并成正比例关系。

在[例 2-18]中,如果无风险报酬率是 10%,则甲、乙项目的投资报酬率分别为:

甲方案:$K = R_F + R_R = 10\% + 2.45\% = 12.45\%$

乙方案:$K = R_F + R_R = 10\% + 4.58\% = 14.58\%$

(二) 风险报酬系数的确定

风险报酬系数的确定,通常有三种方法:

(1) 类比法。即参照以往同类项目的历史资料,根据公式 $K = R_F + bq$ 来确定风险报酬系数 b 。例如,有一公司准备投资某一项目,该项目的总投资报酬率为 15%,报酬率的标准离差率为 60%,无风险报酬率为 6%,代入公式可得:

$$b = (K - R_F)/q = (15\% - 6\%)/60\% = 15\%$$

(2) 高低点法。即根据标准离差率和投资报酬率之间的依存关系来确定,标准离差率是衡量风险大小的重要标准,因此,借助以往项目的标准离差率和投资报酬率之间的关系,用高低点法来估算风险报酬系数。风险报酬系数 b 的计算公式如下:

$$b = (\text{最高投资报酬率} - \text{最低投资报酬率})/(\text{最高标准离差率} - \text{最低标准离差率})$$

【例 2-22】 某公司以往某类投资项目的标准离差率和投资报酬率之间的关系如表 2-2所示。

表 2-2　　某公司某类投资项目的标准离差率与投资报酬率

投资项目	投资报酬率	标准离差率
甲	12%	20%
乙	15%	50%
丙	18%	80%

要求：计算此类投资项目的风险报酬系数。

解：b =（最高投资报酬率－最低投资报酬率）/（最高标准离差率－最低标准离差率）

=（18%－12%）/（80%－20%）=10%

（3）主观判断法。由企业领导或组织有关专家加以确定。类比法和高低点法必须在有一定的历史资料情况下才能运用，如果缺乏历史资料，则可由企业领导根据经验加以确定，也可由企业组织有关专家评议确定。这种方法下的风险报酬系数确定，在很大程度上取决于企业对风险的偏好。比较敢于承担风险的企业，往往把风险报酬系数定得低些；反之，比较稳健的企业，则把风险报酬系数定得高些。

（三）企业风险应对策略

1. 企业风险应对——规避

风险规避是指有意识地回避某种特定风险的行为。风险规避是最彻底的风险应对措施，它使风险降为零。任何企业对风险的对策，首先考虑到的是规避风险，凡风险造成的损失不能由该项目可能获得的利润予以抵销时，规避风险是最可行的方法。例如，拒绝与信用差的厂商往来业务；放弃可能明显导致亏损的投资项目；新产品在试制阶段发现较多问题就立刻停止等。

2. 企业风险应对——降低

风险降低是指采取措施降低损失频率或者减少损失程度来减少期望损失成本的各种行为，事先从制度、决策、组织和控制、培育核心能力上提高企业防御风险的能力。降低风险主要有两个方面：一是控制风险因素，降低风险的发生；二是控制风险发生的频率和降低风险损害程度。降低风险的常用方法有：多样化的产品提供；进行准确的预测，如汇率预测、利率预测、债务人信用评估等；对决策进行多方案选优；及时与政府部门沟通获取政策信息；在开发新产品前，充分进行市场调研；实行设备预防检修制度以减少设备事故；选择抗风险能力强的技术方案，进行预先的技术模拟实验；采用多领域、多项目的投资以分散风险。

3. 企业风险应对——转移

风险转移是指企业以一定的代价（保险费、担保费和利息等），采用某种方式（参加保险、信用担保、租赁经营、票据贴现等），将风险损失转嫁给他人承担，以避免可能给企业带来灾难性损失。如向专业性保险公司投保；采取合资、联营、增发新股、发行债券、联合开发等措施实现风险共担；通过技术转让、特许经营、战略联盟、租赁经营和业务外包等实现风险转移。

4. 企业风险应对——自留

风险自留是指对于损失较小的风险，如果企业有足够的财力和能力承受风险损失时，可以采用风险自担和风险自保自行消化风险损失。风险自担就是风险发生时，直接将损失摊入成本或费用，或冲减利润；风险自保就是企业预留一笔风险金或随着生产经营的进行，有计划地计提风险基金如坏账准备、存货跌价准备等。

练习题

一、单项选择题

1. 某公司年初购买债券 40 万元，年利率 6%，单利计息，则第 4 年年底债券到期时的本利和是(　　)万元。

   A. 8.67　　B. 48.9　　C. 49.6　　D. 9.6

2. 某人现在存入银行 3 000 元，年利率 10%，按复利计算，5 年后的本利和为(　　)元。

   A. 4 500　　B. 4 831.5　　C. 5 120　　D. 4 988.32

3. 某人欲在 10 年后购买 100 万元的房屋，银行年利率 10%，则现在应存入(　　)元。

   A. 2 594 000　　B. 110 000　　C. 385 500　　D. 614 500

4. 普通年金是指(　　)。

   A. 各期期初收付款的年金　　B. 各期期末收付款的年金
   C. 即付年金　　D. 预付年金

5. 普通年金终值系数的倒数为(　　)。

   A. 复利终值系数　　B. 偿债基金系数
   C. 资本回收系数　　D. 普通年金现值系数

6. 某人现在开始每年年末存入 10 000 元，年利率 7%，则第 5 年年末可以得到的本息和是(　　)元。

   A. 54 500　　B. 13 030　　C. 57 500　　D. 41 000

7. 某公司决定连续 5 年于每年年初存入 100 万元作为住房公积金，银行存款利率为 10%，则该公司在第 5 年年末能一次取出的本利和为(　　)元。

   A. 671.56　　B. 700　　C. 655.4　　D. 712.6

8. 年金现值系数的倒数是(　　)。

   A. 复利终值系数　　B. 偿债基金系数
   C. 复利现值系数　　D. 资本回收系数

9. 某人准备现在存入银行一笔钱，希望从第 1 年开始在今后 4 年内每年年末取出 8 000 元供子女上中学，设年利率为 5%，此人现在应一次存入约(　　)元。

   A. 25 000　　B. 28 368　　C. 30 000　　D. 27 800

10. 不影响递延年金终值计算的因素是(　　)。

    A. 递延期　　B. 利率　　C. 期限　　D. 年金

11. 在普通年金现值系数的基础上，期数减少 1、系数加 1 的结果在数值上等于(　　)。

    A. 普通年金现值系数　　B. 预付年金现值系数
    C. 普通年金终值系数　　D. 预付年金终值系数

12. 下列年金中，只有现值没有终值的年金是（　　）。

A. 普通年金　　B. 预付年金　　C. 永续年金　　D. 递延年金

13. 不影响经营风险的因素是（　　）。

A. 原材料供应　　B. 技术水平

C. 产品质量　　D. 融资策略

14. 标准离差率反映（　　）。

A. 方案预期报酬率　　B. 风险报酬率

C. 预期报酬率离散程度　　D. 决策方案的相对风险程度

15. 下列属于可分散风险的是（　　）。

A. 战争　　B. 通货膨胀

C. 经济周期变化　　D. 管理者决策失误

16. 通过投资组合，只能消除（　　）。

A. 市场风险　　B. 系统风险

C. 非系统风险　　D. 所有风险

17. 甲方案的标准离差为1.2，乙方案的标准离差为1，若两方案的期望值相同，则两者的风险关系为（　　）。

A. 甲小于乙　　B. 甲大于乙

C. 两者相等　　D. 无法确定

18. 投资者甘愿冒着风险进行投资的诱因是（　　）。

A. 可获得报酬　　B. 可获得利润

C. 可获得等同于时间价值的报酬率　　D. 可获得风险报酬率

19. 当社会平均收益率为15%，企业的收益率为14%，国债的利率为10%，企业债券的利率为12%，该企业的风险系数为0.8，则该企业的风险报酬率最接近于（　　）。

A. 2.4%　　B. 4%　　C. 1.6%　　D. 3.2%

20. 风险资产组合中，有60%的概率获得15%的收益，有40%的概率获得5%的收益；国库券的年收益率为6%，风险资产组合的风险报酬为（　　）。

A. 11%　　B. 1%　　C. 9%　　D. 5%

二、判断题

1. 货币时间价值所代表的是没有投资风险和通货膨胀因素的投资报酬率。（　　）
2. 年金是指定期、等额的系列开支。（　　）
3. 不确定性主要指事前不仅知道可能发生的事情，还知道每种事情发生的概率。（　　）
4. 货币的时间价值是指现在的1元钱要比将来的1元钱价值更大。（　　）
5. 在同期、同利率的情况下，预付年金终值系数同普通年金终值系数相比，是“期数加1、

系数减1”。 （　　）
6. 经营风险是指由于企业使用负债融资而产生盈利能力的变化，从而造成的投资者收入或盈利减少或损失的可能性。 （　　）
7. 资本回收系数可直接查表或利用普通年金终值系数的倒数求得。 （　　）
8. 递延年金无终值，其现值与递延期无关。 （　　）
9. 普通年金与预付年金的区别仅在于计息时间的不同。 （　　）
10. 风险小的企业经济效益就好。 （　　）
11. 概率分布越集中，投资的风险程度越小。 （　　）
12. 风险收益率的高低取决于标准离差率的大小和风险价值系数的取值。 （　　）
13. 在利率大于零、计息期一定的情况下，年金现值系数一定大于1。 （　　）
14. 永续年金可以视为期限趋于无穷的普通年金。 （　　）
15. 风险只能由标准离差和方差来衡量。 （　　）
16. 标准离差能表明风险大小，能用于比较不同方案的风险程度。 （　　）
17. 风险总是和收益并存，因此高风险的投资项目一定会带来高收益。 （　　）
18. 投资组合的风险大小，不仅与不同投资的风险大小有关，而且与这些投资风险间相互影响、相互联系的方式有关。 （　　）

三、计算题

1. 甲公司2×14年年末和2×15年年末对A设备投资均为80 000元，该项目2×16年年初完工投产；2×16年、2×17年、2×18年每年年末的预期收益均为70 000元；银行存款的利率为6%。

   要求：按年金计算2×16年年初投资额的终值和2×16年年初每年预期收益的现值。

2. 某人年初存入一笔现金，从第3年年末起，每年取出3 000元，至第6年年末全部取完，银行存款的利率为9%。

   要求：计算最初时一次存入银行的款项是多少。

3. 某公司准备购买一台生产设备，买价150 000元，使用期限8年，估计设备每年可为企业增加收益30 000元，假定年利率为8%。

   要求：通过计算分析此设备是否值得购买。

4. 某公司拟购置一处房产，房主提出两种付款方案：第一种方案是从现在起每年年初支付20万元，连续支付10次，共200万元。第二种方案是从第5年开始，每年年初支付25万元，连续支付10次，共250万元。假设该公司的资金成本率为10%。

   要求：计算确定该公司应选择的一个方案。

5. 某人出国4年，请你代付房租，每年年末租金600元，设银行存款年利率6%。

   要求：计算他应当现在给你在银行存入多少元。

6. A、B两个投资项目，投资额均为10 000元，其收益的概率分布如表2-3所示。

表2-3　　A、B项目收益的概率分布

概率	A项目收益	B项目收益
0.2	2 000元	3 500元
0.5	1 000元	1 000元
0.3	500元	−500元

要求：

(1) 计算A、B项目的期望收益。

(2) 计算A、B项目的标准离差。

(3) 计算A、B项目的标准离差率。

(4) 判断两个项目的优劣。

7. 某企业存入银行100万元，存款年利率为8%，时间为5年，每季计算一次利息。

要求：计算该项存款的实际年利率以及该项存款5年后的本利和。

8. 某企业有一个投资项目，预计在2×10年至2×12年每年年初投入资金300万元，从2×13年至2×22年的10年中，每年年末流入资金100万元。如果企业的贴现率为8%。

要求：

(1) 计算在2×12年年末各年流出资金的终值之和。

(2) 计算在2×13年年初各年流入资金的现值之和。

(3) 判断该投资项目方案是否可行。

9. 某投资者投资于某公司债券，该债券为永续性债券，该投资者每年能从该公司得到800元的固定利息，年利率为8%。

要求：计算这笔年金的现值。

10. 三通公司准备投资开发新产品，现有三个方案可供选择。根据市场预测，这三种产品的年预期收益及概率的资料如表2-4所示。

表2-4　　三种产品的年预期收益及概率

市场状况	发生概率	A产品预计报酬率	B产品预计报酬率	C产品预计报酬率
繁荣	0.3	30%	50%	40%
一般	0.5	15%	15%	15%
衰退	0.2	0	−30%	−15%

要求：计算投资开发各种新产品的风险大小并选择最优方案。

第三章

学习目的与要求

通过本章的学习，应理解财务分析的概念、基本内容，掌握财务分析的基本方法及应注意的问题。理解财务分析各项指标的含义，掌握偿债能力、资产管理能力、盈利能力和发展能力指标的计算与分析方法。能够应用杜邦分析体系对企业的综合财务状况进行分析与评价。

第一节　财务分析概述

一、财务分析概念与内容

财务分析是以企业财务报表及其他有关财务资料为基础，对企业财务活动的过程和结果进行的研究评价过程。财务报表作为总体反映企业经营活动的工具，只是提供了一系列比较系统概括的财务信息，要根据财务报表所提供的信息进行决策，仅了解表中某些项目的数据是不够的，还必须对财务报表和其他有关财务数据进行有联系且比较细致的深入分析研究，才能达到企业财务分析的要求。

财务分析内容服从于财务信息使用者的不同目的要求，尽管各个分析主体进行财务分析的侧重点不同，但都要求财务分析揭示企业经营能力、盈利水平和负债偿还能力等方面的信息。财务分析基本内容包括：企业偿债能力、资产管理能力、盈利能力和发展能力分析。财务分析方式可以是单项指标的对比分析，也可以是企业的综合评价分析。财务分析的主要形式可以是全面分析，也可以是专题分析。

二、财务分析的意义

财务分析是一项重要的财务管理工作，通过财务分析可以知晓企业的经营管理情况，了解企业的偿债能力，评价企业的经营业绩，预测企业未来的财务状况和盈利能力，为企业及相关利益者进行决策提供依据，为改善企业经营管理提供帮助。

（一）有利于投资者进行权益性投资决策

股票投资者对财务分析通常着重于未来投资报酬和有关投资风险的分析。投资报酬主要来源于企业分派的股利和投资者所持有股权在股票市场上价格变化而产生的资本利得，而投资报酬是与企业的盈利能力、现金流动状况密切相关的。通过财务分析，了解企业过去的经营业绩和现金流动情况，预测未来的发展前景，帮助潜在的投资者和股东进行明智的投资决策。

（二）有利于债权人进行贷款及购买公司债券决策

债权人通过贷款或购买企业债券向企业提供资本，以利息形式获取收益并有权到期或分期收回本金。债务的期限有长有短，短期债权人分析财务报表着重于分析企业相关期间再造现金以支付利息偿还本金的能力。而长期债权人不仅关心企业短期的偿债能力，而且要分析企业未来的盈利能力，关注企业的长期存续及财务状况。

（三）为社会中介机构提供服务

与企业相关的中介机构主要有会计师事务所、律师事务所、资产评估事务所、各类投资咨询公司、税务咨询公司、资信评估公司等，这些机构以第三方角度，对企业财务报表审计、发行股票和债券融资、资本市场的并购重组等业务，提供独立、客观、公正的服务，其前提是需要全面了解企业的财务状况，恰当使用企业财务分析信息。

（四）评价供应商经营状况和发展趋势

从供应商的财务报表中可以分析供应商的盈利能力、财务状况和产生现金的能力，评价供应商的持续经营和发展趋势及其对本企业经营活动的影响，从而为选择供货稳定、质量可靠、价格合理的供应商提供依据。通过对客户的财务分析，了解客户资产的流动状况和支付能力，以制定合理的信用政策。

（五）改善企业内部管理水平

企业的生存、发展与获利是企业管理的根本目的。要实现这些目标，企业的经营管理者必须综合考虑经营活动的各个方面，科学决策、合理规划。为此就必须对财务报表和有关部门会计数据进行分析，了解企业的资产流动情况和偿还能力，掌握企业的盈利水平和盈利能力，评价资产的使用效率，从而处理好各方面的关系，采取适当的控制措施，提高企业的管理效率，增强发展活力，塑造企业良好的外部形象。

三、财务分析评价标准

财务分析必须选择合适的评价标准。财务分析的标准主要有预算标准、历史标准和社会标准。

（一）预算标准

预算标准是以预算指标作为评价财务实际状况的尺度，也就是将某项评价指标实际达到的水平同预算指标进行比较。预算标准的优点在于制定预算时已经考虑到各方面的影响因素，其标准比较切合被评价对象的实际情况。因而，这种比较的结果能够反映评价预算指标完成的实际情况，具有较强的目标引导作用。但作为一种企业内部制定的评价标准，其局限性也是显而易见的。这主要在于预算指标的制定难免会受主观因素的影响，其数据的分析比较缺乏客观性，实际和预算的差异有时就是预算不合理造成的，而不是经营中的问题，而且它只是企业对自己应达到目标的一种判断，对于外部分析者作用不大。

（二）历史标准

历史标准是以历史水平作为评价财务实际情况的尺度，也就是将某项评价指标报告期水平同相应的历史水平进行比较。历史标准一般有以下几种：

一是以上年同期水平为评价标准。

二是以某一特定年份同期水平为评价标准。

三是以历史最好水平为评价标准。

这种纵向比较能够反映某项评价指标报告期水平相比基期的变动方向、幅度以及变动趋势，为进一步总结经验、发现问题、解决矛盾提供依据。但在运用历史标准进行对比时，要注意剔除物价变动、会计核算方法变更、会计政策变更等带来的不可比因素，以合理判断企业财务状况与经营成果。

（三）社会标准

社会标准是将企业财务实际状况置于广泛的社会范围中分析比较而设立的评价与衡量标准。社会标准一般又可分为行业标准、地区标准、国内标准和国际标准，也就是将某项评价指标的实际水平与本行业、本地区、本国以及国际同类指标的一般水平或先进水平进行比较。其中按行业制定的标准在财务报表分析中广泛采用，其分析可以说明企业在行业中所处的相对地位与水平，从而正确判断企业的变动趋势。

这种横向比较易于观察与反映某项评价指标与社会一般水平或先进水平的差距；由于各企业的评价标准统一，因而具有较强的横向可比性。同时，如将各个时期这种横向比较的结果编制成动态数列，也可在一定程度上进行动态对比，即纵向比较。但在运用社会标准时，也应注意指标之间的可比性问题。

除此之外，企业财务分析中还存在着经验标准。经验标准是指在长期的财务管理实践中，通过对大量实践经验的检验、总结得出的具有普遍意义的基准，如流动比率应不低于 2，速动比率应不低于 1，等等。经验标准毕竟只是对一般情况而言的粗略判断，即不能从理论上加以证明，也绝不是适用一切领域、一切情况的绝对标准，因此我们在财务分析中应用经验标准时，也要联系有关情况，不能凭经验标准生搬硬套。

第二节 财务分析的方法

财务分析通常包括定性分析和定量分析两种类型。定性分析是指分析人员根据自己的知识、经验以及对企业内部情况、外部环境的了解程度所作出的非量化的分析和评价。定量分析是指分析人员运用一定的数学方法和分析工具、分析技巧对有关指标所作的量化分析。常用财务分析方法主要有：比较分析法、比率分析法、因素分析法和趋势分析法。

一、比较分析法

比较分析法是通过两个及两个以上相关指标对比计算差异的一种分析方法。比较分析法的对比形式主要有三种：

一是实际指标与预算指标对比。用以说明企业年度预算完成情况，分析实际与预算的差异，为进一步的财务分析提供依据。

二是同一指标纵向对比。一般是指企业本期实际指标与历史指标对比，反映这一指标的变动趋势。

三是同一指标的横向对比。一般是指企业与同类型或同行业对比，看企业的竞争力大小和存在的差距，以促进企业经营管理的改善与管理水平的提升。

比较分析法是财务分析的基本方法，在实际工作中应用非常广泛。但比较分析法具体应用要注意指标内容与计算方法、计价标准与时间宽度、经营规模与业务范围的可比性。

二、比率分析法

比率分析法是把两个相互联系的项目进行对比得出比率，以确定企业经济活动变动情况的分析方法。比率指标主要有以下三类。

（一）效率比率

效率比率是某项经济活动中所费与所得的比率，反映投入与产出的关系。如成本费用利润率、销售利润率及资产报酬率等指标。

（二）结构比率

结构比率是某项经济指标的某个组成部分与总体的比率，以考察总体构成的合理性。如现金流量结构分析有三种：

一是现金流量内部结构比率。以某项活动的现金流量除以该项活动的现金流量小计。

二是现金流入结构比率。以某项活动的现金流入小计除以三项现金流入总量。

三是现金流出结构比率。以某项活动的现金流出小计除以三项现金流出总量。

【例 3-1】 扬升公司 2×18 年现金流量表数据及结构分析表如表 3-1 所示。

要求：分析扬升公司现金流量结构。

表 3-1　　扬升公司现金流量结构分析表

2×18 年度　　金额单位：万元

项　　目	金额	内部结构(%)	流入结构(%)	流出结构(%)
一、经营活动产生的现金流量				
销售商品、提供劳务收到现金	13 336	100.00		
现金流入小计	13 336	100.00	90.66	
购买商品、接受劳务支付的现金	8 702	74.06		
支付给职工以及为职工支付的现金	180	1.53		
支付的各项税费	2 347	19.97		
支付的其他与经营活动有关的现金	521	4.44		
现金流出小计	11 750	100.00		80.56
二、投资活动产生的现金流量				
收回投资所收到的现金	184	100.00		
现金流入小计	184	100.00	1.25	
购建固定资产支付的现金	721	100.00		
现金流出小计	721	100.00		4.94
三、筹资活动产生的现金流量				
借款所收到的现金	1 190	100.00		
现金流入小计	1 190	100.00	8.09	
偿还债务所支付的现金	2 114	100.00		
现金流出小计	2 114	100.00		14.50
三项现金流入合计	14 710		100.00	
三项现金流出合计	14 585			100.00
四、现金及现金等价物净增加额	125			

表 3-1 现金流量结构分析：企业经营活动内部结构基本合理，但投资活动和筹资活动现金流量比较单一。经营活动现金流入和现金流出是企业现金流入和现金流出的主要方面，投资活动现金流入较少。

（三）相关比率

相关比率是将两个不同但又有一定关联的项目加以对比得出比率，以考察经济活动项目之间的相关性，揭示经营管理存在的问题，如流动比率、资金周转率等指标。

比率分析法计算简便，计算结果容易判断分析，而且可以使某些指标在不同规模企业间进行比较。但要注意以下问题：

一是对比项目的相关性。计算比率的分子和分母必须具有相关性。构成比率指标必须是部分与总体的关系；效率比率指标要具有某种投入产出关系；相关比率指标分子、分母也要有某种内在联系。

二是对比口径的一致性。计算比率的分子和分母在计算时间、范围等方面要保持口径一致。

三是衡量标准的科学性。要选择科学合理的参照标准与之对比，以便对财务状况作出恰当评价。

三、因素分析法

因素分析法是指根据分析指标与形成指标的各个影响因素之间的关系，运用一定的方法，从数量上确定各个因素变动对指标影响程度的一种方法。通过因素分析法，可以分清哪些因素是影响分析指标的有利因素，哪些因素是影响分析指标的不利因素，揭示影响分析指标变动的关键因素或主要因素，帮助人们抓住主要矛盾，有利于进一步改善经营管理。

采用因素分析法，在分析时一般假定某个因素变动，而其他因素均保持不变，来确定该因素变动对分析指标的影响程度。常用的因素分析法主要是连环替代法和差额分析法。

例如，某项财务指标 P 由 A、B、C 三个因素的乘积构成，其实际指标与预算指标以及有关因素关系如下：

实际指标：$P_1 = A_1 \cdot B_1 \cdot C_1$

预算指标：$P_0 = A_0 \cdot B_0 \cdot C_0$

实际与预算的总差异为 $P_1 - P_0$，这一总差异同时受到 A、B、C 三个因素的影响。它们各自的变动对指标总差异的影响程度的两种分析方法计算如下：

连环替代法：

预算指标：$A_0 \cdot B_0 \cdot C_0 = P_0$

A 因素替代：$A_1 \cdot B_0 \cdot C_0 = x$

B 因素替代：$A_1 \cdot B_1 \cdot C_0 = y$

C 因素替代：$A_1 \cdot B_1 \cdot C_1 = P_1$

A 因素变动影响 $= x - P_0$

B 因素变动影响 $= y - x$

C 因素变动影响 $= P_1 - y$

差额分析法：

A 因素变动影响 $= (A_1 - A_0) \cdot B_0 \cdot C_0$

B 因素变动影响 $= A_1 \cdot (B_1 - B_0) \cdot C_0$

C 因素变动影响 $= A_1 \cdot B_1 \cdot (C_1 - C_0)$

将三因素的影响数相加应该等于总差异 $P_1 - P_0$。

【例 3-2】 某企业甲产品的材料采购成本如表 3-2 所示。

要求：运用因素分析法分析各因素变动对材料采购成本的影响程度。

表 3-2 材料采购成本计算表

项　目	计量单位	预算数	实际数
产量	件	160	180
单位消耗量	千克/件	14	12
单价	元/千克	8	10
采购成本	元	17 920	21 600

根据表 3-2 资料分析如下：

材料采购成本＝产量×单位消耗量×单价

材料采购成本总差异＝21 600－17 920＝3 680(元)

连环替代法：

预算指标：材料采购成本＝160×14×8＝17 920(元)

产量替代：180×14×8＝20 160(元)

单位消耗量替代：180×12×8＝17 280(元)

单价替代：180×12×10＝21 600(元)

产量变动影响＝20 160－17 920＝2 240(元)

单位消耗量变动影响＝17 280－20 160＝－2 880(元)

单价变动影响＝21 600－17 280＝4 320(元)

三因素影响＝2 240＋(－2 880)＋4 320＝3 680(元)

差额分析法：

产量变动对材料采购成本的影响＝(180－160)×14×8＝2 240(元)

单位消耗量变动对材料采购成本的影响＝180×(12－14)×8＝－2 880(元)

单价变动对材料采购成本的影响＝180×12×(10－8)＝4 320(元)

三因素影响＝2 240＋(－2 880)＋4 320＝3 680(元)

该企业材料采购成本实际较预算增加 3 680 元，是产量增加、采购单价上升和生产中单位消耗量降低三个因素共同影响的结果。其中由于甲产品产量的增加导致的材料采购成本增加 2 240 元是正常的，由于单价高于预算而增加的材料成本 4 320 元需要进行主客观因素分析，但因为单位产品生产耗用量降低而降低的材料成本 2 880 元，说明成本控制质量提升。

因素分析法既可以全面分析各因素对某一经济指标的影响，又可以单独分析某个因素对某一经济指标的影响，在财务分析中应用颇为广泛，但应用因素分析法须注意以下问题：

一是因素分解的关联性。构成经济指标的各因素确实是形成该项指标差异的内在构成原因，它们之间存在着客观的因果关系。

二是因素替代的顺序性。替代因素时，必须按照各因素的依存关系，排列成一定顺序依次替代，不可随意加以颠倒，否则各个因素的影响值就会得出不同的计算结果。在实际工作中,往往是先替代数量因素,后替代质量因素;先替代实物量、劳动量因素,后替代价值量因素;先替代原始的、主要的因素,后替代派生的、次要的因素。

三是顺序替代的连环性。计算每个因素变动的影响数值时,都是在前一次计算的基础上进行的,并采用连环比较的方法确定因素变化的影响结果。只有保持这种连环性,才能使各因素影响之和等于分析指标变动的总差异。

四是计算结果的假定性。由于因素分析法计算各个因素变动的影响值会因替代顺序的不同而有差别,因而计算结果具有近似性。

四、趋势分析法

趋势分析法是将连续数期的财务报表或财务比率对比,以揭示目前财务状况和未来变动趋势的一种分析方法。观察连续数期的财务报表,比单看一个报告期的报表能了解更多的情况与信息,并能判断企业财务状况的发展变化趋势。不同时期趋势分析方法主要有三种比较方式。

(一) 多期比较分析

多期比较分析是将连续数期的财务报表有关数字并行排列,比较相同指标的增减变动金额及幅度,以此来说明企业财务状况和经营成果变化的分析。一般可以通过编制比较资产负债表、比较利润表及比较现金流量表,计算出各有关项目增减变动的金额及变动百分比。其目的是查明什么项目变化了,什么原因造成了这种变化,以及对未来的影响是什么。

【例 3-3】 表 3-3 是扬升公司连续 4 年的利润表资料,按此编制的变动差额与百分比利润表如表 3-4 所示。

要求:简要分析变动趋势。

表 3-3 　　扬升公司利润表　　单位:万元

项　目	2×15 年	2×16 年	2×17 年	2×18 年
营业收入	2 850	3 135	3 323	3 389
减:营业成本	1 425	1 581	1 685	1 966
营业毛利	1 425	1 554	1 638	1 423
减:税金及附加	285	314	332	339
减:期间费用	400	430	600	520
营业利润	740	810	706	564
加:营业外损益	75	65	117	67
利润总额	815	875	823	631
减:所得税费用	204	219	206	158
净利润	611	656	617	473

表 3-4　　扬升公司变动差额与百分比利润表

项　目	2×16年		2×17年		2×18年	
	差额(万元)	百分比(%)	差额(万元)	百分比(%)	差额(万元)	百分比(%)
营业收入	285	10	188	6	66	2
减:营业成本	156	11	104	7	281	17
营业毛利	129	9	84	5	−215	−13
减:税金及附加	29	10	18	6	7	2
减:期间费用	30	8	170	40	−80	−13
营业利润	70	9	−104	−13	−142	−20
加:营业外损益	−10	−13	52	80	−50	−43
利润总额	60	7	−52	−6	−192	−23
减:所得税费用	15	7	−13	−6	−48	−23
净利润	45	7	−39	−6	−144	−23

其中:变动差额=本期金额 −上期金额;变动百分比=变动差额 /上期金额。

通过表 3-4 可以看到,营业收入的增长越来越慢,营业成本的增长快于营业收入的增长,毛利的下降速度很快。期间费用呈增长趋势,2×18 年得到控制。营业外损益变动百分比较大,但绝对额不大。净利润呈下降趋势。因此,可以认为该公司盈利能力在下降,主要原因是营业成本大幅度升高。

(二) 结构百分比分析

结构百分比分析是以财务报表中某个总体指标作为 100%,计算出报表各构成项目占该总体指标的百分比,依此比较各个项目百分比的增减变动,判断有关财务活动的变化趋势的一种分析方法。

通常认为,资产负债表的总体是资产总额,利润表的总体是营业收入,现金流量的总体是现金流量合计。这种方法既可用于同一企业不同时期财务状况的纵向比较,又可用于不同企业间的横向比较,并且还可以消除不同时期(不同企业)业务规模差异的影响,有助于正确分析企业财务状况及发展趋势。

【例 3-4】 根据表 3-3 的数据,编制的扬升公司结构百分比利润表如表 3-5 所示。

表 3-5　　扬升公司结构百分比利润表(%)

项　目	2×16年	2×17年	2×18年
营业收入	100	100	100
减:营业成本	50	51	58
营业毛利	50	49	42
减:税金及附加	10	10	10
减:期间费用	14	18	15
营业利润	26	21	17
加:营业外损益	2	4	2
利润总额	28	25	19
减:所得税费用	7	6	5
净利润	21	19	14

通过表 3-5 可以看到，营业成本占营业收入的比重越来越大，从 2×16 年的 50%上升到 2×18 年的 58%；相应地，营业毛利占营业收入的比重越来越小。另外，期间费用占营业收入的比重也呈上升趋势，2×18 年虽有下降，但仍高于 2×16 年所占比重。因此，营业成本增大是公司利润下降的主要原因。

（三）定基百分比分析

定基百分比分析是将基期报表上各项数额的指数定为 100，其他各年度财务报表上的数字用指数表示，由此得出的定基百分比报表，可以查明各项目的变化趋势，不同时期的同类报表项目的对比指数计算公式如下：

$$报告期指数=\frac{报告期数值}{基期数值}\times 100$$

【例 3-5】 根据表 3-3 的数据，编制的扬升公司定基百分比利润表如表 3-6 所示。

表 3-6　　扬升公司定基百分比利润表

项目	基年 2×15 年	2×16 年	2×17 年	2×18 年
营业收入	100	110	117	119
减：营业成本	100	111	114	133
营业毛利	100	109	107	95
减：税金及附加	100	110	110	110
减：期间费用	100	108	150	130
营业利润	100	109	95	76
加：营业外损益	100	87	156	89
利润总额	100	107	101	77
减：所得税费用	100	107	101	77
净利润	100	107	101	77

从表 3-6 中可以看出，以 2×15 年为基期，2×18 年营业收入指数上升到 119 的同时，营业成本指数却上升到 133，上升幅度大大超过了营业收入。此外，期间费用也呈升势，2×18 年指数增至 130。所以，扬升公司利润大幅度下降的原因主要在于营业成本相对于营业收入增长得更快。

趋势分析法的主要局限是由于各因素特别是偶然因素的影响，不同时期的财务报表可能不具有可比性。为使数据不受偶然性的影响，在分析时要剔除偶然性因素。此外，当绝对数很小时，计算百分比时应特别注意，因为绝对数小的变化会使其百分比变化很大。

第三节　财务比率分析

财务比率是根据财务报表数据计算出的反映财务报表各项目之间相互关系的比值。通过财务比率分析，可以对企业的偿债能力、资产管理能力、盈利能力和发展能力等进行分析。

一、偿债能力分析

企业偿债能力是指偿还各种到期债务的能力，是企业的债权人最为关心的财务分析指标。企业偿债能力低不仅说明企业资金紧张，难以支付日常经营支出，而且说明企业资金周转不灵，难以偿还到期债务，甚至面临破产危险。企业偿债能力分析包括短期偿债能力分析和长期偿债能力分析。

（一）短期偿债能力分析

企业短期债务一般要用流动资产来偿付。短期偿债能力是指企业流动资产对流动负债及时足额偿还的保证程度，是衡量流动资产变现能力的重要标志。企业短期偿债能力的衡量指标主要有流动比率、速动比率、现金流量比率等。

1. 流动比率

流动比率是指企业流动资产与流动负债的比率，表明 1 元的流动负债有多少流动资产作为偿还保障，是衡量流动负债支付能力的最基本指标。其计算公式为：

$$流动比率=\frac{流动资产}{流动负债}$$

该指标越高，表明偿还流动负债的能力越强。国际上一般认为流动比率为 2 较为适中。通常，流动比率越低，说明企业的短期偿债能力越差；流动比率越高，说明企业短期偿债能力越强。但是，流动比率并不是越高越好。流动比率过高，说明企业有很大一部分资金分布在流动资产上，可能会造成资金闲置，增加企业的机会成本。若分布在存货上的资金过多，很可能是存货积压滞销所致，这会降低企业的盈利能力，增加经营风险。一般而言，如果行业生产周期长，则企业的流动比率就相应提高；如果行业生产周期短，则企业流动比率可以相对降低。所以，最好与同行业的平均水平相比较，以说明短期偿债能力的好坏。

根据流动比率评价企业短期偿债能力的强弱，其前提是企业的存货和应收账款的周转期是正常的。如果应收账款存在大量呆账、坏账，存货存在大量长期积压的问题，用流动比率评价企业的短期偿债能力就不够准确。另外，流动比率是一个时点指标，只能反映企业特定时点的流动性，并不能说明其前后流动负债偿还的情况。

2. 速动比率

速动比率是指速动资产与流动资产的比率。它是衡量流动资产中可以立即偿付流动负债的偿债指标，速动比率比流动比率更能准确说明企业的短期偿债能力。速动资产是指可以迅速变现的流动资产，主要包括货币资金、交易性金融资产、应收票据、应收账款等。速动资产不包括存货，主要原因是存货的变现能力较差，将来能否正常销售出去不能确定，收回现金更是相对遥远的事情，而依靠降价变卖存货偿还流动负债，只是在不得已的情况下采用的下下策。速动资产计算公式为：

$$速动比率=\frac{流动资产-存货}{流动负债}$$

该指标越高，表明企业偿还流动负债的能力越强。国际上一般认为速动比率为 1 较为适中，此时说明企业既有好的债务偿还能力，又有合理的流动资产结构。在实际运用中，应当结合行业水平进行分析判断。

以速动比率评价企业的短期偿债能力，前提是应收账款周转情况是正常的。如果企业的应收账款中有较大部分不易收回，可能会成为坏账，那么速动比率就不能真实地反映企业的偿还能力。所以，应收账款的变现能力是影响速动比率可信度的关键因素。

3. 现金流量比率

现金流量比率是指企业经营活动现金净流量与流动负债的比率。以收付实现制为基础的经营活动现金净流量同流动负债对比，能充分体现企业经营活动所产生的现金净流量可以在多大程度上保证当期流动负债的偿还。用该指标评价企业短期债务偿还能力更为谨慎。其计算公式为：

$$现金流量比率=\frac{经营活动现金净流量}{年末流动负债}$$

公式中分子的数据来自现金流量表，现金流量表的主表是根据收付实现制原则编制的，经营活动现金净流量数据的取得既不受企业会计政策选择和会计估计的影响，又不受流动资产变现能力的影响，因而可以直接反映企业经营活动创造现金流量的实际能力，相对流动比率和速动比率指标而言，更能准确反映企业对短期债务的偿还能力。现金流量比率大，不仅表明企业支付到期债务的能力强，而且也表明企业经营活动创造现金流量的能力强，财务状况好。

【例 3-6】 扬升公司的资产负债表、利润表如表 3-7、表 3-8 所示。

要求：计算扬升公司 2×18 年短期偿债能力指标。

表 3-7　　资产负债表

编制单位：扬升公司　　2×18 年 12 月 31 日　　单位：万元

资　产	期初余额	期末余额	负债和所有者权益	期初余额	期末余额
流动资产：			流动负债：		
货币资金	125	250	短期借款	225	300
交易性金融资产	60	30	交易性金融负债	0	0
应收票据	55	40	应付票据	20	25
应收账款	995	1 990	应付账款	545	500
预付款项	20	60	预收款项	20	50
其他应收款	110	110	应付职工薪酬	85	70
存货	1 685	795	应交税费	20	25
一年内到期的非流动资产	0	225	应付利息	55	60
流动资产合计	3 050	3 500	应付股息	20	25

（续表）

资　　产	期初余额	期末余额	负债和所有者权益	期初余额	期末余额
非流动资产：			其他应付款	45	125
长期股权投资	225	150	预提费用	20	45
长期应收款	0	0	一年内到期的非流动负债	20	260
固定资产	5 010	6 280	其他流动负债	25	15
在建工程	0	0	流动负债合计	1 100	1 500
工程物资	0	0	非流动负债：		
固定资产清理	0	0	长期借款	1 225	2 250
无形资产	115	70	应付债券	1 300	1 200
长期待摊费用	0	0	长期应付款	305	300
其他非流动资产	0	0	递延所得税负债	70	50
非流动资产合计	5 350	6 500	其他非流动负债	0	0
			非流动负债合计	2 900	3 800
			负债合计	4 000	5 300
			所有者权益：		
			实收资本(或股本)	3 000	3 000
			资本公积	50	80
			盈余公积	200	370
			未分配利润	1 150	1 250
			所有者权益合计	4 400	4 700
资 产 总 计	8 400	10 000	负债和所有者权益(或股本权益)总计	8 400	10 000

说明：表 3-7 中固定资产金额均为固定资产净值。

表 3-8　　　　**利　润　表**

编制单位：扬升公司　　　　2×18 年度　　　　单位：万元

项　　目	上年实际	本年累计
一、营业收入	14 250	15 000
减：营业成本	12 515	13 220
税金及附加	140	140
销售费用	100	110
管理费用	200	230
财务费用	480	550
二、营业利润	815	750
加：营业外收入	223	203
减：营业外支出	25	100
三、利润总额	1 013	853
减：所得税费用	253	213
四、净利润	760	640

根据表 3-7 的资料，整理出的扬升公司 2×18 年有关短期偿债能力指标计算所需资料如表 3-9 所示。

表 3-9 扬升公司 2×18 年短期偿债能力指标计算资料

单位:万元

项 目	年初数	年末数
流动资产合计	3 050	3 500
货币资金	125	250
交易性金融资产	60	30
应收票据	55	40
应收账款	995	1 990
其他应收款	110	110
速动资产合计	1 345	2 420
流动负债合计	1 100	1 500

另外，2×17 年经营活动产生的现金流量净额为 1 672 万元;2×18 年经营活动产生的现金流量净额为 1 586 万元。

则扬升公司的流动比率为：

$$\text{年初流动比率}=\frac{3\ 050}{1\ 100}=2.77$$

$$\text{年末流动比率}=\frac{3\ 500}{1\ 500}=2.33$$

扬升公司的速动比率为：

$$\text{年初速动比率}=\frac{1\ 345}{1\ 100}=1.22$$

$$\text{年末速动比率}=\frac{2\ 420}{1\ 500}=1.61$$

扬升公司现金流量比率为：

$$2\times17\text{ 年现金流量比率}=\frac{1\ 672}{1\ 100}=1.52$$

$$2\times18\text{ 年现金流量比率}=\frac{1\ 586}{1\ 500}=1.06$$

扬升公司年初、年末流动比率均大于 2，速动比率都比一般公认标准高，现金流量比率也比较正常，说明该公司短期偿债能力有保证。

（二）长期偿债能力分析

企业债权人和投资人不仅关心企业的短期偿债能力，还关心长期偿债能力。通过长期偿债能力分析，全面了解企业对总负债偿还的能力及所承担的财务风险。企业长期偿债能力的衡量指标主要有资产负债率、产权比率、利息保障倍数和现金债务总额比率等。

1. 资产负债率

资产负债率是指企业负债总额与资产总额的比率。它反映了企业的资产总额中有多大的比例是通过举债筹资的，有助于确定在企业清算时偿还全部债务的物质保障程度。

资产负债率反映企业偿还债务的综合能力。其计算公式为：

$$资产负债率 = \frac{负债总额}{资产总额} \times 100\%$$

需要注意的是，资产负债率指标中的资产是全部资产，而不是长期资产；同样，负债是指全部负债。其原因在于，无论是短期负债还是长期负债，都应当由全部资产作为偿还的最终保障，用总资产除总负债，实际上意味着总资产的变现价值在保证了短期负债偿还后，再用于长期负债的偿还。

资产负债率是衡量企业负债水平及风险程度的重要指标。该指标不论是对企业投资人还是对企业债权人都是十分重要的。

对债权人而言，资产负债率越低越好，资产负债率低表明债权人在企业清算时能得到的清偿保障程度高，本息收回的风险小；反之，资产负债率越高，本息收回的风险越大，企业再筹资的能力将受到极大影响。正因为如此，债权人在决定是否借贷之前，会详细考察企业的资产负债率；此外，还可能在借贷合同中规定借贷期限内企业最高的资产负债率，以确保自身的利益。

对投资者而言，当息税前投资报酬率大于利息率时，希望资产负债率高一些，以获得财务杠杆利益。因为利用负债筹资可以减少发行股票筹资，使原股东容易保持对企业的控制权，为股东创造更多财富；反之，当息税前投资报酬率小于利息率时，希望资产负债率低一些，回避风险，防止企业陷入困境。

对于经营者来说，既不愿意接受较高的资产负债率，承受较大的风险责任，也不会长久保持较低的资产负债率。管理当局会从企业的整体经营特点和财务的要求出发，追求合理的资产负债率，即最佳的资本结构。在充分保障企业债务安全的前提下，适度提高企业的负债比重，提高资金的利用水平，保持良好的偿债能力，使企业能长期稳定地发展。

目前，国际上一般认为资产负债率在60%左右比较好。当前，我国交通、运输、电力等基础行业的资产负债率一般平均为50%左右。

2. 产权比率

产权比率是指负债总额与股东权益总额的比率。它反映了债权人提供资金与股东所提供资金的对比关系。因此，它可以揭示企业的财务风险以及股东权益对债务的保障程度。其计算公式是：

$$产权比率 = \frac{负债总额}{股东权益总额}$$

产权比率越低，说明企业长期偿债能力越好，债权人贷款的安全越有保障，企业财务风险越小。

3. 利息保障倍数

利息保障倍数是指息税前利润相当于利息支出的倍数。利息保障倍数反映了企业以经营所得利润支付债务利息的能力，是利用利润表的资料来分析企业长期偿债能力的指标。其计算公式为：

$$利息保障倍数 = \frac{息税前利润}{利息支出}$$

公式中的息税前利润根据利润总额加利息费用（或财务费用）计算。利息支出包括财务费用中的利息费用（一般也按财务费用计算）和计入固定资产成本的资本化利息。

一般认为，利息保障倍数一般应该保持在 3 以上，而且应该观察连续若干期的数据来进行评价。企业的利息保障倍数至少要大于 1，否则，说明企业难以保证用经营所得来按时按量支付债务利息，长此以往，必将出现到期债务不能支付的问题。但是，短期内利息保障倍数低于 1，可能并不影响利息的支付。因为税前利润是采用权责发生制来核算的，本期的息税前利润中已经扣除了一些非付现的成本费用。

4. 现金债务总额比率

现金债务总额比率是指经营活动现金净流量同负债总额的比率。它反映企业用年度经营活动现金净流量承担债务的能力，是反映企业长期偿债能力的指标。其计算公式为：

$$现金负债总额比率 = \frac{经营活动现金净流量}{负债总额}$$

现金负债总额比率越高，说明企业支付债务利息的能力越强，负债经营的能力越强，偿债能力越好。

【例 3-7】 根据表 3-7、表 3-8 的资料。

要求：计算扬升公司 2×18 年有关长期偿债能力指标。计算所需资料如表 3-10 所示。

表 3-10　　扬升公司 2×18 年长期偿债能力指标计算资料　　单位：万元

项　目	年初数	年末数
流动资产合计	3 050	3 500
固定资产	5 010	6 280
长期股权投资	225	150
非流动负债合计	2 900	3 800
负债总额	4 000	5 300
所有者权益合计	4 400	4 700
资产总计	8 400	10 000

另外，2×17 年利润总额为 1 013 万元，利息费用为 480 万元，经营活动现金净流量为 1 672 万元；2×18 年利润总额为 853 万元，利息费用为 550 万元，经营活动现金净流量为1 586万元。

扬升公司的资产负债率为：

$$年初资产负债率=\frac{4\ 000}{8\ 400}\times 100\% = 47.62\%$$

$$年末资产负债率=\frac{5\ 300}{10\ 000}\times 100\% = 53\%$$

扬升公司的产权比率为：

$$年初产权比率=\frac{4\ 000}{4\ 400}=0.91$$

$$年末产权比率=\frac{5\ 300}{4\ 700}=1.13$$

扬升公司的利息保障倍数为：

$$2\times 17\ 年利息保障倍数=\frac{1\ 013+480}{480}=3.11$$

$$2\times 18\ 年利息保障倍数=\frac{853+550}{550}=2.55$$

扬升公司的现金债务总额比率为：

$$2\times 17\ 年现金债务总额比=\frac{1\ 672}{4\ 000}=0.42$$

$$2\times 18\ 年现金债务总额比=\frac{1\ 586}{5\ 300}=0.30$$

从以上计算结果可知，扬升公司资产负债率和产权比率在合理的范围内，说明扬升公司有一定的偿债能力和负债经营能力。利息保障倍数虽不太高，但大于 1，说明有一定的偿债能力。现金债务总额比较低，且 2×18 年较 2×17 年下降，不利于企业偿债能力的提高，说明企业通过经营活动创造现金偿付债务的能力较差。

二、资产管理能力分析

资产管理能力以资产管理比率衡量，资产管理比率是反映企业利用资金开展业务活动的营运能力方面的财务比率，一般将企业资产的投入与获取的收入进行对比，计算资产的周转速度指标，用以衡量企业资产的管理效率。资产管理比率的高低不仅反映企业资产管理水平的高低，而且影响企业的盈利能力和偿债能力。

资产周转速度指标分为资产周转率和资产周转期两种。资产周转率是指计算当期营业收入与资产平均余额的比值，表明资产在一定时期内的周转次数。资产周转期是指计算期天数与资产周转率的比值，表明资产每周转一次所需要的时间。资产周转率及相关计算公式为：

$$资产周转率=\frac{营业收入}{资产平均余额}$$

$$资产周转期=\frac{计算期天数}{资产周转率}$$

资产周转率越大或资产周转期越小，均说明资产周转速度越快、资产管理效率越高。资产周转速度指标包括总资产周转率、流动资产周转率与周转天数、固定资产周转率、存货周转率与周转天数、应收账款周转率与周转天数等。

1. 总资产周转率

总资产周转率是指企业一定时期营业收入与总资产平均余额的比率，说明企业全部资产的利用效率，是评价企业营运能力的综合性指标。总资产周转率及相关计算公式为：

$$总资产周转率 = \frac{营业收入}{总资产平均余额}$$

$$总资产平均余额 = \frac{期初资产余额 + 期末资产余额}{2}$$

总资产周转率是考察企业资产运营效率的一项重要指标，反映了企业在经营期间全部资产的管理质量和利用效果。总资产周转率越高，说明总资产周转速度越快，销售能力越强，资产利用效率越高。总资产周转率越低，说明企业资产经营效率越差，会影响企业的获利能力。实际运用这一财务比率分析时，可以和同行业平均水平相比较，衡量企业的资产管理水平，也可以同上期相比较，了解企业全部资产利用效率的改善情况。需要说明的是，该指标数值的高低，往往受到流动资产周转率、应收账款周转率和存货周转率等指标的影响。

2. 流动资产周转率与周转天数

流动资产周转率是指企业一定时期营业收入与流动资产平均余额的比率，是表示流动资产周转速度，用以评价企业全部流动资产利用效率的重要指标。流动资产周转率及相关计算公式为：

$$流动资产周转率 = \frac{营业收入}{流动资产平均余额}$$

$$流动资产平均余额 = \frac{期初流动资产 + 期末流动资产}{2}$$

$$流动资产周转天数 = \frac{计算期天数}{流动资产周转率}$$

或

$$= \frac{流动资产平均余额 \times 计算期天数}{营业收入}$$

流动资产周转率反映了企业流动资产的周转速度，它是从企业全部资产中流动性最强的流动资产角度对企业资产的利用效率进行的分析，以进一步揭示影响企业资产质量的主要因素。通常认为，正常经营情况下流动资产周转率越高(周转天数越少)，反映流动资产周转速度越快，可相对节约流动资金，等于相对扩大资产投入，增强企业盈利能力；反之，流动资产周转速度缓慢，则需要补充新的流动资金参加周转，必然降低企业的盈利能力和偿债能力。

3. 固定资产周转率

固定资产是企业生产经营的物质技术基础，直接决定企业的生产经营能力。固定资产周转率是企业一定时期营业收入与固定资产平均净值的比率。它是反映固定资产利用效率的指标。固定资产周转率计算公式为：

$$固定资产周转率 = \frac{营业收入}{固定资产平均净值}$$

$$固定资产平均净值 = \frac{期初固定资产净值 + 期末固定资产净值}{2}$$

固定资产周转率越高，说明公司固定资产的利用效率越高，管理水平较高。如果固定资产周转率与同行业平均水平相比偏低，说明企业的生产效率较低，生产利用能力不够，可能会影响企业的获利能力。

4. 存货周转率与周转天数

存货周转率是企业一定时期的营业成本与存货平均余额的比率。它是反映存货周转速度、变现能力、利用效率、存货质量的指标。存货周转率及相关计算公式为：

$$存货周转率 = \frac{营业成本}{存货平均余额}$$

$$存货平均余额 = \frac{期初存货余额 + 期末存货余额}{2}$$

$$存货周转天数 = \frac{计算期天数}{存货周转率}$$

或

$$= \frac{存货平均余额 \times 计算期天数}{营业成本}$$

如果企业的生产经营活动具有很强的季节性，存货平均余额应该按季节或月份余额来计算，即先计算出各月份或季节的存货平均余额，然后再计算全年的存货平均余额。

存货周转率越高（周转天数越少），说明存货的变现速度越快，存货利用效率越好，企业的销售能力越强，存货质量越好，占用在存货上的资金越少。分析时，可以与同行业水平或上期周转速度相比较。

5. 应收账款周转率与周转天数

应收账款周转率是企业一定时期营业收入与应收账款平均余额的比率。它反映了企业应收账款的周转速度。应收账款周转率及相关计算公式为：

$$应收账款周转率 = \frac{营业收入}{应收账款平均余额}$$

$$应收账款平均余额 = \frac{期初应收账款 + 期末应收账款}{2}$$

$$应收账款平均收账期（周转天数） = \frac{计算期天数}{应收账款周转率}$$

或

$$= \frac{应收账款平均余额 \times 计算期天数}{营业收入}$$

从理论上讲，应收账款是赊销造成的，因此公式中的营业收入应采用赊销金额。但是在财务报表中并不能直接提供赊销金额，所以一般采用营业收入。在各年赊销金额波动不大的情况下，采用营业收入计算的指标同样能比较准确地反映应收账款周转速度的情况，而且，只要坚持一贯性原则，并不影响指标的分析和利用。

通常认为，应收账款周转率越高(周转天数越少)，说明应收账款流动性越强，质量越好，短期偿债能力也会增强。由于季节性经营、大量采用分期收款或现金方式结算等，都可能使本指标结果失实，所以，应结合企业的前后期间、行业平均水平进行综合评价。

【例 3-8】 根据表 3-7、表 3-8 的资料。

要求：计算扬升公司 2×18 年有关营运能力指标。计算所需资料如表 3-11 所示。

表 3-11　　扬升公司 2×18 年营运能力指标计算资料　　单位：万元

项　目	年初数	年末数
流动资产合计	3 050	3 500
应收账款(包括应收票据)	1 050	2 030
存货	1 685	795
固定资产	5 010	6 280
资产总额	8 400	10 000

另外，2×17 年年初流动资产为 3 200 万元，应收账款为 924 万元，存货为 1 400 万元，固定资产净值为 4 000 万元，资产总额为 7 500 万元。2×17 年营业收入为 14 250 万元，2×18 年营业收入为 15 000 万元；2×17 年营业成本为 12 515 万元，2×18 年营业成本为13 220万元。

扬升公司总资产周转率为：

$$2\times17\text{ 年总资产周转率}=\frac{14\ 250}{(7\ 500+8\ 400)\div2}=1.79(\text{次})$$

$$2\times18\text{ 年总资产周转率}=\frac{15\ 000}{(8\ 400+10\ 000)\div2}=1.63(\text{次})$$

扬升公司固定资产周转率为：

$$2\times17\text{ 年固定资产周转率}=\frac{14\ 250}{(4\ 000+5\ 010)\div2}=3.16(\text{次})$$

$$2\times18\text{ 年固定资产周转率}=\frac{15\ 000}{(5\ 010+6\ 280)\div2}=2.66(\text{次})$$

扬升公司流动资产周转指标为：

$$2\times17\text{ 年流动资产周转率}=\frac{14\ 250}{(3\ 200+3\ 050)\div2}=4.56(\text{次})$$

$$2\times18\text{ 年流动资产周转率}=\frac{15\ 000}{(3\ 050+3\ 500)\div2}=4.58(\text{次})$$

$$2\times17\text{ 年流动资产周转天数}=\frac{360}{4.56}=78.95(\text{天})$$

$$2\times18\text{ 年流动资产周转天数}=\frac{360}{4.58}=78.60(\text{天})$$

从以上计算结果可知，扬升公司2×17年与2×18年流动资产周转指标差异不大，2×18年总资产周转速度和固定资产周转速度比上年减慢，其主要原因在于固定资产净值增加幅度要大于营业收入增长幅度，说明企业营运能力有所减弱，这种减弱幅度是否合理，还要视公司目标及与同行业水平的比较而定。

扬升公司存货周转指标为：

$$2\times17\text{年存货周转率}=\frac{12\ 515}{(1\ 400+1\ 685)\div2}=8.11(\text{次})$$

$$2\times18\text{年存货周转率}=\frac{13\ 220}{(1\ 685+795)\div2}=10.66(\text{次})$$

$$2\times17\text{年存货周转天数}=\frac{360}{8.11}=44.39(\text{天})$$

$$2\times18\text{年存货周转天数}=\frac{360}{10.66}=33.77(\text{天})$$

扬升公司应收账款周转指标为：

$$2\times17\text{年应收账款周转率}=\frac{14\ 250}{(924+1\ 050)\div2}=14.44(\text{次})$$

$$2\times18\text{年应收账款周转率}=\frac{15\ 000}{(1\ 050+2\ 030)\div2}=9.74(\text{次})$$

$$2\times17\text{年应收账款周转天数}=\frac{360}{14.44}=24.93(\text{天})$$

$$2\times18\text{年应收账款周转天数}=\frac{360}{9.74}=36.96(\text{天})$$

从以上计算结果可知，扬升公司2×18年与2×17年流动资产周转指标基本一致，但表现在具体项目上是不平衡的。存货周转率2×18年较2×17年加快2.55次，说明存货的流动性较强，存货转化为现金或应收账款的速度较快，从而会增强企业的短期偿债能力及获利能力。应收账款周转天数2×18年较2×17年增加12.03天，说明企业应收账款的收回可能存在问题，应进一步查明其具体原因。

三、盈利能力分析

盈利能力是指企业在一定时期赚取利润、实现资金增值的能力，它通常表现为企业收益数额的大小与水平的高低。在正常条件下，企业实现利润的多少，能够体现企业经营管理水平的高低和经济效益的好坏。盈利能力的大小是一个相对的概念，企业的盈利能力必须与同行业的先进水平、同行业的竞争对手以及企业前期比较，才能作出正确的分析和评价。盈利能力分析主要包括投资收益能力分析、经营获利能力分析、资本保值增值能力分析和上市公司盈利能力分析等。

（一）投资收益能力分析

1. 净资产收益率

净资产收益率是指企业一定时期净利润与净资产平均余额的比率，也称权益净利率。净资产收益率充分体现了投资者投入资本获取收益的能力，反映了投资与报酬的关系，是评价企业资本经营效益的核心指标。其计算公式为：

$$\text{净资产收益率}=\frac{\text{净利润}}{\text{净资产平均余额}}\times 100\%$$

2. 总资产报酬率

总资产报酬率是指企业一定时期内获得的息税前利润总额与资产平均余额的比率。总资产报酬率主要用来衡量企业利用资产获取利润的能力，表示企业包括净资产和负债在内的全部资产的总体获利能力，是评价企业资产运营效益的重要指标。其计算公式为：

$$\text{总资产报酬率}=\frac{\text{利润总额}+\text{利息费用}}{\text{资产平均余额}}\times 100\%$$

总资产报酬率表示企业全部资产获取收益的水平，全面反映了企业的获利能力和投入产出状况，该指标越高，表明企业投入产出的水平越高，企业的资产运营越有效。通过对该指标的深入分析，可以增强各方面对企业资产经营的关注，促进企业提高单位资产的收益水平。该指标也是企业筹资决策的重要依据，一般情况下，企业可将此指标与资本市场利率进行比较，如果该指标大于市场利率，则表明企业可以充分利用财务杠杆，进行负债经营，获取尽可能多的收益；如果总资产报酬率较市场利率低，说明利用负债是不利的。

3. 总资产净利率

总资产净利率是指企业一定时期净利润与总资产平均余额的比率，说明利用资产获取净利润的能力。其计算公式如：

$$\text{总资产净利率}=\frac{\text{净利润}}{\text{总资产平均余额}}\times 100\%$$

总资产净利率是一个综合性较强的财务指标，通过分析影响指标的因素，并层层分解，研究彼此间的依存关系，可以揭示公司的获利能力和资产周转速度。总资产净利率与销售净利率和总资产周转率的关系为：

$$\begin{aligned}\text{总资产净利率}&=\frac{\text{净利润}}{\text{总资产平均余额}}=\frac{\text{净利润}}{\text{营业收入}}\times\frac{\text{营业收入}}{\text{总资产平均余额}}\\&=\text{销售净利率}\times\text{总资产周转率}\end{aligned}$$

【例 3-9】 根据表 3-7、表 3-8 的资料。

要求：计算扬升公司 2×18 年有关投资收益率指标。计算所需资料如表 3-12 所示。

表 3-12 扬升公司 2×18 年投资收益率指标计算资料 单位:万元

项　目	2×17 年	2×18 年
净利润	760	640
所得税费用	253	213
财务费用	480	550

另外,2×17 年年初资产总额为 7 500 万元,所有者权益为 4 000 万元;2×18 年年初所有者权益为 4 400 万元,资产总额为 8 400 万元;2×18 年年末所有者权益为 4 700 万元,资产总额为 10 000 万元。

扬升公司总资产报酬率为:

$$2\times17\text{ 年总资产报酬率}=\frac{760+253+480}{(7\ 500+8\ 400)\div 2}\times 100\%=18.78\%$$

$$2\times18\text{ 年总资产报酬率}=\frac{640+213+550}{(8\ 400+10\ 000)\div 2}\times 100\%=15.25\%$$

扬升公司净资产收益率为:

$$2\times17\text{ 年净资产收益率}=\frac{760}{(4\ 000+4\ 400)\div 2}\times 100\%=18.10\%$$

$$2\times18\text{ 年净资产收益率}=\frac{640}{(4\ 400+4\ 700)\div 2}\times 100\%=14.07\%$$

$$2\times17\text{ 年总资产净利率}=\frac{760}{(7\ 500+8\ 400)\div 2}\times 100\%=9.56\%$$

$$2\times18\text{ 年总资产净利率}=\frac{640}{(8\ 400+10\ 000)\div 2}\times 100\%=6.96\%$$

从以上计算结果可知,扬升公司 2×18 年总资产报酬率、净资产收益率和总资产净利率均低于上年,盈利能力明显降低。需要对公司资产的使用情况、成本开支情况、结合成本效益指标一起分析,以改进管理,提高资产利用效率和企业经营管理水平,增强盈利能力。

（二）经营获利能力分析

1. 营业毛利率

营业毛利率是指企业一定时期营业毛利与营业收入的比率,也称毛利率。营业毛利率及相关计算公式为:

$$\text{营业毛利率}=\frac{\text{营业毛利}}{\text{营业收入}}\times 100\%$$

$$\text{营业毛利}=\text{营业收入}-\text{营业成本}$$

营业毛利率主要受产品销售价格、单位产品成本的影响,而产品销售价格又受市场竞争的情况以及本企业市场竞争能力的影响;单位产品成本的高低受企业成本管理水平的影响。所以,销售毛利率越大,说明企业营业成本低,竞争能力强,经营业务获利能力越强;反之,则说明企业成本过高,产品质量不高,竞争能力不强。另外,营业毛利率的高低还受到行业特点的影响。一般来说,营业周期短、固定成本低的行业,营业毛利率较低,如零售业;而营业周期长、固定成本大的行业营业毛利率通常要高一些。因此,营业毛利率的高低。一般应同行业平均水平相比较。

2. 营业利润率

营业利润率是指企业一定时期营业利润同营业收入的比率,反映了企业全部经营业务的获利能力。其计算公式为:

$$营业利润率=\frac{营业利润}{营业收入}\times 100\%$$

$$营业利润=营业收入-营业成本-营业税金及附加-期间费用(销售费用、管理费用、财务费用)$$

3. 营业净利率

营业净利率是指企业一定时期净利润与营业收入的比率。营业净利率计算公式为:

$$营业净利率=\frac{净利润}{营业收入}\times 100\%$$

4. 成本费用利润率

成本费用利润率是指企业利润总额与成本费用总额的比率,反映了企业经营过程中发生的耗费与获得的收益之间的关系。成本费用利润率计算公式为:

$$成本费用利润率=\frac{利润总额}{成本费用总额}\times 100\%$$

一般认为,成本费用包括营业成本、销售费用、管理费用、财务费用等,也有的认为成本费用还包括营业税金及附加、所得税费用。

【例 3-10】 根据表 3-8 资料。

要求:计算扬升公司 2×18 年有关经营获利能力指标。计算所需资料如表 3-13 所示。

表 3-13　　扬升公司 2×18 年经营获利能力指标计算资料　　单位:万元

项　目	2×17 年	2×18 年
营业收入	14 250	15 000
营业成本	12 515	13 220
营业毛利	1 735	1 780
税金及附加	140	140
销售费用	100	110
管理费用	200	230
财务费用	480	550
成本费用总额	13 295	14 110
营业利润	815	750
利润总额	1 013	853
净利润	760	640

扬升公司营业毛利率为：

$$2\times17\text{ 年营业毛利率}=\frac{1\ 735}{14\ 250}\times100\%=12.18\%$$

$$2\times18\text{ 年营业毛利率}=\frac{1\ 780}{15\ 000}\times100\%=11.87\%$$

扬升公司营业利润率为：

$$2\times17\text{ 年营业利润率}=\frac{815}{14\ 250}\times100\%=5.72\%$$

$$2\times18\text{ 年营业利润率}=\frac{750}{15\ 000}\times100\%=5\%$$

扬升公司营业净利率为：

$$2\times17\text{ 年营业净利率}=\frac{760}{14\ 250}\times100\%=5.33\%$$

$$2\times18\text{ 年营业净利率}=\frac{640}{15\ 000}\times100\%=4.27\%$$

扬升公司成本费用利润率为：

$$2\times17\text{ 年成本费用利润率}=\frac{1\ 013}{13\ 295}\times100\%=7.62\%$$

$$2\times18\text{ 年成本费用利润率}=\frac{853}{14\ 110}\times100\%=6.05\%$$

从以上计算结果可知，2×18 年各项营业利润率指标均比 2×17 年有所下降。说明公司盈利能力有所下降，公司应进一步分析利润下降、成本上升的原因，采取有效措施，降低成本，提高盈利能力。

（三）资本保值增值能力分析

资本保值增值率是指企业本年年末所有者权益扣除客观增减因素后同年初所有者权益的比率。资本保值增值率表示企业由于当年经营方面的原因使股东权益增减变动的情况，是评价企业财务效益状况的指标。资本保值增值率计算公式为：

$$\text{资本保值增值率}=\frac{\text{扣除客观因素后的年末所有者权益}}{\text{年初所有者权益}}\times100\%$$

扣除客观因素后的年末所有者权益是指扣除客观因素对所有者权益影响后的所有者权益数额，需要扣除或加回的项目包括客观因素影响的增加额和客观因素影响的减少额。客观因素影响的增加额如所有者追加的投资额等；客观因素影响的减少额如分配的现金股利等。

资本保值增值率是根据“资本保全”原则设计的指标，更加谨慎、稳健地反映了企业的资本保全和增值状况。它充分体现了对所有者权益的保护，能够及时有效地发现侵蚀所有者权益的现象。该指标反映了投资者投入企业资本的保全性和增长性。该指标越高，表明企业的资本保全状况越好，所有者权益增长越快，债权人的债务越有保障，企业发展后劲越强。该指标如为负值，表明企业资本受到侵蚀，没有实现资本保全，损害了所有者的权益，也妨碍了企业进一步发展壮大，应予充分重视。

【例 3-11】 根据[例 3-9]有关资料。

要求：计算扬升公司资本保值增值率。

$$2\times17\text{ 年资本保值增值率}=\frac{4\ 400}{4\ 000}\times100\%=110\%$$

$$2\times18\text{ 年资本保值增值率}=\frac{4\ 700}{4\ 400}\times100\%=107\%$$

从以上计算结果可知，扬升公司 2×18 年资本保值增值率比 2×17 年有所降低。

（四）上市公司盈利能力分析

对于上市公司来说，最重要的财务指标是每股收益、每股净资产和净资产收益率。证券分析机构按照每股收益、每股净资产、净资产收益率三项指标高低定期公布上市公司排行榜，可见其重要性。净资产收益率前已述及，下面主要介绍每股收益、每股净资产以及市盈率、股利支付率、每股股利和每股经营活动现金流量等相关指标。

1. 每股收益

每股收益是指每股普通股所获得的净利润，也称每股利润或每股盈余。每股收益是表明公司普通股每股获利能力大小的重要指标。每股收益计算公式为：

$$\text{每股收益}=\frac{\text{净利润}}{\text{期末流通在外普通股股份总数}}$$

或

$$=\frac{\text{净利润}}{\text{该期流通在外普通股加权平均股份总数}}$$

公式中的分子一般为本年度的净利润，如果存在优先股，应当在净利润中减去优先股股利。前一个公式计算的每股收益又称摊薄的每股收益，表明公司实现的净利润应属于期末在册的发行在外的所有普通股股东享有。后一个公式计算的每股收益又称加权平均每股收益，因为分子净利润为时期指标，而分母股份总数是时点指标，所以股数应加权平均计算，尤其当公司的普通股股份数在该时期发生过增减变动时，加权平均计算就更显得合理。其中，加权平均普通股股数是以普通股在年度内发行在外的月份数为权数加权计算的。某年度流通在外普通股加权平均股份总数计算公式为：

$$\begin{matrix}\text{某年度流通在外普通}\\\text{股加权平均股份总数}\end{matrix}=\begin{matrix}\text{年初股份}\\\text{总数}\end{matrix}\pm\left[\begin{matrix}\text{本年增加(减少)}\\\text{股份总数}\end{matrix}\times\left(12-\begin{matrix}\text{变动当月}\\\text{月份数}\end{matrix}\right)\right]\div12$$

每股收益是衡量股份公司盈利能力最常用的财务指标。在分析时，可以进行公司间的比较，以评价公司的相对盈利能力；可以进行不同时期的比较，了解公司盈利能力变化趋势；可以进行经营实绩与盈利预测的比较，掌握公司的管理能力。

2. 每股净资产

每股净资产是指公司净资产与发行在外的普通股股本总额之间的比率，反映公司发行在外的每一普通股股份所能分配的公司账面净资产的价值。这里所说的账面净资产是指公司账面上的总资产减去负债后的余额，即所有者权益或股东权益。每股净资产计算公式为：

$$每股净资产 = 所有者权益总额 \div 股本总额$$

一般而言，在公司性质相同，股价相近的条件下，某一公司股票的每股净资产越高，则公司发展潜力和股票的投资价值越大，投资者所承担的投资风险越小。值得注意的是，每股净资产反映的是在会计期末每一股份在公司账面上到底值多少钱，是一个历史成本问题，与股票面值、股票的市场价值乃至清算价值等往往有较大差距。

3. 市盈率

市盈率是指上市公司普通股每股市价与每股收益的比率，也称价格盈余比率或价格与收益比率，反映投资者对每1元的利润所愿支付的价格。市盈率计算公式为：

$$市盈率 = \frac{每股市价}{每股收益}$$

一般来说，市盈率高，说明投资者对该公司的发展前景看好，愿意出较高的价格购买该公司股票，所以一些成长性较好的高科技公司的股票的市盈率通常要高些。但也应注意，如果某一只股票的市盈率过高，则意味着这只股票具有较高的投资风险。市盈率不仅是分析上市公司净利润与普通股股票价格之间关系的尺度，也是衡量股票投资价值的重要工具。利用市盈率指标和公司其他财务指标，并结合股票市场行情分析，可以解释公司股票目前市价有无高估或低估的情况。因此，无论是企业管理层，还是股票投资者对这个指标都十分重视。

4. 股利支付率

股利支付率是普通股每股股利与每股收益的比率，也称股利发放率。若公司无优先股，则是某年度股利总额占该年度净利润的比重。它表明公司当年的净利润中有多少用于股利分派，体现了公司股利分配政策。股利支付率计算公式为：

$$股利支付率 = \frac{每股股利}{每股收益} \times 100\% = \frac{股利总额}{净利润总额} \times 100\%$$

股利支付率大小主要取决于公司的股利分配政策。一般而言，如果公司的现金流量比较充裕，并且目前没有更好的投资项目，则可能会倾向于发放现金股利；如果公司有较好的投资项目，则可能会少发股利，而将资金用于投资。

5. 每股股利

每股股利是指股份有限公司用于分配的普通股现金股利总额与年末普通股股份总数之比，反映普通股股东平均每股股份所获得的股利收益。每股股利计算公式为：

$$每股股利 = \frac{普通股现金股利总额}{年末普通股股份总数}$$

每股股利的高低，不仅取决于公司获利能力的强弱，还取决于公司的股利政策和现金是否充裕。

6. 每股经营活动现金流量

每股经营活动现金流量是公司一定时期经营活动现金净流量与该时期公司普通股股数之比，从现金流量角度反映普通股每股的获利能力。每股经营活动现金流量计算公式为：

$$每股经营活动现金流量 = \frac{某时期经营活动现金净流量}{该期期末(或加权平均)普通股股数}$$

每股经营活动现金流量越高，说明公司支付现金股利的能力越强，收益质量越高。

【例 3-12】 根据表 3-7 和表 3-8 资料。

要求：计算 2×18 年扬升公司盈利能力指标。计算所需资料如下：净利润为 640 万元，普通股股数为 3 000 万股，支付股利为 476 万元，经营活动现金净流量为 1 586 万元。并假定扬升公司的普通股股票每股市价为 9 元。

扬升公司盈利指标为：

$$每股收益 = \frac{640}{3\ 000} = 0.21(元)$$

$$市盈率 = \frac{9}{0.21} = 42.86$$

$$每股股利 = \frac{476}{3\ 000} = 0.16(元)$$

$$股利支付率 = \frac{0.16}{0.21} \times 100\% = 76.19\%$$

$$每股经营活动现金流量 = \frac{1\ 586}{3\ 000} = 0.53(元)$$

四、发展能力分析

企业是在发展中求得生存的。发展能力是企业在生存的基础上，不断改善财务状况和经营业绩，扩大规模、壮大实力的潜在能力。企业发展能力分析指标主要包括营业增长率、资本积累率、3 年营业平均增长率、3 年资本平均增长率和总资产增长率等。

1. 营业增长率

营业(销售)增长率是指企业本年营业(销售)收入增长额与上年营业(销售)收入总额的比率。营业增长率表示与上年相比，企业营业收入的增减变动情况，是评价企业成长状况和发展能力的重要指标。世界 500 强企业就主要以营业收入的多少进行排序的。营业增长率计算公式为：

$$营业增长率 = \frac{本年营业收入增长额}{上年营业收入总额} \times 100\%$$

营业增长率是衡量企业经营状况和市场占有能力、预测企业经营业务拓展趋势的重要指标。营业收入的不断增加，是企业生存的基础和发展的条件。若该指标小于 0，则说明企业的产品不适销对路、质次价高，或是在售后服务等方面存在问题，产品销售不出去，市场份额萎缩。

2. 资本积累率

资本积累率是指企业本年所有者权益增长额同年初所有者权益的比率。资本积累率表示企业当年资本的积累能力，是评价企业发展潜力的重要指标。资本积累率反映了投资者投入企业资本的保全性和增长性。资本积累率计算公式为：

$$资本积累率 = \frac{本年所有者权益增长额}{年初所有者权益} \times 100\%$$

3. 3 年营业平均增长率

3 年营业平均增长率表明企业销售的连续 3 年增长情况，体现企业的发展潜力。3 年营业平均增长率计算公式为：

$$3年营业平均增长率 = \left(\sqrt[3]{\frac{当年营业收入}{3年前营业收入}} - 1\right) \times 100\%$$

在评价企业 2×18 年的绩效状况时，3 年前营业收入是指企业 2×15 年的营业收入。该指标越高，表明企业经营业务竞争能力越强。

4. 3 年资本平均增长率

3 年资本平均增长率表示企业资本连续 3 年的积累情况，体现企业的发展水平和发展趋势。3 年资本平均增长率计算公式为：

$$3年资本平均增长率 = \left(\sqrt[3]{\frac{年末所有者权益总数}{3年前年末所有者权益总额}} - 1\right) \times 100\%$$

在评价企业 2×18 年的效绩状况时，3 年前所有者权益年末数是指 2×15 年年末数。

一般的增长率指标，在分析上具有“滞后”性，而该指标能够反映企业资本保值增值的历史发展状况，以及企业稳步发展的趋势。该指标越高，表明企业所有者权益得到的保障程度越大，企业可以长期使用的资金越充足，抗风险和保持连续发展的能力越强。

5. 总资产增长率

总资产增长率是企业本年总资产增长额同年初资产总额的比率。总资产增长率可用来衡量企业本期资产规模的增长情况，评价企业经营规模总量上的扩张程度。总资产增长率计算公式为：

$$总资产增长率 = \frac{本年总资产增长额}{年初资产总额} \times 100\%$$

总资产增长率指标是从企业资产总量扩张方面衡量企业的发展能力的，表明企业规模增长水平对企业发展后劲的影响。该指标是考核企业发展能力的重要指标。该指标越高，表明企业当年资产经营规模扩张的速度越快。但实际操作时，应注意资产规模的质与量的关系，以及企业的后续发展能力，以避免资产盲目扩张。

【例 3-13】 根据表 3-7 和表 3-8 资料。

要求：计算扬升公司发展能力指标。计算所需资料如下：2×17 年营业收入为 14 250 万元，年末所有者权益为 4 400 万元，年末总资产为 8 400 万元。2×18 年营业收入为 15 000万元，年末所有者权益为 4 700 万元，年末总资产为 10 000 万元，年末固定资产净值为 6 190 万元，年末固定资产原值为 10 000 万元。并假定该公司 2×15 年末所有者权益为 4 000 万元，营业收入为 12 000 万元。

2×18 年扬升公司发展能力指标为：

$$\text{营业增长率} = \frac{15\ 000 - 14\ 250}{14\ 250} \times 100\% = 5.26\%$$

$$\text{资本积累率} = \frac{4\ 700 - 4\ 400}{4\ 400} \times 100\% = 6.82\%$$

$$3\text{ 年营业平均增长率} = \left(\sqrt[3]{\frac{15\ 000}{12\ 000}} - 1\right) \times 100\% = 7.72\%$$

$$3\text{ 年资本平均增长率} = \left(\sqrt[3]{\frac{4\ 700}{4\ 000}} - 1\right) \times 100\% = 5.52\%$$

$$\text{总资产增长率} = \frac{10\ 000 - 4\ 500}{8\ 400} \times 100\% = 19.04\%$$

第四节　财务状况的综合评价

通过本章前三节所述的对企业财务状况和经营成果的分析，可以了解企业各方面能力的基本情况，但它不能说明企业总体财务状况。一个企业可能长期偿债能力不好，但短期偿债能力还可以，而另一个企业可能正相反，应如何总体上评价两个企业，需要借助于综合分析的方法才能得出结论。这里介绍财务比率综合评分法和杜邦分析法。

一、财务比率综合评分法

财务比率综合评分法最早是在 20 世纪初，由美国银行家亚历山大·沃尔提出并使用的方法，所以也称为沃尔评分法。财务比率综合评分法是通过选择一系列能够反映企业各方面财务状况的财务比率，通过对这些财务比率打分得出综合得分，来评价企业综合财务状况的一种方法。沃尔选择了七项财务比率，并分别给定了各项指标在总分中的权重，根据各项指标实际值与该项指标标准值（行业平均水平或理想值）的比值确定各项指标的得分，最后根据各项指标的得分和各项指标的权重确定综合得分，用以对企业的信用水平进行评分。

财务比率选择应当注意以下几个问题：一要具有全面性，要求反映企业的偿债能力、资产管理能力、盈利能力、发展能力的四大类财务比率。二要具有代表性，既要选择能够说明问题的重要财务比率，也要避免在评价内容上指标重复设置。例如，资产负债率和产权比率、自有资金比率（股东权益÷总资产）的作用基本相同，选择了资产负债率，一般不应再选择产权比率或自有资金比率。三要具有变化方向的一致性，一般应选择反映企业财务状况的正指标，即选择那些财务比率增大时表示财务状况的改善，财务比率减小时表示财务状况恶化的指标。对于特别重要但属于反映财务状况逆指标的指标如资产负债率，可以用倒数表示，即资产负债率可用“$\frac{资产}{负债}$”表示。

二、杜邦分析法

（一）杜邦分析法的意义

杜邦分析法是由美国杜邦公司首先创造的，故称杜邦分析法。它是以净资产收益率为核心指标进行综合评价，利用各项主要财务比率与核心指标之间的内在联系，分析财务状况变化原因的一种分析评价方法。杜邦分析体系通过净资产收益率将企业经营活动、投资活动和筹资活动有机地联系在一起，以此为基础，再进一步分析其他财务指标。

根据净资产收益率的计算公式，可将净资产收益率分解如下：

$$\begin{aligned}
净资产收益率 &= \frac{净利润}{净资产平均余额} \\
&= \frac{净利润}{总资产平均余额} \times \frac{总资产平均余额}{净资产平均余额} \\
&= 总资产净利率 \times 权益乘数 \\
&= \frac{净利润}{营业收入} \times \frac{营业收入}{总资产平均余额} \times 权益乘数 \\
&= 营业净利率 \times 总资产周转率 \times 权益乘数
\end{aligned}$$

根据上述对净资产收益率的分解，净资产收益率与各项指标的关系如图 3-1 所示。图中，权益乘数为平均数，具体计算如下：

$$\begin{aligned}
权益乘数 &= \frac{总资产平均余额}{净资产平均余额} = \frac{1}{1-平均资产负债率} \\
&= \frac{(8\ 400+10\ 000)\div 2}{(4\ 400+4\ 700)\div 2} = \frac{1}{1-\frac{(4\ 000+5\ 300)\div 2}{(8\ 400+10\ 000)\div 2}} = 2.022
\end{aligned}$$

净资产收益率受营业净利率、总资产周转率和权益乘数的影响，而营业净利率反映企业经营业务的获利能力，总资产周转率反映全部资产的利用效率，权益乘数反映企业的偿债能力。因此，杜邦财务分析指标体系不仅综合反映了企业经营业务的获利能力、资产的营运能力和企业的偿债能力对核心指标净资产收益率共同作用的影响，而且比较充分地

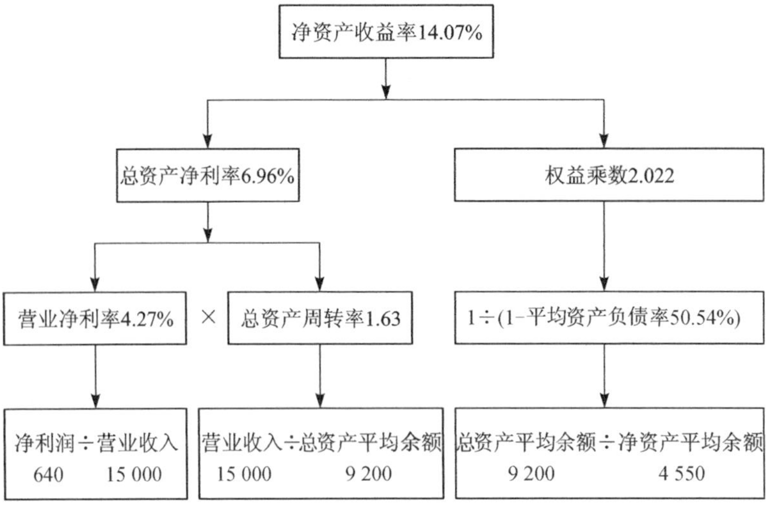

图 3-1 杜邦财务指标体系

运用了资产负债表和利润表的会计信息，有利于对企业财务状况和经营成果作出综合的分析与评价。所以，净资产收益率在各项财务指标中最具有综合性。

（二）杜邦分析法应用

杜邦财务指标体系通过自上而下的分析、指标的层层分解来揭示企业各项指标间的结构关系，查明各主要指标的影响因素，为决策者优化经营管理，提高企业经营效率提供思路。杜邦分析法应用在于分解与分析净资产收益率指标变动的原因和变动趋势。净资产收益率因素分析如下。

1. 营业净利率的分析

营业净利率与净资产收益率成正比例关系。营业净利率的高低又受营业毛利率、营业利润率、成本费用利润率的影响。通过这些指标的对比，可以了解营业净利率变动的基本原因，还可以进一步根据利润表及其他资料了解营业净利率变动的具体原因。

2. 总资产周转率的分析

净资产收益率一方面取决于经营业务的获利能力，另一方面受营业周期的影响。一定时期营业周期越短，交易次数越多，资产利用效率越高，净资产收益率就越高。总资产周转率又取决于固定资产周转率和流动资产的周转率，流动资产周转率又受存货周转率、应收账款周转率的影响。通过这些指标的分析，可以了解总资产周转率变化的基本原因。

3. 权益乘数的分析

净资产收益率与权益乘数成正比例关系。权益乘数越大、负债越多，负债带来的杠杆利益越多，权益报酬率越高。但是，如果权益乘数越大，意味着企业的负债越多，企业的风险越大，债权人要求的利息率越高，当利息率大于总资产报酬率时，权益乘数的增大，会导致净资产收益率降低。权益乘数的提高是否有利于股东权益报酬率的提高，还应根据资产负债率是否适度、是否有足够大的利息保障倍数作出判断。

【例 3-14】 根据表 3-7 和表 3-8 资料。

要求：计算扬升公司净资产收益率指标。计算资料如下：2×18 年销售净利率为 4.27%，资产净利率为 6.96%，权益乘数为 2.022，总资产周转率为 1.63，净资产收益率为 14.07%；2013 年标准值（行业平均水平）：销售净利率为 5.24%，资产净利率为 13.10%，权益乘数为 1.909，总资产周转率为 2.5，净资产收益率为 25%。

影响净资产收益率的各因素分析如下：

净资产收益率 = 资产净利率 × 权益乘数

行业平均净资产收益率 = 25% = 13.10% × 1.909

扬升公司净资产收益率 = 14.07% = 6.96% × 2.022

资产净利率下降对净资产收益率的影响 = (6.96% − 13.10%) × 1.909 = −11.72%

权益乘数增加对净资产收益率的影响 = 6.96% × (2.022 − 1.909) = 0.79%

扬升公司净资产收益率远远低于其行业平均水平 10.93%。净资产收益率的下降主要是资产净收益率下降所致，将资产净利率进一步分解为：

资产净利率 = 营业净利率 × 资产周转率

行业平均资产净利率 = 13.10% = 5.24% × 2.5

扬升公司资产净利率 = 6.96% = 4.27% × 1.63

营业净利率下降对资产净利率的影响 = (4.27% − 5.24%) × 2.5 = −2.43%

资产周转率下降对资产净利率的影响 = 4.27% × (1.63 − 2.5) = −3.71%

扬升公司与行业平均相比，资产净利率下降了 6.14%，是由于营业利润率下降和资产周转率缓慢共同影响所致。说明企业在盈利和资产管理方面存在较为严重的问题，需进一步通过分解利润指标和资产周转率指标来揭示问题的原因。

练习题

一、单项选择题

1. 债权人在进行企业财务分析时，最为关心企业的（　　）。

A. 获利能力　　B. 偿债能力　　C. 发展能力　　D. 资产管理能力

2. 利息保障倍数不仅反映了企业的获利能力，而且反映了（　　）。

A. 总偿债能力　　B. 短期偿债能力　　C. 长期偿债能力　　D. 资产管理能力

3. 下列指标中，可以用于衡量企业短期偿债能力的是（　　）。

A. 利息保障倍数　　B. 资产负债率　　C. 产权比率　　D. 流动比率

4. 有时速动比率小于1也是正常的，比如（　　）。
A. 流动负债大于速动资产　B. 应收账款不能回收
C. 大量采用现金销售　D. 存货过多导致速动资产减少
5. 下列各项中，可能导致企业资产负债率变化的经济业务是（　　）。
A. 以固定资产对外投资（按账面价值作价）　B. 以现金购买债券
C. 接受投资者投入的固定资产　D. 收回应收账款
6. 下列有关每股收益说法中，正确的是（　　）。
A. 每股收益是上市公司反映盈利能力的财务指标
B. 每股收益多，反映股票所含的风险大
C. 每股收益多的公司市盈率高
D. 每股收益多的公司每股股利高
7. 财务状况的综合评价，一般是站在（　　）的角度进行的。
A. 企业经营者　B. 企业所有者　C. 政府　D. 企业债权人
8. 下列各项中，与净资产收益率计算无关的财务指标是（　　）。
A. 营业净利率　B. 总资产周转率　C. 总资产增长率　D. 资产负债率
9. 一般情况下，下列有关市盈率表述中，不正确的是（　　）。
A. 上市公司盈利能力的成长性越高，市盈率越高
B. 上市公司经营良好且稳定性好，市盈率越高
C. 市盈率越高，表示公司股票的投资价值越高
D. 通常市场利率越高，市盈率越高
10. 企业大量增加速动资产可能导致的结果是（　　）。
A. 减少企业的机会成本　B. 提高流动资产的收益率
C. 增加财务风险　D. 提高企业的机会成本
11. 下列各项中，不会影响流动比率的业务是（　　）。
A. 用现金购买固定资产　B. 用现金购买短期债券
C. 用存货进行对外投资　D. 从银行取得长期借款
12. 某企业年初与年末所有者权益分别为250万元和400万元，则资本保值增值率为（　　）。
A. 62.5%　B. 160%　C. 60%　D. 40%
13. 如果营运资金大于0，则以下结论正确的是（　　）。
A. 速动比率大于1　B. 现金比率大于1
C. 流动比率大于1　D. 短期偿债能力绝对有保障
14. （　　）指标不是评价企业短期偿债能力的指标。
A. 流动比率　B. 速动比率　C. 现金流量比率　D. 产权比率
15. （　　）是企业财务结构稳健与否的重要标志。

A. 资产负债率　　B. 产权比率　　C. 现金比率　　D. 流动比率

16. 当企业流动比率大于1时,增加流动资金借款会使当期流动比率(　　)。

A. 降低　　B. 不变　　C. 提高　　D. 不确定

17. (　　)指标是一个综合性最强的财务比率,也是杜邦分析体系的核心。

A. 营业利润率　　B. 资产周转率　　C. 权益乘数　　D. 净资产收益率

18. 在基本条件不变的情况下,下列经济业务可能导致总资产报酬率下降的是(　　)。

A. 用银行存款支付一笔销售费用　　B. 用银行存款购入一台设备

C. 将可转换债券转换为普通股　　D. 用银行存款归还银行借款

20. 某公司年末会计报表上部分数据为:流动负债60万元,流动比率为2,速动比率为1.2,营业成本100万元,年初存货52万元,则本年存货周转次数为(　　)次。

A. 1.65　　B. 2　　C. 2.3　　D. 1.45

二、多项选择题

1. 下列各项指标中,可用于分析企业长期偿债能力的有(　　)。

A. 流动比率　　B. 速动比率　　C. 权益比率　　D. 资产负债率

2. 对资产负债率评价正确的有(　　)。

A. 从债权人角度看,负债比率越低越好

B. 从债权人角度看,负债比率越高越好

C. 从股东角度看,负债比率越高越好

D. 从股东与经营者角度看,当资本收益率高于债务利息率时,应适当提高负债比率

3. 下列分析方法中,不属于财务综合分析方法的有(　　)。

A. 因素分析法　　B. 差异分析法　　C. 趋势分析法　　D. 杜邦分析法

4. 衡量企业短期偿债能力的指标有(　　)。

A. 到期债务本息偿付比率　　B. 流动比率

C. 速动比率　　D. 现金流量比率

5. 财务比率分析的内容包括(　　)。

A. 发展能力分析　　B. 资产管理能力分析

C. 盈利能力分析　　D. 偿债能力分析

6. 应收账款周转率提高,意味着企业(　　)。

A. 短期偿债能力增强　　B. 盈利能力提高

C. 坏账成本下降　　D. 流动比率提高

7. 影响存货周转率的因素有(　　)。

A. 营业收入　　B. 营业成本　　C. 存货计价方法　　D. 存货余额

8. 可以表述权益乘数的计算公式有(　　)。

A. 权益乘数=资产÷所有者权益　　B. 权益乘数=1÷(1−资产负债率)

C. 权益乘数＝所有者权益÷资产　　D. 权益乘数＝1＋产权比率

9. 属于资产管理能力分析的指标有(　　)。

A. 存货周转率　　B. 应收账款周转率

C. 固定资产周转率　　D. 流动资产周转率

10. 企业盈利能力分析可以运用的指标有(　　)。

A. 资本保值增值率　　B. 成本利润率

C. 权益乘数　　D. 总资产周转率

三、判断题

1. 采用因素法分析法时,既可以按照各因素的依存关系排列成一定的顺序并依次替代,也可以任意颠倒顺序,其结果是相同的。(　　)
2. 企业所有者作为投资人,关心其资本的保值和增值状况,因此较为重视企业的盈利能力。(　　)
3. 采用比率分析法时应注意对比项目的相关性和因素替代的顺序性。(　　)
4. 市盈率高意味着投资者对公司的发展前景看好,愿意出较高的价格购买该公司股票,但市盈率过高,意味着这种股票具有较高的投资风险。(　　)
5. 趋势分析法是企业财务分析中重要的财务状况综合评价方法之一。(　　)
6. 用银行存款归还银行借款这项经济业务可能导致总资产报酬率下降。(　　)
7. 资本保值增值率是企业年末所有者权益总额与年初所有者权益总额的比值,该指标也是衡量企业盈利能力的重要指标。(　　)
8. 每股净资产是公司总资产价值与发行在外的普通股股数之间的比率。(　　)
9. 提高速动比率不仅增强了企业短期偿债能力,而且提高了企业的资金收益水平。(　　)
10. 企业的应收账款周转率过低对企业肯定不利。(　　)
11. 存货周转率是资产周转率的重要指标,其公式是指企业营业收入与存货平均余额的比率。(　　)
12. 每股股利可以反映公司的获利能力的大小,每股股利越低,说明公司的获利能力越弱。(　　)
13. 财务报表分析方法主要有比较分析法、比率分析法、因素分析法和趋势分析法。(　　)
14. 在杜邦分析法中计算权益乘数时,资产负债率是用期末负债总额与期末资产总额来计算的。(　　)
15. 因素分析法可以用来分析引起变化的主要原因、变动性质,并可预测企业未来的发展前景。(　　)
16. 在总资产净利率不变的情况下,资产负债率越低,净资产收益率越高。(　　)

17. 计算利息保障倍数时分母的利息支出，指的是财务费用中的利息费用和计入固定资产成本的资本化利息。 （ ）
18. 权益乘数的高低取决于企业的资金结构，资产负债率越高，权益乘数越低，财务风险越大。（ ）
19. 某企业去年的营业净利率为6.2%，资产周转率为1.8；今年的营业净利率为6.4%，资产周转率为1.46%。若两年的资产负债率相同，今年的净资产收益率比去年的变化趋势为上升。 （ ）

四、计算题

1. 某公司2×18年年末简化资产负债表有关资料如表3-14所示。

表3-14　　简化资产负债表

2×18年12月31日　　单位：万元

资产	金额	负债和所有者权益	金额
货币资金	50	应付票据	30
应收账款	60	应付账款	60
存货	110	应付职工薪酬	10
流动资产合计	220	长期借款	230
固定资产	400	实收资本	260
		未分配利润	30
总计	620	总计	620

该公司该年销售收入是年末应收账款的20倍，净利润为本年度销售收入的5%。

要求：计算2×18年年末以下指标：

(1) 资产负债率。

(2) 权益乘数。

(3) 流动比率。

(4) 速动比率。

2. 某公司本年利润总额为1 116.7万元，营业收入为3 750万元，资产平均占用额为4 687.5万元，所有者权益为2 812.5万元，企业所得税税率为25%。

要求：计算2×18年年末以下指标：

(1) 营业净利率。

(2) 总资产周转率。

(3) 总资产净利率。

(4) 净资产收益率。

3. 某公司总资产期初数为800万元，期末数为1 000万元，其中：存货期初数为180万元，期末数为240万元；期初流动负债为150万元，期末流动负债为225万元，期初速动比率为0.75，期末流动比率为1.6，本期总资产周转次数为1.2次(假定该公司流动资产等于速动资产加存货)。

要求：

(1) 计算该公司流动资产的期初数与期末数。

(2) 计算该公司本期营业收入。

(3) 计算该公司本期流动资产平均余额和流动资产周转次数。

4. 某公司年初存货为15万元，应收账款为12万元。年末流动比率为2，速动比率为1.5，存货周转率为4次，流动资产为42万元，其中现金类资产10万元，本期销售成本率为80%(假设该公司流动资产包括存货、应收账款和现金类资产，其他忽略不计)。

要求：

(1) 计算该公司的本年销售收入。

(2) 计算该公司应收账款的平均收账期。

5. 某公司2×18年销售收入为120 000元，毛利率为50%，营业净利率20%，存货周转率5次，期初存货余额为8 000元，期初应收账款余额为10 000元，期末应收账款余额为8 000元，速动比率为1.6，流动比率为2.16，流动资产占总资产的20%，资产负债率为50%，该公司只发行普通股，流通在外股数为50 000股，每股市价9.6元，该公司期初与期末总资产相等。

要求：

(1) 计算该公司应收账款周转率。

(2) 计算该公司资产净利率。

(3) 计算该公司每股收益。

(4) 计算该公司市盈率。

(5) 计算该公司市净率。

6. 某企业有关财务信息如下：

(1) 速动比率为2∶1。

(2) 非流动负债是交易性金融资产的4倍。

(3) 应收账款为4 000元，是速动资产的50%，是流动资产的25%，与固定资产价值相等。

(4) 所有者权益总额等于营运资金，实收资本是未分配利润的2倍。

要求：根据以上信息，将表3-15的空白处填列完整。

表 3-15　　某企业简化资产负债表　　单位:元

资　　产	金　　额	负债和所有者权益	金　　额
货币资金		应付账款	
交易性金融资产		非流动负债	
应收账款	4 000	实收资本	
存货		未分配利润	
固定资产			
合　　计		合　　计	

7. 某公司20××年度简化资产负债表如表3-16所示。

表 3-16　　某公司20××年度简化资产负债表

20××年12月31日　　单位:万元

资　　产		负债和所有者权益	
货币资金	50	应付账款	100
应收账款		非流动负债	
存货		实收资本	100
固定资产		留存收益	100
资产合计		负债和所有者权益	

其他有关财务指标如下:

(1) 长期负债与所有者权益之比:0.5。

(2) 销售毛利率:10%。

(3) 存货周转率(存货按年末数计算):9次。

(4) 平均收现期(应收账款按年末数计算,一年按360天计算):18天。

(5) 总资产周转率(总资产按年末数计算):2.5次。

要求:利用上述资料,填充该公司资产负债表的空白部分,并列示所填数据的计算过程。

8. 某公司2×18年年末资产负债表(简表)如表3-17所示。

表 3-17　　某公司2×18年年末资产负债表(简表)　　单位:万元

资　　产		负债和所有者权益	
货币资金(年初数1 528)	620	应付账款	1 032
应收账款(年初数2 312)	2 688	应付票据	672
存货(年初数1 400)	1 932	其他流动负债	936
固定资产净值(年初数2 340)	2 340	非流动负债	2 052
		实收资本	2 888
资产总计(年初数7 580)	7 580	负债和所有者权益总计	7 580

2×18 年利润表有关资料：营业收入 12 860 万元，营业成本 11 140 万元，营业毛利 1 720万元，管理费用 1 160 万元，利息费用 196 万元，利润总额 364 万元，所得税费用 144 万元，净利润 220 万元。

要求：

(1) 计算并填列下列该公司财务比率表。

某公司财务比率表

比率名称		本公司	行业平均数
流动比率	(1)		1.98
资产负债率	(2)		62%
利息保障倍数	(3)		3.8
存货周转率	(4)		6 次
应收账款周转天数	(5)		35 天
固定资产周转率	(6)		13 次
总资产周转率	(7)		3 次
营业净利率	(8)		1.3%
总资产净利率	(9)		3.4%
净资产收益率	(10)		8.3%

(2) 与行业平均财务比率比较，说明该公司经营管理可能存在的问题。

9. 已知若雪公司资产负债表(简表)如表 3-18 所示。

表 3-18　　若雪公司资产负债表(简表)

2×18 年 12 月 31 日　　单位:万元

资产	年初	年末	负债和所有者权益	年初	年末
流动资产			流动负债合计	210	300
货币资金	100	90	非流动负债合计	490	400
应收账款	120	180	负债合计	700	700
存货	184	288			
长期待摊费用	46	72			
流动资产合计	450	630	所有者权益合计	700	700
固定资产净值	950	770			
总　计	1 400	1 400	总　计	1 400	1 400

该公司 2×17 年度营业利润率 16%，总资产周转率 0.5 次，权益乘数为 2.5，净资产收益率为 20%，2×18 年度营业收入为 700 万元，净利润为 126 万元。

要求：

(1) 计算 2×18 年流动比率、速动比率、资产负债率。

(2) 计算2×18年总资产周转率、营业净利率和净资产收益率。

(3) 分析营业净利率、总资产周转率和权益乘数变动对净资产收益率的影响。

五、案例分析题

C公司近3年的主要财务数据和财务比率如表3-19所示。

表3-19 C公司近3年主要财务数据

项目	2×16年	2×17年	2×18年
营业收入(万元)	4 000	4 300	3 800
资产(万元)	1 430	1 560	1 695
普通股(万股)	100	100	100
留存收益(万元)	500	550	550
股东权益(万元)	600	650	650
权益乘数		2.39	2.5
流动比率	1.19	1.25	1.2
平均收现期(天)	18	22	27
存货周转率	8.0	7.5	5.5
长期债务/股东权益	0.5	0.46	0.46
营业毛利率	20.0%	16.3%	13.2%
营业净利率	7.5%	4.7%	2.6%

假设该公司没有营业外收支和投资收益,所得税税率不变。

要求:

(1) 利用因素分析法分析说明该公司2×18年与2×17年相比净资产收益利率的变化及其原因(按营业净利率、总资产周转率、权益乘数顺序)。

(2) 分析说明该公司资产、负债和所有者权益的变化及其原因。

(3) 假如你是该公司的财务经理,2×19年打算从哪些方面改善公司的财务状况和经营业绩。

第四章

学习目的与要求

通过本章的学习，应了解企业筹资的含义与基本原则。掌握企业筹资的预测方法，能够运用销售百分比法、线性回归法预测计划年度的内、外资金需要量。了解权益资金筹集的形式与优缺点，了解负债资金筹集的形式与优缺点。掌握融资租赁租金的计算方法。

第一节　筹资决策概述

一、筹资的概念与主要目的

（一）筹资的概念

筹资是筹集资金的简称，是指企业根据其生产经营、对外投资以及调整资本结构等需要而采取适当方式取得所需资金的财务行为。筹资是运营的前提，资金短缺会限制企业的持续发展。

（二）筹资的主要目的

在实践中，企业要发展、甚至仅仅维持现状，都可能需要筹资，筹资是企业的基本财务活动。企业筹资的目的有很多，以下仅介绍其主要目的。

1. 生产经营的需要

企业在生产经营过程中，需要向供货商采购原材料、向员工发放工资、购买或建造固定资产，等等，这些都需要筹资。特别在通货膨胀程度较高的时期，企业经常出现资金短缺的状况，在生产经营中更需要向外部筹资。

2. 对外投资的需要

无论是直接投资还是兼并收购，企业的对外投资往往都金额巨大，仅仅依靠内部资金难以满足，这时需要大量的外部资金。例如，2010 年浙江吉利汽车公司收购了沃尔沃汽车公司，收购金额高达 15 亿美元，除了依靠内部资金、股东追加投资外，还向中国建设银行伦敦分行借款 2 亿美元。

3. 调整资本结构的需要

在第五章，我们会讨论企业最佳资本结构的问题。企业要追求各种资本的平衡，从而达到降低财务风险、谋求更高收益或更低资本成本的目的，为此企业需要考虑各种类型的筹资。

二、筹资的分类

筹集的资金可按多种标准进行分类，其中最主要的是按使用期限的长短和来源渠道进行分类。

（1）按照使用期限的长短，可将筹集的资金分为短期资金和长期资金。短期资金是指需要 1 年以内偿还的资金，主要通过短期银行借款、商业信用等方式筹集。长期资金是指供 1 年期以上使用的资金。主要包括通过吸收直接投资、发行股票、债券、长期银行借款、融资租赁等方式筹集的资金。在财务管理中，习惯上把长期资金也称为资本。

企业应将资金来源与资金运用合理结合起来，进行合理期限搭配，用长期资金来满足对外收购、固定资产、无形资产、长期占用的流动资产的资金需要，用短期资金满足货币资金、应收账款、存货等的临时波动的流动资金需要。

（2）按资金的来源渠道，可把筹集的资金分为权益资金和负债资金。权益资金是指投资人投入的资本及企业持续经营中积累的资金，代表着投资人对企业净资产的所有权，具体包括股本（或实收资本）、资本公积、盈余公积和未分配利润。负债资金是企业承担偿还责任的资金，具体包括应付账款、应付票据、银行借款、应付债券等。

三、筹资的基本原则

筹资是一项重要而复杂的工作，为了有效地筹集企业所需资金，必须遵循以下基本原则。

（一）规模适度原则

不同时期企业的资金需求量并不是一个常数，企业对资金的需求也随着企业经营状况的变化而有所不同。企业财务人员要认真分析采购、生产、销售及投资状况，采用一定的方法，预测资金的需要数量，合理确定筹资规模。既要避免因资金短缺影响企业正常的生产经营活动，也要防止因过度融资而造成的资金成本浪费。

（二）筹资及时原则

企业财务人员在筹集资金时必须熟知资金时间价值的原理和计算方法，以便根据资金需求的具体情况，合理安排资金的筹集时间，适时获取所需资金。既要避免因筹资过早而造成的资金闲置，也要防止因筹资滞后而错过最佳投资时机。

（三）方式经济原则

在确定筹资数量、筹资时间的基础上，企业在筹资时还必须认真研究各种筹资方式。企业筹集资金必然要付出一定的代价，不同筹资方式条件下的资本成本有高有低。为此，就需要对各种筹资方式进行分析、对比，选择经济可行的筹资方式，确定合理的资本结构，以便降低成本，减少财务风险。例如，万科房地产公司屡次经其香港子公司发行极低成本的企业债券，2013 年 3 月发行的 8 亿美元 5 年期定息债券，债券票面利率仅为 2.625%。

（四）来源合法原则

政府部门为了国家经济发展有序进行，对资金市场和企业的筹资行为进行了宏观调控和严格的监管，并制定了一系列诸如《银行法》、《证券法》等法律法规。企业在筹资的过程中，必须严格遵守这些法律法规。

四、筹资额的预测方法

筹资额的预测是筹资行为的前提。企业对外筹资，需要寻找提供资金的人，向他们作出还本付息的承诺或提供盈利前景，使之相信投资安全并可以获利，这个过程往往时间很长。企业需要预先估计资金的需求，提前安排恰当的筹资方案，否则就可能导致资金周转不灵。筹资额的预测方法包括销售百分比法和线性回归法。

（一）销售百分比法

销售百分比法是根据销售额与资产负债表、利润表的有关项目间的比例关系，预测各项目短期资金需要量的方法。销售百分比法的基本步骤如下。

1. 销售预测

销售预测是筹资额预测的起点。要根据企业的经营目标以及市场情况确定企业下期的销售数据，销售预测不是财务管理的职能，但它是筹资的基础，销售预测完成后才能开始财务预测。

2. 计算预计销售额下的资产和负债

首先，要将资产负债表中的项目划分为敏感项目和非敏感项目。随着销售额的变动而正比例变动的项目称为敏感项目；反之，称为非敏感项目。一般而言，流动资产都是敏感项目，如货币资金、应收账款、应收票据、存货等；固定资产的划分要看生产能力，如果生产能力已经饱和则为敏感项目，如果生产能力尚有剩余则为非敏感项目；其他长期资产均为非敏感项目，如长期投资、无形资产等。在流动负债中，短期借款和销售额相关性不大，因此为非敏感项目；其他的流动负债一般为敏感项目，如应付账款、应付票据等。长期负债和股东权益均为非敏感项目。

其次，对于敏感项目，需要计算出各项目的销售百分比，然后计算出预计销售额下的资产和负债。

$$\text{预计资产(负债)} = \text{预计销售额} \times \text{各项目的销售百分比}$$

3. 计算留存收益增加额

根据企业预计销售额、营业净利率和股利支付率，可以计算企业在预测期的留存收益增加额。

$$\text{留存收益增加额} = \text{预计销售额} \times \text{计划营业净利率} \times (1 - \text{股利支付率})$$

4. 计算外部融资额

根据预计的期末资产总额、期末预计负债总额和留存收益增加额，可以计算出外部融资额。

外部融资额＝预计期末资产总额－预计期末负债总额－(期初股东权益＋留存收益增加额)
＝资产增加额－负债增加额－留存收益增加额

【例 4-1】 文翔公司 2×18 年的资产负债表、利润表如表 4-1、表 4-2 所示。2×18 年的销售额为 8 000 万元，假定生产能力已经饱和，预计 2×19 年的销售额为 10 000 万元，营业净利率保持不变，所得税税率为 25%，股利支付率为 30%。

表 4-1　　文翔公司 2×18 年资产负债表

单位：万元

资　产	期末金额	负债和股东权益	期末金额
货币资金	200	短期借款	200
应收账款	400	应付账款	200
存货	1 600	应付票据	400
固定资产净值	2 000	非流动负债	1 200
长期股权投资	800	股本	2 000
		留存收益	1 000
资产合计	5 000	负债和所有者权益合计	5 000

表 4-2　　文翔公司 2×18 年利润表

单位：万元

项　目	金　额
营业收入	8 000
减：营业成本	6 000
销售费用	400
管理费用	1 000
财务费用	200
营业利润	400
减：所得税费用	100
净利润	300

要求：计算 2×19 年文翔公司所需外部筹资额。

解：

(1) 确定敏感项目销售百分比。

货币资金÷销售额=200÷8 000×100%=2.5%
应收账款÷销售额=400÷8 000×100%=5%
存货÷销售额=1 600÷8 000×100%=20%
固定资产净值÷销售额=2 000÷8 000×100%=25%
应付账款÷销售额=200÷8 000×100%=2.5%
应付票据÷销售额=400÷8 000×100%=5%

(2) 计算预计销售额下的资产和负债。

货币资金=10 000×2.5%=250(万元)
应收账款=10 000×5%=500(万元)
存货=10 000×20%=2 000(万元)
固定资产净值=10 000×25%=2 500(万元)
应付账款=10 000×2.5%=250(万元)
应付票据=10 000×5%=500(万元)
预计总资产=250+500+2 000+2 500+800=6 050 (万元)
预计总负债=250+500+200+1 200=2 150(万元)

(3) 计算预计留存收益增加额。

营业净利率=300÷8 000×100%=3.75%
预计留存收益增加额=10 000×3.75%×(1−30%)=262.50(万元)

(4) 计算外部筹资额。

外部筹资需要量=6 050−2 150−(2 000+1 000+262.50) =637.50(万元)

在[例 4-1]中,文翔公司为了完成销售额 10 000 万元,需增加资金 1 050 万元(6 050−5 000),其中负债的自然增长提供了 150 万元(250+500−200−400),留存收益增加提供了 262.50 万元,本年的外部融资额为 637.50 万元(1 050−150−262.50)。

(二) 线性回归法

线性回归法是假定资金需要量与业务量之间存在着线性关系并据以建立数学模型,根据历史有关资料,用回归直线方程确定参数,预测资金需要量的方法。其预测模型为:

$$y = a + bx$$

式中 y——资金需要量;
a——不变资金;
b——单位产销量所需的变动资金;
x——业务量。

变动资金是指随营业业务量变动而同比例变动的资金,一般包括最低储备以外的资金、存货、应收账款等所占用的资金。根据企业的历史资料,用回归直线法估计 a 和 b, 即可预测一定业务量所需要的资金数量。

【例 4-2】 文翔公司 2×14 年至 2×18 年的销售量和资金需要量的资料如表 4-3 所示，预计 2×19 年的销售量为 25 万件。

要求：预测 2×19 年的筹资需要量。

表 4-3　　文翔公司 2×14 年至 2×18 年销售量与资金需要量表

年度	销售量(万件)	资金需要量(万元)
2×14	18	1 500
2×15	16.5	1 425
2×16	15	1 350
2×17	19.5	1 560
2×18	21	1 650

解：预测过程如下：

(1) 根据表 4-3 有关资料，计算相关数据。如表 4-4 所示。

表 4-4　　回归方程有关数据计算表

年度	销售量(x)	资金需要量(y)	xy	x^2
2×14	18	1 500	27 000	324
2×15	16.5	1 425	23 512.5	272.25
2×16	15	1 350	20 250	225
2×17	19.5	1 560	30 420	380.25
2×18	21	1 650	34 650	441
$n=5$	$\sum x = 90$	$\sum y = 7\ 485$	$\sum xy = 135\ 832.5$	$\sum x^2 = 1\ 642.5$

(2) 将表中数据代入下列方程组。

$$\begin{cases} \sum y = na + b\sum x \\ \sum xy = a\sum x + b\sum x^2 \end{cases}$$

得

$$\begin{cases} 7\ 485 = 5a + 90b \\ 135\ 832.5 = 90a + 1\ 642.5b \end{cases}$$

解得　　$a = 615 \quad b = 49$

(3) 将(2)的结果代入，可以得到预测模型为：

$$y = 615 + 49x$$

(4) 2×19 年销售量为 25 万件，筹资需要量为：

$$615 + 49 \times 25 = 1\ 840(\text{万元})$$

第二节 权益资金筹集

权益资金又称自有资金，是指投资者投入企业的资本金及企业在永续经营中形成的利润积累。它是企业依法筹集并可长期拥有、自主支配的资金，是企业得以创立、存在和发展的基础。权益资金的筹集主要采取吸收直接投资、发行股票和利用留存收益等形式。

一、吸收直接投资

吸收直接投资是非股份制企业筹集权益资金的基本方式，是指企业按照"共同投资、共同经营、共担风险、共享收益"的原则，直接吸收国家、法人、个人和外商投入资金的一种筹资方式。采用吸收直接投资的企业，资本不分为等额股份、无需公开发行股票。吸收直接投资的主体按照所有权性质可以分为国有企业、集体企业、私营企业、合资或合营企业。出资者作为企业的所有者有权参加企业的经营管理，同时按其出资额的比例分享利润或承担损失。吸收直接投资实际出资额，注册资本部分形成实收资本；超过注册资本的部分属于资本溢价，形成资本公积。

（一）吸收直接投资的种类

企业通过吸收直接投资方式筹集的资金主要有以下四种：

(1) 吸收国家投资，指有权代表国家投资的部门或机构，以国有资产投入公司，形成的资本叫国有资本。

(2) 吸收企业、事业和社会团体等法人单位的投资，指法人单位以其依法可支配的资产投入公司，形成的资本称为法人资本。

(3) 吸收社会公众投资，指社会个人或公司职工以个人合法财产投入公司，形成的资本称为个人资本。

(4) 吸收外商直接投资，指与其他国家或地区的投资者共同投资，创办中外合资经营企业或者中外合作经营企业，形成的资本称为外商资本。

（二）吸收直接投资投资者的出资形式

企业在采用吸收直接投资方式筹集资金时，投资者可以采用现金和非现金资产形式出资。

1. 以现金出资

以现金出资是吸收直接投资中最重要的一种出资方式。有了现金，企业便可以购买各种生产资料，支付各种费用，以满足企业正常经营和日常周转需要。我国《公司法》规定，公司发起人的货币出资金额不得低于公司注册资本的30%。

2. 以实物出资

以实物出资就是投资者以厂房、建筑物、机器设备等固定资产和原材料、商品等流动资产进行的投资。实物出资中实物的作价，可以由出资各方协商确定，也可以聘请专业资产评估机构评估确定。国有及国有控股企业接受其他企业的非货币资产出资，需要委托有资格的资产评估机构进行资产评估。

3. 以无形资产出资

以无形资产出资是指以商标权、专利权、非专利技术、知识产权、土地使用权等所进行的投资。企业在吸收无形资产投资时应持谨慎态度，避免吸收短期内会贬值的无形资产，避免吸收对本企业利益不大及不适宜的无形资产。

（三）吸收直接投资的程序

企业吸收直接投资，一般要遵循如下程序：

(1) 确定吸收直接投资所需的资金数量。企业新建或扩大经营规模时，应先确定资金的总需要量及理想的资本结构，然后据以确定吸收直接投资所需的资金数量。

(2) 寻求投资单位，商定投资数额和出资方式。吸收直接投资中的双方是双向选择的结果，都要经历一个相互考察的过程。投资单位确定后，双方便可进行具体的协商，确定投资数额和出资方式。落实现金出资计划及实物、无形资产的评估作价。

(3) 签署投资协议。企业与投资者商定投资意向和具体条件后，便可签署投资协议，明确双方的权利和责任。

(4) 执行投资协议。企业与投资者按协议约定，做好投资交接及有关手续，并在以后确保投资者参与经营管理的权力及参与盈利分配的权利。

（四）吸收直接投资的优缺点

1. 吸收直接投资的优点

(1) 有利于增强企业信誉。吸收直接投资所筹集的资金属于自有资金，与借入资金相比，能提高企业的信誉和借款能力。

(2) 有利于尽快形成生产能力。吸收直接投资可直接获得现金、先进设备和先进技术，与通过有价证券筹资比较，能尽快地形成生产能力，尽快开拓市场。

(3) 有利于降低财务风险。吸收直接投资可以根据企业的经营状况向投资者支付报酬，没有固定的财务负担，方式比较灵活，所以财务风险较小。

2. 吸收直接投资的缺点

(1) 资金成本较高。企业向投资者支付的报酬是根据企业实现的净利润和投资者的出资额计算的，不能减免企业所得税，当企业盈利丰厚时，企业向投资者支付的报酬很大。

(2) 企业控制权分散。吸收直接投资的新投资者享有企业经营管理权，这会造成原有投资者控制权的分散与减弱。

二、发行股票

发行股票的主体为股份制公司，是指按照法定的程序，向投资人出售股份、募集资金的过程。我国对股票发行采取较为严格的监管制度，《公司法》、《证券法》等对公司在设立、上市、增发等过程中发行股票的行为有具体的规定。

（一）股票的种类

股票是公司签发的证明股东持有股份的权利和承担义务的凭证，有以下主要分类。

1. 按股东权利和义务分为普通股和优先股

普通股是享有普通权利和承担普通义务的股票，是没有任何限制、股利不固定的股票。普通股是最基本的股票，具备股票的一般特征，是股份公司资本的最基本部分。

优先股是股份制公司依法发行的具有一定优先权的股票。企业对优先股不承担法定的还本义务，优先股是企业自有资金的一部分。优先股与普通股的筹资方式不同，与公司债券较为相似，优先股一般会事先设定股利支付率。

2. 按股票票面有无金额分为面值股票和无面值股票

面值股票是在股票的面值上记载每股金额的股票。股票面值的主要功能是确定每股股票在公司所占的份额，也表明股东对每股股票所负有限责任的最高限额。

无面值股票是指不在股票的票面上标出金额，只载明其占公司股本总额的比例和股份数的股票。无面值股票的价值随公司财产的增减而变动，股东对公司享有权利和承担义务的大小直接依据股票票面上标明的比例而定。

我国《公司法》规定股票应标明票面金额，而且股票的发行价格不得低于票面金额。

3. 按投资主体的不同分为国家股、法人股和社会公众股

国家股为有权代表国家投资的部门或机构以国有资产向公司投入而形成的股份，它由国务院授权的部门、机构，或者地方政府授权的部门、机构持有。法人股是指具有法人资格的企业、事业单位和社会团体以其依法占用的法人资产出资而取得的股份。社会公众股是指社会个人或公司内部职工持有的股份。

4. 按照发行的先后顺序，可分为始发股和增发股

始发股是公司设立时发行的股票。增发股是公司后续增资时发行的股票。始发股和增发股的发行目的、发行价格不尽相同，但股东的权利和义务是一样的。

（二）股票的发行与上市

为了维护社会经济秩序，股票的发行必须履行一定的法律程序。公司上市公开发行股票，还应符合《公司法》和《证券法》规定的特别条件。

1. 股票初次发行的程序

(1) 提出募集股份申请。

(2) 公告招股说明书，制作认股书，签订承销协议和代收股款协议。

(3) 招认股份，缴纳股款。

(4) 召开创立大会，选举董事会、监事会。

(5) 办理设立登记，交割股票。

2. 股票的承销方式

我国《公司法》规定，股份有限公司向社会公开发行股票，必须与依法设立的证券经营机构签订承销协议，由证券经营机构承销，承销有包销和代销两种方式。所谓包销，是指

根据承销协议商定的价格，由证券经营机构一次性全部发行公司募集的全部股份，然后以较高价格出售给社会投资者。对发行公司而言，包销可及时募足资本，免于承担发行失败的风险。所谓代销，是指证券经营机构代理发行公司发行股票，并由此获取一定比例的佣金，但不承担未募足股款的风险。

3. 股票上市的条件

(1) 股票经国务院证券管理部门批准已向社会公开发行。

(2) 公司股本总额不少于人民币 5 000 万元。

(3) 开业时间在 3 年以上，最近 3 年连续盈利。

(4) 持有股票面值人民币 1 000 元以上的股东不少于 1 000 人，向社会公开发行的股份达公司股份总数的 25%以上；公司资本总额超过人民币 4 亿元的，其向社会公开发行股份的比例为 15%以上。

(5) 公司在最近 3 年内无重大违法行为，财务会计报告无虚假记载。

4. 普通股筹资的优缺点

1) 普通股筹资的优点

(1) 没有固定利息负担。公司根据自身的盈利和资金情况可以自由安排股利的发放时间和发放金额的多少。

(2) 没有固定的到期日，不用偿还。发行股票筹集的资金是永久性的，在公司存续期间可一直使用。

(3) 筹资风险小。由于普通股股票没有固定的到期日，不用支付固定的利息，不存在不能还本付息的风险。

(4) 能增加公司信誉。

(5) 筹资限制少。

2) 普通股筹资的缺点

(1) 筹资成本高。股票的投资者由于承担了比债务更大的风险，一般来说，要有比债务更高的回报，而且股利是从税后支付，而债务利息可从税前扣除。

(2) 容易分散控制权。当公司发售新股，引进新股东，容易引起控制权的分散。

(三) 发行优先股

为了更方便地吸收资本，吸引更多的投资者，有些公司除了发行普通股外，还发行优先股。

1. 优先股股东的权利

优先股的优先是相对普通股而言的，其优先主要表现为：

(1) 优先分配股息权。优先股通常有固定的股息，一般按面值的百分比计算。优先股股息除是固定的外，还必须在普通股之前支付股息。

(2) 优先分配剩余财产。在企业清算时，分配剩余财产时优先股排在普通股之前，一般按面值加上积累股息计算。

(3) 管理权。优先股的管理权要比普通股小，优先股一般没有投票表决权，只在研究与优先股有关的事项时，优先股股东才有表决权。

2. 优先股筹资的优缺点

1) 优先股筹资的优点

(1)与普通股一样，没有固定到期日，不用偿还本金。

(2) 股息支付既固定又有一定的弹性。

(3) 有利于增强公司信誉。优先股扩大了权益基础，可增强公司的信誉度。

2) 优先股筹资的缺点

(1) 筹资成本高。优先股支付的股利是从税后净利中支付的，不像债券利息可以税前扣除。

(2) 筹资限制多。发行优先股，通常有许多的限制条款，如对普通股股利支付的限制、对公司借款的限制等，不利于公司的自主经营。

(3) 财务负担重。优先股需要支付固定的股利，又不能税前列支，当公司盈余下降时，会成为公司一项较重的财务负担。

美国部分公司的股权结构中含有优先股。例如，2008 年金融危机期间，通用电气公司旗下的金融服务部门 GE Capital 曾因对外贷款问题遭受惨重损失。当时，通用电气公司外部融资受阻，因股价严重下跌，普通股股东反对公司增发新股；因公司信用等级被调低，银行不愿对公司贷款。为解决资金问题，该公司不得不求助于美国政府，接受了超过 500 亿美元的援助贷款。2008 年年末，通用电气公司还对巴菲特领导的伯克希尔哈撒韦公司发行优先股 80 亿美元，股息为 10%。自此以后，通用电气公司的许多业务出现好转并重获生机。由以上可以看出，公司为了解决资金短缺的问题不得不对外融资，而此时普通股融资和负债融资都遇到困难，公司被迫发行了优先股。公司通过发行优先股增强了企业的信誉，而高达 10%的股息率也体现了优先股筹资的较高成本。

三、利用留存收益

留存收益是指企业从历年实现的利润中提取或留存于企业的内部积累，它来源于企业的生产经营活动所实现的净利润，包括企业的盈余公积金和未分配利润两个部分，其中盈余公积金是有特定用途的累积盈余，未分配利润是没有指定用途的累积盈余。将留存收益进行再投资是一种较发行普通股更为有利的筹资方式。首先，企业利用留存收益筹资不会发生任何发行费用，通过留存收益筹集的资金数额也较为确定，而发行股票筹资则会支付较高的发行费用，发行是否成功也不确定；其次，利用留存收益筹资不会削弱现有股东对企业的控制权。

第三节 负债资金筹集

企业负债资金筹集主要包括：向银行借款、发行债券、发行可转换债券、融资租赁和商业信用筹资。

一、向银行借款

银行借款是指企业根据借款合同从有关银行或非银行金融机构借入的需要还本付息的款项。

(一) 银行借款的种类

(1) 按借款的期限分类:短期借款、中期借款、长期借款。

(2) 按借款的条件分类:信用借款、担保借款、票据贴现。

(3) 按提供贷款的机构分类:政策性银行借款和商业银行借款。

(二) 银行借款筹资的程序

银行借款筹资的一般程序是:

(1) 企业提出借款申请。借款企业的经营方向和业务范围要符合国家政策,借款用途属于银行贷款办法规定的范围,借款企业要具有合理的偿还借款本金和利息的能力。银行对企业的借款理由进行审查同意后,企业应填写"借款申请书",银行借款申请书中的主要内容包括:借款用途、借款金额、还款计划、项目经济效益、借款抵押品等。

(2) 银行审查借款申请。银行对企业的申请进行审查,核准企业申请的借款金额和用款计划,主要审查企业的财务状况、信用、盈利稳定性和项目的可行性。

(3) 双方签订借款合同。借款合同主要内容包括:借款单位、借款用途、借款金额、借款日期、还款日期、还款计划等。

(4) 企业取得贷款。借款合同生效后,银行可在核定的贷款指标范围内,根据用款计划和实际需要,一次或分次将贷款转入企业的贷款结算户。

(5) 企业还本付息。企业应根据借款合同规定付息还本。

(三) 与银行借款有关的信用条件

(1) 信贷额度。信贷额度是借贷双方在协议中规定的允许借款人借款的最高限额。在信贷额度内,企业可随时按需要使用借款。

(2) 周转信贷协定。该协定是指规定银行具有法律义务承担提供不超过某一最高限额的贷款协定。在协定的有效期内,只要企业借款总额未超过最高限额,银行必须满足企业任何时候提出的借款要求。企业适用周转信贷协定,通常要就贷款限额的未使用部分付给银行一笔承诺费。例如,银行本年度给文翔公司的周转信贷额度为5 000万元,承诺费为0.5%,文翔公司年度内使用了4 000万元,余额1 000万元,文翔公司该年度应该付给银行的承诺费为:

$$1\,000 \times 0.5\% = 5(\text{万元})$$

(3) 补偿性余额。补偿性余额是银行要求借款企业在银行中保留一定数额的贷款余额,约为借款额的10%～20%,其目的是降低银行贷款风险;对借款企业来说,提高了借款的实际利率。例如，文翔公司按年利率8%向银行借款1 000万元，银行要求维持贷款15%的补偿性余额，那么文翔公司可用的借款只有850万元，则：

$$实际利率=\frac{名义利率}{1-补偿性余额比率}\times 100\%=\frac{8\%}{1-15\%}=9.41\%$$

（四）银行借款筹资的优缺点

1. 银行借款筹资的优点

(1) 筹资速度快。发行各种证券筹集资金所需时间一般较长，如印制证券、申请批准、证券发行等都需要一定时间。而银行借款与发行证券相比，一般所需时间较短，可以迅速获得资金。

(2) 筹资成本低。利用银行借款所支付的利息通常比发行债券所支付的利息要低；另外，利用银行借款也无需支付大量的发行费用。

(3) 借款弹性好。企业与银行可以直接接触，可以通过当面商谈，确定借款的时间、数额和利率。在借款期间，如果企业情况发生变化，也可以与银行进行协商，修改借款的数量和条件。借款到期后，如有正当理由，还可延期归还。

2. 银行借款筹资的缺点

(1) 财务风险较大。企业举借银行借款，必须定期还本付息，在经营不利的情况下，可能产生不能偿付的风险，甚至导致破产。

(2) 限制条件较多。企业与银行签订的借款合同中，一般都有一些限制条款，如不准改变借款用途、限制企业借入其他长期资金等，这些条款可能会妨碍企业的筹资、投资活动。

(3) 筹资数额有限。银行一般不愿借出巨额的长期借款，因此该方式不如股票、债券那样可以一次性筹集到大笔资金。

二、发行债券

（一）债券的含义

债券是债务人依照法定程序发行，承诺按约定的利率和日期支付利息，并在特定日期偿还本金的书面债务凭证。

（二）债券的要素

债券的基本要素包括：

(1) 债券面值。面值包括两个方面，一是币种，二是票面金额。票面金额表示到期要偿还的本金，也是计算利息的依据。

(2) 票面利率。在债券发行时已确定并在债券上注明的名义利率。

(3) 债券期限。债券期限是指债券从发行之日起至到期日止的时间间隔。

(4) 发行价格。债券的发行价格应等于未来持有期间所获得的一切现金流入量按照市场利率折现的现值之和。

(三) 债券的种类

企业债券按照不同的分类标准大致可分为以下几种:

(1) 按照期限划分,企业债券有短期企业债券、中期企业债券和长期企业债券。根据我国企业债券的期限划分,短期企业债券期限在1年以内,中期企业债券期限在1年以上5年以内,长期企业债券期限在5年以上。

(2) 按是否有担保分为信用债券和担保债券。信用债券指仅凭筹资人的信用发行的、没有担保的债券,信用债券只适用于信用等级高的债券发行人。担保债券是指以抵押、质押、保证等方式发行的债券,其中,抵押债券是指以不动产作为担保品所发行的债券,质押债券是指以其有价证券作为担保品所发行的债券,保证债券是指由第三者担保偿还本息的债券。

(3) 按债券票面利率是否变动,企业债券可分为固定利率债券、浮动利率债券和累进利率债券。固定利率债券指在偿还期内利率固定不变的债券;浮动利率债券指票面利率随市场利率定期变动的债券;累进利率债券指随着债券期限的增加,利率累进的债券。

(4) 按发行人是否给予投资者选择权分类,企业债券可分为附有选择权的企业债券和不附有选择权的企业债券。附有选择权的企业债券,指债券发行人给予债券持有人一定的选择权,如可转换公司债券、有认股权证的企业债券、可回售企业债券等。可转换公司债券的持有者,能够在一定时间内按照规定的价格将债券转换成企业发行的股票;有认股权证的债券持有者,可凭认股权证购买所约定的公司的股票;可回售企业债券,在规定的期限内可以退还给债券发行人。反之,债券持有人没有上述选择权的债券,即是不附有选择权的企业债券。

(四) 债券的发行

按照《公司法》的规定,公司发行债券必须符合以下条件:

(1) 股份有限公司的净资产不低于人民币3 000万元,有限责任公司的净资产不低于人民币6 000万元。

(2) 累计债券余额不超过公司净资产的40%。

(3) 最近3年平均可分配利润足以支付公司债券1年的利息。

(4) 筹集的资金投向符合国家产业政策。

(5) 债券的利率不超过国务院限定的利率水平。

(五) 债券筹资的优缺点

1. 债券筹资的优点

(1) 筹资成本较低。相对于发行股票筹资来讲,发行公司债券筹资的成本比较低。这是因为:一是债券的发行费用比股票的发行费用低;二是债券的利息在所得税前支付,公司实际上享受了扣减所得税的优惠。

(2) 有利于发挥财务杠杆的作用。发行公司债券需要支付给债券持有人固定的利息。当公司经营状况良好时,利用债券筹资带来的收益会大大高于其筹资的成本。

(3) 保证原有股东对公司的控制权。由于债券持有人无权参与或者干涉公司的经营管理,所以不会使现有股东失去对公司的控制权。

2. 债券筹资的缺点

(1) 财务风险较高。如果在债券到期时公司经营不景气,无法向债权人偿还本息,就会陷入偿债危机,甚至会导致公司破产。

(2) 限制条款较多。发行债券要保护债权人的利益,因而往往有许多限制条款。

(3) 筹资数额有限。我国法律规定公司发行的债券累计总额不得超过净资产额的 40%。

三、发行可转换债券

可转换债券简称可转债,是指由公司发行并规定债券持有人在一定期限内按约定的条件可将其转换为发行公司股票的债券。

(一) 可转换债券的特性

从筹资公司的角度看,可转换债券具有债务与权益双重属性,属于混合性筹资。在规定的期限内,如果债券持有人未将债券转换成股票,债券持有人能够定期获得债券的利息,此时,可转换债券与普通的债券筹资相似,属于债权筹资;如果在规定的期限内,持有人将可转换债券转换成股票,则发行公司将债券负债转换成股东权益,从而具有权益性筹资的属性。

(二) 可转换债券的要素

(1) 基准股票。一般指发行公司的普通股。

(2) 票面利率。可转换债券的票面利率是指债券券面上记载的用于计算债券利息利率。票面的利率高低由公司决定,由于可转换债券本身包含一种转换权,这种转换权包含了一定的价值,所以,可转换债券的票面利率会大大低于公司其他同期普通债券的利率。

(3) 转换价格和转换比率。转换价格是指可转换债券在转换期内转换成普通股的每股价格。转换比率是指每份可转换债券可转换成普通股的股数。

(4) 期限。期限是指债券从发行到兑付的期限。

(5) 转换期限。转换期限是指可转换债券持有者行使转换权的有效期间。

(6) 赎回条款。赎回条款是指公司有权在某一设定时期内按约定的价格买回尚未转换普通股的可转换债券,赎回条款是对发行人的一项保护措施。

(7) 回售条款。回售条款是指公司股票价格在一定时期内连续低于转换价格达到一定幅度时,可转换公司债券持有人可以按事先约定的价格将债券卖给发行人,这是为了保护债权人的利益。

如 2006 年招商地产控股股份有限公司(股票代码 000024. SZ)发行的招商可转换债券主要要素如表 4-5 所示。

表 4-5 招商转债主要要素一览表

要素	基本内容
债券名称	招商转债
发行企业	招商地产控股股份有限公司
发行日期	2006年8月30日
上市日期	2006年9月11日
转股期限	2007年3月1至2011年8月30日
发行额度	15.1亿元
债券面值	100元
发行期	5年
转股价	13.09元
票面利率	票面利率为第1年1.0%、第2年1.4%、第3年1.8%、第4年2.2%、第5年2.6%
回售条款	如股票在连续30个交易日收盘价低于当期转股价70%时持有人有权以103元(含当期利息)回售给本公司。
赎回条款	如股票在任何连续30个交易日中至少20个交易日的收盘价格不低于当期转股价格的130%,公司有权决定按照债券面值的103%(含当前计息年度利息)的赎回价格赎回全部或部分未转股的本可转债。

(三) 可转换债券筹资的优缺点

1. 可转换债券筹资的优点

(1) 有利于筹集资金。可转换债券一方面可以使投资者获得固定利息,另一方面向其提供了进行债权投资或股权投资的选择权,对投资者具有一定的吸引力,有利于债券的发行,便于资金的筹集。

(2) 有利于降低资本成本。可转换债券的利率通常大大低于普通债券,可节约利息支出。

(3) 有利于稳定股票价格。直接发行新股一般会导致股票市价降低,而可转换债券的转换期较长,即使在将来转换股票时,对公司股价的影响也较温和。

2. 可转换债券筹资的缺点

(1) 股价上扬风险。虽然可转换债券的转换价格一般高于其发行时的股票价格,但如果转换时股票价格大幅度上扬,公司只能以较低的固定转换价格换出股票,变相降低了公司的股权筹资额。

(2) 财务风险。如发行之后公司的经营业绩较差,股票价格下跌,则可转换债券大部分不会转换成为普通股,导致公司承受偿债压力。

(3) 回售风险。当公司的股票价格在一定时段内连续低于转换价格,可转换债券持有人可按事先约定的价格将所持债券回售给公司,产生回售风险。

四、融资租赁

目前,融资租赁在我国方兴未艾。截至 2013 年年末,中国共有 500 多家融资租赁公司,总资产在 1 万亿元左右,其中以工银金融租赁有限公司、中银航空租赁私人有限公司、招银金融租赁有限公司等银行系统的融资租赁公司为主体。

(一) 融资租赁的含义

租赁分为经营租赁和融资租赁。经营租赁指是为了满足经营使用上的临时或季节性需要而发生的短期资产租赁行为。融资租赁是指实质上转移了与资产所有权有关的全部或绝大部分风险和报酬的一种长期租赁行为。融资租赁最主要的财务特征是租期长并且不可撤销,因此出租人的租赁资产成本可以得到完全补偿。对承租人而言,融资租赁相当于以租赁的形式融资,用以替代借款筹资,属于筹资活动。

(二) 融资租赁的种类

融资租赁包括售后回租、直接租赁和杠杆租赁三种形式。

(1) 直接租赁。直接租赁是承租人直接向出租人租入所需要的资产,并向出租人支付租金的租赁形式。

(2) 杠杆租赁。杠杆租赁一般要涉及承租人、出租人和贷款人三方。出租人在购买资产时只支付所需款项的一部分(通常为资产价值的 20%～40%),其余款项以购买的资产或出租权为抵押,向贷款人(银行等金融机构)借款,资产出租后,出租人以收取的租金向贷款人还贷。杠杆租赁过程如图 4-1 所示。

图 4-1 杠杆租赁示意图

(3) 售后回租。售后回租是出售方根据协议将资产卖给购买方,然后又将该资产租回使用并按期支付租金的一种形式。原来的出售方成为承租人,原来的购买方成为出租人。售后回租过程如图 4-2 所示。

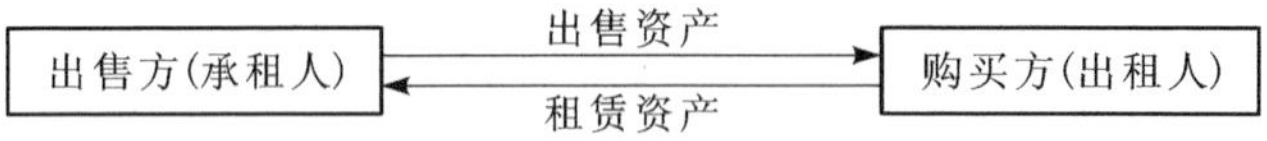

图 4-2 售后回租示意图

(三) 融资租赁的程序

(1) 选择租赁公司。企业首先要了解各家租赁公司的业务能力、资信情况,了解租赁公司条件和租赁费率等资料,加以分析比较,选择租赁公司。

(2) 办理租赁委托。承租企业填写“租赁申请书”,办理委托,说明所需设备的具体要求,向租赁公司提供相关的财务状况资料。

(3) 签订购货协议。由承租企业与租赁公司合作，组织选定设备的供应商，并与其进行技术和商务谈判，在此基础上签订购货协议。

(4) 签订租赁合同。租赁合同是由承租方与租赁公司签订的，是租赁业务的重要文件，具有法律效力。

(5) 办理验货。承租企业按购货协议收到租赁设备时，要进行验收，验收合格后签发交货及验收证书，并提交租赁公司，租赁公司据以向供应商支付设备价款。

(6) 支付租金。承租企业在租期内按合同规定的租金数额、支付方式向租赁公司支付租金。

(7) 处理租赁期满的设备。融资租赁合同到期时，承租企业根据合同，对设备退租、续租或留购。

(四) 融资租赁的租金

1. 融资租赁租金的构成

融资租赁租金包括租赁资产的成本、租赁资产的成本利息、租赁手续费三大部分。

2. 融资租赁中租金的决定因素

(1) 租赁资产的购置成本，包括设备的买价、运杂费和途中保险费。

(2) 预计租赁设备的残值，指设备租赁到期时预计的变现净值。

(3) 利息，指租赁公司为承租企业购置设备融资而应计的利息。

(4) 租赁手续费，包括租赁公司租赁设备的营业费用以及一定的盈利。

(5) 租赁期限。租赁期限的长短不仅影响租金总额，也影响每期租金的数额。

(6) 租金的支付方式。租金支付的次数越多，每次的支付额就越少。

3. 融资租赁租金的计算方法和支付形式

(1) 如果租金在期初支付，计算每期租金时，租赁资产成本和成本利息按照预付年金现值计算，租赁的手续费按租期平均摊销。

【例 4-3】 东方航空公司向中银航空租赁私人有限公司租入一架价值为 8 000 万元的飞机，租赁合同规定：租期 20 年，租金每年年初支付，利率 7%，租赁手续费按设备成本的 3%计算，租赁期满该飞机归东方航空公司所有。

要求：计算东方航空公司每年年初应支付的租金。

解：每期租金 $= 8\,000 \div [(P/A,\ 7\%,\ 20-1)+1] + 8\,000 \times 3\% \div 20$

$= 8\,000 \div (10.335\,6 + 1) + 12 = 705.74 + 12 = 717.74$(万元)

【例 4-4】 接[例 4-3]，假定租金每年年末支付一次，其他条件不变。

要求：计算东方航空公司每年年末应支付的租金。

解：每期租金 $= 8\,000 \div (P/A,\ 7\%,\ 20) + 8\,000 \times 3\% \div 20 = 8\,000 \div 10.594\,0 + 12$

$= 755.14 + 12 = 767.14$(万元)

(2) 租金包括租赁资产的成本、成本利息，租赁手续费单独一次付清。

【例 4-5】 接[例 4-3]，假定租赁手续费于租赁开始时一次付清。

要求：计算东方航空公司每年年初应支付的租金。

解：每期租金 = 8 000 ÷ [(P/A, 7%, 20 − 1) + 1] = 8 000 ÷ (10.335 6 + 1) = 705.74(万元)

其中，东方航空公司第 1 年租赁飞机的现金支出为：

$$第1年租赁飞机的现金支出=705.74+8\,000\times3\%=945.74(万元)$$

（五）融资租赁筹资的优缺点

1. 融资租赁筹资的优点

(1) 融资速度快。融资租赁及“融资”与“融物”于一体，一般比先筹集资金再购置设备的时间要短，能很快形成生产力。

(2) 限制条款少。企业运用股票、债券、长期借款等筹资方式要受到很多的条件限制，相比而言，融资租赁的限制要少很多。

(3) 财务风险小。全部租金在整个租期内分期支付，可降低不能支付的风险。

(4) 税收负担轻。融资租赁的租金费用可在所得税前扣除，承租企业享受税收上的优惠。

2. 融资租赁筹资的缺点

融资租赁筹资的最主要缺点就是资金成本较高。一般来说，其租金要比举借银行借款或发行债券所负担的利息高得多。在企业财务困难时，固定的租金也会构成一项较沉重的负担。

五、商业信用筹资

商业信用筹资是指利用商品交易中的延期付款或延期交货所形成的借贷关系进行的筹资，此类筹资在短期负债筹资中占有很大的比重，其形式主要有应付账款、应付票据和预收货款。

（一）应付账款

应付账款是企业赊购货物而形成的短期债务，即卖方允许买方在购买货物后一定时期内支付货款的一种形式。卖方通过这种方式促进销售，同时买方通过延期付款，等同于向卖方借款购买商品，从而达到满足短期对资金的需要。应付账款像应收账款一样也有信用条件。它包括：买方在规定折扣期内付款而享受到的免费信用；买方放弃折扣而付出的成本。

1. 应付账款的成本

买方企业在卖方规定的折扣期内付款，便可享受免费信用，但企业如超出折扣期付款，将承担放弃现金折扣的成本。

$$放弃现金折扣的成本(比率)=\frac{现金折扣百分比}{1-现金折扣百分比}\times\frac{360}{信用期-折扣期}\times100\%$$

【例 4-6】 文翔公司按“2/20, N/60”的条件购入 1 000 万元货物。

要求：计算文翔公司放弃现金折扣的成本。

解：如果公司在20天内付款，便可享受20天的免费信用期，并可获得20万元(1 000×2%)的折扣，免费信用额度为980万元。

如果公司在20天后(不超过60天)付款，该公司承担了因放弃折扣而造成的机会成本，其计算公式为：

$$\frac{2\%}{1-2\%}\times\frac{360}{60-20}\times 100\% = 18.37\%$$

2. 利用现金折扣的决策

在信用条件下，因为不同的信用有不同的代价，买方企业要在选择何种信用之间作出决策。

(1) 如果能以低于放弃现金折扣的机会成本的短期借款利率借入资金，这时买方企业应该在折扣期内付款，享受现金折扣。如[例4-6]中，如果同期的短期借款利率为10%，公司应利用更便宜的短期借款偿还应付账款。

(2) 如果在折扣期内用应付账款进行短期投资，短期投资收益率高于放弃折扣的成本，这时应放弃折扣去追求更高的收益。如[例4-6]中，如果公司短期投资收益率为30%，公司应放弃现金折扣。

(3) 如果两家以上卖方提供不同信用条件，当决定享受现金折扣时，应选择放弃现金折扣成本最高的一个。

(二) 应付票据

应付票据是企业进行商品交易延期付款时开具的反映债权债务关系的票据。根据承兑人的不同，应付票据分为商业承兑汇票和银行承兑汇票两种，商业承兑汇票属于商业信用，其支付期最长不超过6个月。应付票据可以带息，也可以不带息。应付票据的利率一般比银行借款的利率低，且不用保持相应的补偿余额和支付协议费，所以，应付票据的融资成本低于银行借款成本。但是，应付票据到期必须归还，如若延期便要交付罚金，因而风险较高。

应付票据一般在下述两种情况下使用：①卖方对买方财务信用不了解；②买方信用不佳，不为卖方所信任。

(三) 预收货款

预收货款是指销货单位按照合同和协议规定，在发出货物之前向购货单位预先收取部分或全部货款的信用行为。购买单位对于紧俏商品往往乐于采用这种方式购货；销货方对于生产周期长、造价较高的商品，往往采用预收货款方式销货，以缓和占用本企业资金过多的矛盾。

(四) 商业信用筹资的优缺点

1. 商业信用筹资的优点

(1) 商业信用容易获得。商业信用的载体是商品购销行为，企业总有一批既有供需关系又有相互信任基础的客户，所以对大多数企业而言，商业信用筹资是自然的、持续的筹资形式。

（2）企业有较大的机动权。企业能够根据需要，选择决定筹资的金额大小和期限长短，要比银行借款等其他方式灵活得多。

（3）企业一般不用提供担保。通常，商业信用筹资不需要第三方担保，也不会要求筹资企业用资产进行担保。

2. 商业信用筹资的缺点

（1）商业信用筹资成本高。尽管商业信用的筹资成本是一种机会成本，但由于商业信用筹资属于临时性筹资，其筹资成本比银行借款要高。

（2）容易恶化企业的信用水平。商业信用的期限短，还款压力大，对企业现金流量管理的要求很高。如果长期和经常性地拖欠账款，会造成企业的信誉恶化。

（3）受外部环境影响较大。商业信用筹资受外部环境影响较大，稳定性较差。一是受商品市场的影响，如当求大于供时卖方可能停止提供信用。二是受资金市场的影响，当市场资金供应紧张或有更好的投资方向时，商业信用筹资就可能遇到障碍。

练习题

一、单项选择题

1. 根据财务管理理论，按照资金来源渠道不同，可将筹资分为（　　）。
   A. 直接筹资和间接筹资　　B. 内部筹资和外部筹资
   C. 权益筹资和负债筹资　　D. 短期筹资和长期筹资
2. （　　）可以为企业筹集短期资金。
   A. 融资租赁　　B. 商业信用　　C. 内部积累　　D. 发行股票
3. 普通股和优先股筹资方式共有的缺点包括（　　）。
   A. 财务风险大　　B. 筹资成本高　　C. 容易分散控制权　　D. 筹资限制多
4. 某企业向银行借款100万元，企业要求按照借款总额的10%保留补偿性余额，并要求按照贴现法支付利息，借款的利率为6%，则借款实际利率为（　　）。
   A. 7.14%　　B. 6.67%　　C. 6.38%　　D. 7.28%
5. 与其他负债资金筹集方式相比，下列各项中属于融资租赁缺点的是（　　）。
   A. 资金成本较高　　B. 财务风险大
   C. 税收负担重　　D. 筹资速度慢
6. 债券的资本成本一般低于股票的资本成本，其主要原因是（　　）。
   A. 债券的筹资费用较少　　B. 债券的发行量少
   C. 债券的利息率固定　　D. 债券利息在税前支付

7. 银行向企业发放贷款，若规定了补偿性余额，则企业借款的实际利率（　　）。
A. 等于零　B. 低于名义利率　C. 高于名义利率　D. 等于名义利率
8. 商业信用筹资最大的优点在于（　　）。
A. 期限较短　B. 容易取得
C. 不负担成本　D. 是一种短期融资
9. 可转换债券对投资者的吸引力在于：当企业经营好转时，可转换债券可以转换为（　　）。
A. 企业发行的任何一种债券　B. 其他债券
C. 优先股　D. 普通股
10. 与其他权益资金筹资方式相比，留存收益筹资的优点是（　　）。
A. 不发生筹资费用　B. 不发生筹资成本
C. 形成权益资本，提高企业信誉　D. 有利于提高企业外负债的能力
11. 相对于普通股股东而言，优先股股东所拥有的优先权是（　　）。
A. 优先表决权　B. 优先购股权　C. 优先分配股利权　D. 优先查账权
12. 以下属于债券筹资缺点的是（　　）。
A. 资金成本高　B. 能发挥财务杠杆作用
C. 筹资风险高　D. 会稀释股东的控制权
13. 下列权利中，不属于普通股股东权利的是（　　）。
A. 公司管理权　B. 分享盈余权
C. 优先认股权　D. 优先分配剩余财产权
14. 某企业拟以“2/20, N/40”的信用条件购进原料一批，则企业放弃现金折扣的机会成本为（　　）。
A. 2%　B. 36.73%　C. 18%　D. 36%
15. 下列各项中，常用来筹措权益资金的是（　　）。
A. 商业信用　B. 留存收益　C. 发行债券　D. 融资租赁
16. 放弃现金折扣的成本大小与（　　）。
A. 折扣百分比的大小成同方向变化
B. 折扣期的长短呈同方向变化
C. 折扣期百分比的大小、信用期的长短均呈同方向变化
D. 折扣期的长短呈反方向变化
17. 在预测外部筹资额时，下列属于非敏感项目的是（　　）。
A. 应收账款　B. 应付票据　C. 短期借款　D. 应付职工薪酬
18. 以下不属于融资租赁方式的是（　　）。
A. 售后回租　B. 售后包租　C. 直接租赁　D. 杠杆租赁
19. 以下关于可转换债券优点的表述中，错误的是（　　）。

A. 有利于降低财务风险　　B. 有利于筹集资金

C. 有利于降低资本成本　　D. 有利于稳定股票价格

20. 关于商业信用筹资的说法中，正确的是(　　)。

A. 筹资成本为实际成本　　B. 需要第三方担保

C. 企业没有机动权　　D. 通常是自然的、持续的筹资形式

二、判断题

1. 赎回条款是指公司有权在某一设定时期内按约定的价格买回尚未转换为普通股的可转换债券，赎回条款是对债权人的一项保护措施。(　　)
2. 某拟上市公司股本总额为5亿元，公开发行股份的比例为10%以上。(　　)
3. 我国法律规定公司发行的债券累计总额不得超过净资产的50%。(　　)
4. 融资租赁比先筹集资金再购置设备的时间要短，能很快形成生产力。(　　)
5. 商业信用与商品买卖同时进行，需要进行正式的筹资安排。(　　)
6. 一旦企业与银行签订信贷额度，则在协定的有效期内，只要企业的借款总额不超过最高限额，银行必须满足企业任何时候任何用途的借款要求。(　　)
7. 在发行可转换债券时，设置按高于面值的价格赎回可转换债券的条款，是为了保护可转换债券持有人的利益，以吸引更多的债券投资者。(　　)
8. 权益资本是企业的永久性资本，是一种高成本低风险的资本来源。(　　)
9. 补偿性余额对借款企业的影响使实际利率高于名义利率。(　　)
10. 如果在折扣期内放弃折扣的成本高于短期投资收益率，应放弃现金折扣。(　　)
11. 发行普通股所筹集的资金在公司存续期期间不需要偿还，所以也不需要成本。(　　)
12. 在进行外部筹资额预测时，固定资金属于非敏感项目。(　　)
13. 承租企业在收到租赁设备时，要进行验收，验收合格后签发交货及验收证书，然后再签订租赁合同。(　　)
14. 如果在折扣期内用应付账款进行短期投资，短期投资收益率高于放弃折扣的成本时，应放弃折扣去追求更高的收益。(　　)
15. 商业信用筹资受外部环境影响较大，稳定性较差。(　　)
16. 一般来说，融资租赁租金比举借银行借款或发行债券所负担的利息高得多。(　　)
17. 相比于股票、债券、长期借款等筹资方式，融资租赁的筹资限制要更多。(　　)
18. 售后回租是出售方根据协议将资产卖给购买方，然后又将该资产租回使用并按期支付租金的一种形式，原来的出售方成为出租人，原来的购买方成为承租人。(　　)
19. 信贷额度协议是规定银行具有法律义务承担提供不超过某一最高限额的贷款协定。(　　)
20. 当买方信用不佳，不为卖方所信任时，适合采用应付票据的方式结算。(　　)

三、计算题

1. 某公司拟采购一批零件,供应商报价如下:

(1) 立即付款,价格为 9 630 元。

(2) 30 天内付款,价格为 9 750 元。

(3) 31～60 天内付款,价格为 9 870 元。

(4) 61～90 天内付款,价格为 10 000 元。

假设银行短期贷款利率为 15%,每年按 360 天计算。

要求:计算放弃现金折扣的成本(比率),并确定对该公司最有利的付款日期和价格。

2. 某企业拟采用融资租赁方式于 2×18 年 1 月 1 日从租赁公司租入一台设备,设备款为 90 000 元,租期为 5 年,到期后设备归承租企业所有。双方商定,如果采取租金在年末支付,则利率为 15%;如果采取租金在年初支付,则利率为 12%。租赁手续费为 50 000 元,在租赁期内平均支付。

要求:

(1) 计算年末支付方式下的每年等额租金额。

(2) 计算年初支付方式下的每年等额租金额。

3. 某公司 2×18 年销售收入为 1 000 万元,销售净利率为 10%,净利润的 60%分配给投资者。2×18 年 12 月 31 日的资产负债表(简表)如表 4-6 所示。

表 4-6　　某公司资产负债表(简表)

2×18 年 12 月 31 日　　单位:万元

资　产	期末余额	负债和所有者权益	期末余额
货币资金	100	应付账款	40
应收账款	200	应付票据	60
存货	300	长期借款	300
固定资产净值	400	实收资本	400
		留存收益	200
资产总计	1 000	负债和所有者权益总计	1 000

该公司 2×19 年计划销售收入比上年增长 20%,公司现有生产能力尚未饱和。假定该公司 2×19 年的销售净利率和利润分配政策与上年保持一致,预测该公司 2×19 年外部筹资需求量。

四、案例分析题

中宏公司向友利公司购买原材料,友利公司开出的付款条件为:“2/10, N/30”。中宏公司的财务经理查阅公司记录表明,会计人员对此项交易的处理方式是,一般在收到货物后 15 天支付款项。当财务经理询问公司会计为什么不享受现金折扣时,负责该项交易的会计人员不假思考地回答道，这一交易的资金成本仅为2%，而银行贷款成本却为12%。

要求：假如你是中宏公司聘请的财务顾问，请你针对这一案例对如下问题进行分析和回答：

(1) 该公司会计人员错在哪里？他在观念上混淆了什么？

(2) 该公司放弃现金折扣的实际成本有多大？

(3) 如果中宏公司无法获得银行贷款，而被迫使用商业信用筹资(即使用推迟付款商业信用筹资方式)，为降低年利息成本，你应对财务经理提出何种建议？

第五章

学习目的与要求

通过本章的学习，应了解资本成本的概念。掌握个别资本成本、综合资本成本与边际资本成本的计算。理解杠杆原理的含义，掌握经营杠杆、财务杠杆与综合杠杆的计算。理解资本成本结构和最佳资本结构的含义。能够利用比较资本成本法、每股收益分析法来确定企业的最佳资本结构。

第一节　资 本 成 本

一、资本成本的含义与分类

(一) 资本成本的含义

在市场经济体制下，企业从各种资金渠道筹集资金，都必须付出一定代价，而不能无偿使用。由于长期资金也被称为资本，所以企业为筹集和使用长期资金而付出的代价称为资本成本。资本包括权益资金和长期债务资金，资本成本也由权益资金成本和长期债务资金成本两部分构成。长期债务资金，要求企业定期付息，到期还本，对投资者而言风险较小，企业对债务资本只负担较低的成本；权益资金，不要求企业偿还本金，对投资者而言收益不确定、风险较大，因而要求获得较高的报酬，企业对权益资金需承担较高的成本。

资本成本主要包括资金筹集费和资金占用费两部分。

1. 资金筹集费

资金筹集费是指企业为筹集资金而付出的代价。如向银行支付的借款手续费、向证券承销商支付的股票、债券的发行费等。筹资费用通常是在筹措资金时一次性支付的，在用资过程中不再发生，可视为筹资总额的一项扣除。

2. 资金占用费

资金占用费又称资金使用费，是指企业在生产经营、投资过程中因使用资金而支付的代价，如向债权人支付的债券利息，向股东发放的股利等。

（二）资本成本的分类

1. 按照筹资方式分类

按照第四章所讲的筹资方式分类，资本成本分为债务资本成本、普通股资本成本、优先股资本成本、留存收益资本成本，后三者可统称为权益资本成本。

2. 按照产权角度分类

一方面，资本成本与资金使用方有关，它是资金使用方筹资活动的实际成本，本章将主要按此角度进行分析。另一方面，资本成本与资金的提供方有关，它是资金提供方将资金交付给使用方所要求的必要报酬率。

二、资本成本的作用

资本成本在企业筹资、投资和经营活动过程中具有以下三个方面的作用。

1. 资本成本是企业筹资决策的重要依据

不同筹资方式有不同的资本成本，本章第三节将讨论最佳资本结构问题，资本成本是企业确定最佳资本结构的主要因素之一。资本成本也是限制企业筹资数额的一个重要因素。随着筹资数量的增加，资本成本将随之变化。当筹资数量增加到增资的成本大于增资的收益时，企业便不能再追加资本。

2. 资本成本是评价和选择投资项目的重要标准

资本成本实际上是投资者应当取得的最低报酬水平。只有在投资项目的内含报酬率高于资本成本的情况下，才值得为之筹措资本；反之，就应该放弃该投资机会。

3. 资本成本是衡量企业资金效益的临界基准

如果一定时期的总资产报酬率高于综合资本成本，就说明企业资本的运用效益佳，经营业绩较好；反之，则较差。

三、资本成本的计算

资本成本可以用绝对数表示，也可以用相对数表示。资本成本用绝对数表示即资本总成本，它是筹资费用和用资费用之和。由于它不能反映用资多少，所以较少使用。资本成本用相对数表示即资本成本率，它是资金占用费与筹资净额的比率，一般而言资本成本多指资本成本率。资本成本计算公式为：

$$资本成本=\frac{资金占用费}{筹资总额-资金筹集费}\times 100\%$$

由于资金筹集费一般以筹资总额的某一百分比计算，因此，上述计算公式也可表现为：

$$资本成本=\frac{资金占用费}{筹资总额\times(1-筹资费率)}\times 100\%$$

（一）债务资本成本

这里的债务主要指发行债券筹集的资金和长期借款。债务每年付出的代价是利息，由于利息是税前列支的，因此债务的资金占用费就是每年的税后利息，筹资总额是指银行借款或发行债券实际筹集的资金。

资本成本的一般计算公式为：

$$K_b = \frac{I(1-t)}{B(1-f_b)} \times 100\%$$

式中　K_b——债务资本成本；

I——债务的年利息；

B——债务筹资总额；

t——所得税税率；

f_b——债务筹资费率。

在非溢价或折价发行债券的情况下，上述公式也可简化为：

$$K_b = \frac{i(1-t)}{1-f_b} \times 100\%$$

式中　i——债务年利息率。

【例 5-1】　某企业发行债券 1 000 万元，面额 1 000 元，按溢价 1 050 元发行，票面利率 7%，每年年末付息，所得税税率 25%，发行筹资费率 1%。

要求：计算该债券资本成本。

解：债券资本成本　$K_b = \frac{1\ 000 \times 7\% \times (1-25\%)}{1\ 050 \times (1-1\%)} \times 100\% = 5.05\%$

【例 5-2】　假设[例 5-1]中，债券为平价发行。

要求：计算该债券资本成本。

解：债券资本成本　$K_b = \frac{7\% \times (1-25\%)}{1-1\%} \times 100\% = 5.30\%$

（二）普通股资本成本

普通股的资金占用费是每年支付的股利，不同于债务利息，股利不能税前列支。而且当股票发行之后，普通股的股利每年都可能发生变化，准确预测非常困难，在此我们假设普通股的股利每年维持固定增长。

在此情况下，普通股资本成本的推导过程如下（$K_s > G$）：

$$\begin{aligned} P_s \times (1-f_s) &= \sum_{t=1}^{\infty} \frac{D_t}{(1+K_s)^t} = \frac{D_1}{(1+K_s)} + \frac{D_2}{(1+K_s)^2} + \cdots + \frac{D_t}{(1+K_s)^t} + \cdots \\ &= \frac{D_0(1+G)}{(1+K_s)} + \frac{D_0(1+G)^2}{(1+K_s)^2} + \cdots + \frac{D_0(1+G)^t}{(1+K_s)^t} + \cdots \\ &= \frac{D_0(1+G)}{K_s - G} = \frac{D_1}{K_s - G} \end{aligned}$$

式中 P_s——普通股发行价格；

f_s——普通股筹资费率；

K_s——普通股资本成本；

D_0——发行前一年年末普通股股利；

D_1——预计第一年年末普通股股利；

G——普通股年股利增长率。

由此变形，普通股资本成本可以表示为：

$$K_s = \frac{D_1}{P_s \times (1 - f_s)} \times 100\% + G$$

【例 5-3】 某公司 2011 年年初发行普通股，每股面值 10 元，发行价格为 15 元，筹资费率 2%，预计 2011 年年末股利率 10%，以后每年增长 3%。

要求：计算该普通股资本成本。

解：普通股资本成本 $K_s = \frac{10 \times 10\%}{15 \times (1 - 2\%)} + 3\% = 9.80\%$

（三）优先股资本成本

不同于普通股股利的每年变动，优先股的股利通常是固定的，一般表示为面值的固定百分比。优先股资本成本的计算公式为：

$$K_p = \frac{D}{P_p(1 - f_p)} \times 100\%$$

式中 K_p——优先股资本成本；

D——优先股股利；

P_p——优先股的发行价格；

f_p——优先股筹资费率。

【例 5-4】 某公司发行优先股，每股 10 元，股利率为 8%，发行费率 2%。

要求：计算该优先股资本成本。

解：优先股资本成本 $K_p = \frac{10 \times 8\%}{10 \times (1 - 2\%)} \times 100\% = 8.16\%$

（四）留存收益资本成本

通过留存收益筹集的资金与通过股票筹集的资金，在所有权方面是一样的，均属于股东。筹资时的区别在于前者没有筹资费用，后者有筹资费用。因此，在普通股资本成本计算公式中令筹资费用等于零，即可得出留存收益资本成本的计算公式。留存收益资本成本公式为：

$$K_r = \frac{D_1}{P_r} \times 100\% + G$$

式中 K_r——留存收益资本成本，其余变量定义同普通股资本成本公式中的定义。

【例 5-5】 接[例 5-3]。

要求：计算该公司留存收益资本成本率。

解：留存收益资本成本　$K_r=\frac{10\times10\%}{15}\times100\%+3\%=9.67\%$

第二节　杠杆原理在财务中的应用

杠杆是物理学中的概念，所谓杠杆效应是指利用杠杆，可以花较小的力量移动较重物体的现象。财务管理中也存在类似的杠杆效应，即当某一财务变量以较小幅度变动时，另一相关财务变量会以较大幅度变动的现象。财务管理中的杠杆有经营杠杆、财务杠杆和综合杠杆。

财务杠杆效应如图 5-1 所示。

图 5-1　财务管理杠杆效应图

一、经营杠杆

（一）经营杠杆效应

所谓经营杠杆效应，是指在单价和成本水平不变的条件下，销售量的增长会引起息税前利润更大幅度的增长。固定经营成本的存在是经营杠杆效应产生的原因，当销售量增加时，变动成本将同比例增加，销售收入也同比例增加，但固定经营成本总额不变，单位固定经营成本以反方向变动，这就导致单位产品成本降低，每单位产品利润增加，于是息税前利润的增长率将大于销售量的增长率。反之，当销量减少时，息税前利润的下降率也将大于销售量的下降率。

通过表 5-1 中文翔集团连续 3 年的销量、利润资料，可以了解销售量变动对息税前利润的影响程度。

表 5-1　　**文翔集团盈利情况资料**　　金额单位：元

项　目	2×16 年	2×17 年	2×18 年
单价	300	300	300
单位变动成本	200	200	200
单位边际贡献	100	100	100
销售量	1 000	2 000	3 000
边际贡献	100 000	200 000	300 000
固定成本	50 000	50 000	50 000
息税前利润	50 000	150 000	250 000

由表 5-1 可见，从 2×16 年到 2×17 年，销售量增加了 100%，息税前利润增加了 200%；从 2×17 年到 2×18 年，销售量增加了原来的 50%，息税前利润增加了原来的 67%。这就是经营杠杆效应，企业在可能的情况下适当增加产销量会取得更多的盈利，获取经营杠杆利益。但也必须认识到，当企业遇上不利情况而销售量下降时，息税前利润会以更大的幅度下降，即经营杠杆效应也会带来经营风险。经营杠杆效应越大，经营风险也就越大。

（二）经营杠杆系数及其计算

经营杠杆的大小通常可以用经营杠杆系数来计量。经营杠杆系数（*DOL*），是指息税前利润的变动率相对于销售量变动率的倍数。其定义公式为：

$$\text{经营杠杆系数}(DOL)=\frac{\text{息税前利润变动率}}{\text{销售量变动率}}=\frac{\Delta EBIT/EBIT_0}{\Delta x/x_0}$$

式中 $\Delta EBIT$——息税前利润变动额；

$EBIT_0$——基期息税前利润；

Δx——销售变动量；

x_0——基期销售量。

【例 5-6】 根据表 5-1 资料。

计算文翔集团 2×17 年和 2×18 年的经营杠杆系数。

要求：

$$DOL_{2\times 17}=\frac{\dfrac{150\,000-50\,000}{50\,000}}{\dfrac{2\,000-1\,000}{1\,000}}=2$$

$$DOL_{2\times 18}=\frac{\dfrac{250\,000-150\,000}{150\,000}}{\dfrac{3\,000-2\,000}{2\,000}}=1.33$$

利用上述 *DOL* 的定义公式计算经营杠杆系数必须掌握利润变动率与销售量变动率，这是事后反映，不便于利用 *DOL* 进行预测。为此，我们设法推导出一个只需用基期数据计算经营杠杆系数的简化公式。

以下标“0”表示基期数据，下标“1”表示预测期数据，简化计算公式推导如下：

$$DOL=\frac{\dfrac{\Delta EBIT}{EBIT_0}}{\dfrac{\Delta x}{x_0}}=\frac{EBIT_1-EBIT_0}{EBIT_0}\times\frac{x_0}{x_1-x_0}$$

$$=\frac{cm\cdot(x_1-x_0)}{EBIT_0}\times\frac{x_0}{x_1-x_0}=\frac{Tcm_0}{EBIT_0}$$

$$=\frac{\text{基期边际贡献}}{\text{基期息税前利润}}$$

式中　cm——单位边际贡献；

Tcm_0——基期边际贡献。

用 DOL 简化计算公式不仅可以算出 2×17 年、2×18 年的经营杠杆系数，而且也可算出 2×19 年的经营杠杆系数，根据表 5-4 资料计算如下：

$$DOL_{2\times17}=\frac{100\ 000}{50\ 000}=2$$

$$DOL_{2\times18}=\frac{200\ 000}{150\ 000}=1.33$$

$$DOL_{2\times19}=\frac{300\ 000}{250\ 000}=1.2$$

以上计算结果，说明两个问题：

第一，在固定经营成本不变的情况下，经营杠杆系数说明了销售额增长（减少）引起的息税前利润增长（减少）的幅度。

第二，在固定经营成本不变的情况下，销售额越大，经营杠杆系数越小，经营风险也就越低；反之，销售额越小，经营杠杆系数越大，经营风险也就越高。

二、财务杠杆

（一）财务杠杆效应

所谓财务杠杆效应，是指在资本构成不变的情况下，息税前利润的增长会引起每股收益以更大幅度的增长。固定财务成本的存在是经营杠杆效应产生的原因，当息税前利润增长时，债务利息不变，优先股股利不变，单位息税前利润所负担的固定财务成本降低了，这就导致普通股每股收益的增长率将大于息税前利润的增长率。反之，当息税前利润减少时，每股收益的下降率也将大于息税前利润的下降率。

假设文翔集团债务总额为 500 000 元，利率为 4%，所得税税率 25%，普通股 50 000 股，连续 3 年普通股每股收益资料如表 5-2 所示。

表 5-2　　**文翔集团普通股每股收益资料**　　金额单位：元

项　　目	2×16 年	2×17 年	2×18 年
息税前利润	50 000	150 000	250 000
债务利息	20 000	20 000	20 000
税前利润	30 000	130 000	230 000
所得税	7 500	32 500	57 500
税后利润	22 500	97 500	172 500
每股收益	0.45	1.95	3.45

由表 5-2 可见，从 2×16 年到 2×17 年，息税前利润增加了 200%，每股收益增加了

333%；从 2×17 年到 2×18 年，息税前利润增加了 67%，每股收益增加了 77%。利用财务杠杆效应，企业适度负债经营，在盈利条件下可能给普通股股东带来更多的收益，这就是财务杠杆利益。但也必须认识到，当企业遇上不利情况而盈利下降时，普通股股东的收益会以更大幅度减少，即财务杠杆效应也会带来财务风险。财务杠杆效应是把双刃剑，既可能为普通股股东创造更高的收益，也可能导致更高的风险。

（二）财务杠杆系数及其计算

财务杠杆的大小通常可以用财务杠杆系数来计量。财务杠杆系数（*DFL*），是指每股收益的变动率相对于息税前利润变动率的倍数。财务杠杆系数（*DFL*）定义公式为：

$$\text{财务杠杆系数}(DFL)=\frac{\text{每股收益变动率}}{\text{息税前利润变动率}}=\frac{\Delta EPS/EPS_0}{\Delta EBIT/EBIT_0}$$

【例 5-7】 根据表 5-2 资料。

要求：计算文翔集团 2×17 年、2×18 年的财务杠杆系数。

$$DFL_{2\times17}=\frac{\frac{1.95-0.45}{0.45}}{\frac{150\,000-50\,000}{50\,000}}=1.67$$

$$DFL_{2\times18}=\frac{\frac{3.45-1.95}{1.95}}{\frac{250\,000-150\,000}{150\,000}}=1.15$$

利用上述 *DFL* 的定义公式计算财务杠杆系数必须掌握每股收益变动率与息税前利润变动率，这是事后反映，不便于利用 *DFL* 进行预测。为此，我们设法推导出一个只需用基期数据计算财务杠杆系数的简化计算公式。推导过程如下：

$$DFL=\frac{\Delta EPS/EPS_0}{\Delta EBIT/EBIT_0}=\frac{\frac{(EBIT_1-I)\times(1-t)-E}{n}-\frac{(EBIT_0-I)\times(1-t)-E}{n}}{\frac{(EBIT_0-I)\times(1-t)-E}{n}}\div$$

$$\frac{EBIT_1-EBIT_0}{EBIT_0}=\frac{(EBIT_1-EBIT_0)\times(1-t)}{(EBIT_0-I)\times(1-t)-E}\times\frac{EBIT_0}{EBIT_1-EBIT_0}$$

$$=\frac{EBIT_0}{EBIT_0-I-\frac{E}{1-t}}=\frac{\text{基期息税前利润}}{\text{基期息税前利润}-\text{债务利息}-\frac{\text{优先股股利}}{1-\text{所得税税率}}}$$

式中 I——债务利息；

t——所得税税率；

E——优先股股利；

n——普通股股数。

对于无优先股的股份制企业或非股份制企业，上述财务杠杆系数的简化公式可表示为：

$$DFL=\frac{EBIT_0}{EBIT_0-I}=\frac{\text{基期息税前利润}}{\text{基期税前利润}}$$

用 *DFL* 计算公式不仅可以算出文翔集团 2×17 年、2×18 年的财务杠杆系数，而且也可算出 2×19 年的财务杠杆系数。根据表 5-2 资料计算如下：

$$DFL_{2\times17}=\frac{50\ 000}{30\ 000}=1.67$$

$$DFL_{2\times18}=\frac{150\ 000}{130\ 000}=1.15$$

$$DFL_{2\times19}=\frac{250\ 000}{230\ 000}=1.09$$

以上计算结果，说明两个问题：

第一，在固定财务成本不变的情况下，财务杠杆系数说明了息税前利润增长（减少）引起的每股收益增长（减少）的幅度。

第二，在固定财务成本不变的情况下，息税前利润越大，财务杠杆系数越小，财务风险也就越低；反之，息税前利润越小，财务杠杆系数越大，财务风险也就越高。

三、综合杠杆

（一）综合杠杆效应

由于存在固定经营成本，会产生经营杠杆效应，即销售量的增长会引起息税前利润更大幅度的增长。由于存在固定财务成本（债务利息和优先股股利），会产生财务杠杆效应，即息税前利润的增长会引起普通股每股收益更大的幅度增长。一个企业会同时存在固定经营成本和固定财务成本，那么两种杠杆效应会共同存在，将产生连锁作用，销售量稍有变动就会引起每股收益以更大幅度的变动。综合杠杆效应就是经营杠杆和财务杠杆的综合效应。

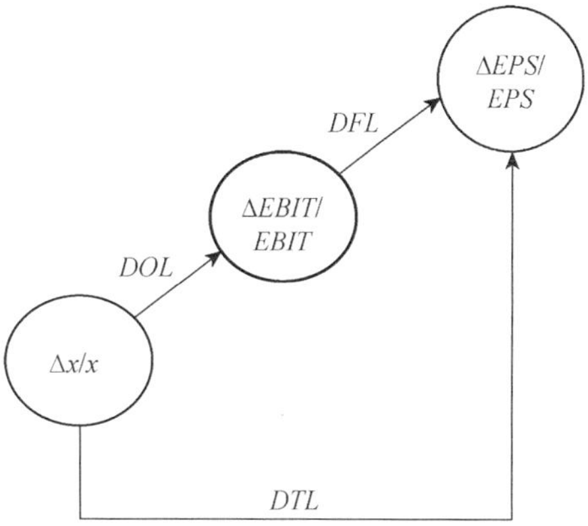

图 5-2　综合杠杆原理图

综合杠杆原理如图 5-2 所示。

（二）综合杠杆系数及其计算

如图 5-2 所示，综合杠杆系数（*DTL*）是每股收益变动率相对于销售量变动率的倍数。其定义公式为：

$$\text{综合杠杆系数}(DTL)=\frac{\text{每股收益变动率}}{\text{销售量变动率}}=\frac{\Delta EPS/EPS_0}{\Delta x/x_0}$$

【例 5-8】 根据表 5-1、表 5-2 资料。

要求：计算文翔集团 2×17 年、2×18 年的综合杠杆系数。

$$DTL_{2\times17}=\frac{\frac{1.95-0.45}{0.45}}{\frac{2\,000-1\,000}{1\,000}}=3.33$$

$$DTL_{2\times18}=\frac{\frac{3.45-1.95}{1.95}}{\frac{3\,000-2\,000}{2\,000}}=1.54$$

综合杠杆系数的简化计算公式推导过程如下：

$$DTL=\frac{\Delta EPS/EPS_0}{\Delta x/x_0}=\frac{\Delta EBIT/EBIT_0}{\Delta x/x_0}\times\frac{\Delta EPS/EPS_0}{\Delta EBIT/EBIT_0}=DOL\times DFL$$

$$=\frac{Tcm_0}{EBIT_0}\times\frac{EBIT_0}{EBIT_0-I-\frac{E}{1-t}}=\frac{Tcm_0}{EBIT_0-I-\frac{E}{1-t}}$$

$$=\frac{\text{基期边际贡献}}{\text{基期息税前利润}-\text{债务利息}-\frac{\text{优先股股利}}{1-\text{所得税税率}}}$$

对于无优先股的股份制企业或非股份制企业，上述综合杠杆系数的简化计算公式为：

$$DTL=\frac{\text{基期边际贡献}}{\text{基期税前利润}}$$

用 DTL 简化计算公式，根据表 5-1、表 5-2 资料，可以计算出文翔集团 2×17 年、2×18 年和 2×19 年的综合杠杆系数：

2×17 年：

$$DTL=DOL\times DFL=2\times1.67=3.34$$

$$DTL=\frac{100\,000}{30\,000}=3.33\text{（简化公式）}$$

2×18 年：

$$DTL=DOL\times DFL=1.33\times1.15=1.53$$

$$DTL=\frac{200\,000}{130\,000}=1.54\text{（简化公式）}$$

2×19 年：

$$DTL=DOL\times DFL=1.2\times1.09=1.31$$

$$DTL=\frac{300\,000}{230\,000}=1.30\text{（简化公式）}$$

第三节　资本结构及其优化

一、资本结构的含义

资本结构是指企业各种长期资金来源的构成及其比例关系。通常情况下，企业的资本由长期债务资本和权益资本构成，资本结构指的就是长期债务资本和权益资本各占多大比例。一般来说，在资本结构的概念中不包含短期资金。短期资金的需要量和筹集是经常变化的，且在整个资本总量中的比重不稳定，因此不列入资本结构管理的范围，而应作为营运资金管理。

资本结构是否合理会影响企业资本成本的高低、财务风险的大小以及投资者的收益，它是企业筹资决策的核心问题。一般而言，债务资本成本比权益资本成本低，因此适度增加债务可能会降低企业资本成本，获取财务杠杆利益。但债务过高会给企业带来破产的风险，大大增加财务风险。

二、资本结构的影响因素

在实务中，影响资本结构的因素较为复杂，总体上可以分为内部因素和外部因素。

（一）内部因素

内部因素通常有经营状况的稳定性、企业的成长性、资产结构、盈利能力、财务灵活性等。一般而言，收益和现金流量波动较大的企业要比现金流量较稳定的类似企业的负债水平低；成长性很好的企业因其发展快速，对外部资金需求比较大，要比成长性差的类似企业的负债水平高；盈利能力强的企业因其内源融资的满足率较高，要比盈利能力较弱的类似企业的负债水平低；一般性用途资产比例比较高的企业因其资产作为债务抵押的可能性较大，要比具有特殊用途资产比例高的类似企业的负债水平高；财务灵活性大的企业比财务灵活性小的类似企业的负债能力强。这里的财务灵活性，是指企业利用闲置资金和剩余的负债能力以应付可能发生的偶然情况和把握未预见机会（新的好项目）的能力。

（二）外部因素

外部因素通常有税率、利率、行业特征等。一般而言，如果货币政策是紧缩的，则市场利率高，企业债务资本成本增大，企业需要减少负债；如果所得税税率高，则债务资本抵税作用大，企业应充分利用这种作用以提高企业价值；成熟行业的企业可提高负债比重，而新兴行业的企业需要降低债务资本比重。

三、资本结构优化的方法

最佳资本结构是指使得企业收益最大、综合资本成本最低的资本结构。最佳资本结构在理论上是存在的，但是由于企业内部因素和外部因素经常发生变化，有些因素不易量化，寻找最佳资本结构比较困难。因此本章只介绍一些特定条件下，优化资本结构的方法，得到的结果是相对较优的资本结构。

（一）比较资本成本法

比较资本成本法，是通过计算各方案综合资本成本，并根据综合资本成本的高低来确定较优资本结构的方法。

所谓综合资本成本，就是指一个企业以各种资本所占的比重为权数计算出来的平均资本成本，所以又称加权平均资本成本。加权平均资本成本计算公式为：

$$K_W = \sum_{j=1}^{n} K_j W_j$$

式中 K_W——综合资本成本；

K_j——第 j 种资本的资本成本；

W_j——第 j 种资本占全部资本的比重。

【例 5-9】 某企业原来的资本结构如表 5-3 所示。

表 5-3　　某企业原来的资本结构

资金来源	金额(万元)
普通股 6 万股(面值 100 元,筹资费率 2%)	600
长期债券(票面利率 10%,筹资费率 2%)	400
长期借款(年息 9%,无筹资费用)	200
合计	1 200

预计年末普通股每股股利为 10 元,预计以后每年股利率将增加 3%。该企业所得税税率为 25%。

该企业现拟增资 300 万元,有以下两个方案可供选择：

甲方案:发行长期债券 300 万元,年利率 11%,筹资费率 2%。普通股每股股利增加到 12 元,以后每年需增加 4%。

乙方案:发行长期债券 150 万元,年利率 11%,筹资费率 2%,另以每股 150 元发行股票 150 万元,筹资费率 2%,普通股每股股利增加到 12 元,以后每年仍增加 3%。

要求:(1) 计算该企业原来的综合资本成本。

(2) 试作出增资决策。

解:(1) 普通股资本成本$=\dfrac{10}{100\times(1-2\%)}\times100\%+3\%=13.20\%$

长期债券资本成本$=\dfrac{10\%\times(1-25\%)}{1-2\%}\times100\%=7.65\%$

长期借款资本成本$=9\%\times(1-25\%)=6.75\%$

综合资本成本$=13.20\%\times\dfrac{600}{1\,200}+7.65\%\times\dfrac{400}{1\,200}+6.75\%\times\dfrac{200}{1\,200}=10.28\%$

(2) 甲方案：

普通股资本成本$=\dfrac{12}{100\times(1-2\%)}+4\%=16.24\%$

旧债券资本成本$=7.65\%$

长期借款资本成本$=6.75\%$

新债券资本成本$=\dfrac{11\%\times(1-25\%)}{1-2\%}=8.42\%$

综合资本成本$=16.24\%\times\dfrac{600}{1\,500}+7.65\%\times\dfrac{400}{1\,500}+6.75\%\times\dfrac{200}{1\,500}+8.42\%\times\dfrac{300}{1\,500}=11.12\%$

乙方案：

旧普通股资本成本 $=\frac{12}{100\times(1-2\%)}+3\%=15.24\%$

旧债券资本成本 $=7.65\%$

长期借款资本成本 $=6.75\%$

新债券资本成本 $=\frac{11\%\times(1-25\%)}{1-2\%}=8.42\%$

新普通股资本成本 $=\frac{12}{150\times(1-2\%)}+3\%=11.16\%$

综合资本成本 $=15.24\%\times\frac{600}{1\,500}+7.65\%\times\frac{400}{1\,500}+6.75\%\times\frac{200}{1\,500}+8.42\%\times\frac{150}{1\,500}+11.16\%\times\frac{150}{1\,500}=10.99\%$

由以上计算结果可知，乙方案的综合资本成本低于甲方案，应采用乙方案增资。

（二）每股收益分析法

每股收益分析法是利用每股收益无差别点来进行资本结构决策的方法。所谓每股收益无差别点，也称为筹资无差别点，是指两种筹资方式下每股收益相等时的息税前利润点。根据每股收益无差别点，可以判断在什么的情况下选择权益筹资、什么情况下选择债务筹资。

【例 5-10】 某企业现有资本结构全部为普通股 1 000 万元，每股 10 元，折合 100 万股。现拟增资 200 万元，有两种筹资方案可供选择。甲方案发行普通股 20 万股，每股 10 元。乙方案发行普通股 10 万股，每股 10 元；另发行债券 100 万元，债券年利率 10%。该企业所得税税率为 40%。增资后预计息税前利润可以达到 180 万元。

要求：

(1) 计算每股收益无差别点。

(2) 作出增资决策。

解：(1) 计算每股收益无差别点：

每股收益无差别点的计算公式如下：

令　　$EPS_1=EPS_2$

即：　$$\frac{(\overline{EBIT}-I_1)\times(1-t)-E_1}{n_1}=\frac{(\overline{EBIT}-I_2)\times(1-t)-E_2}{n_2}$$

式中　$\overline{EBIT}$——每股利润无差别点；

I_1、I_2——两种筹资方式下的年利息；

E_1、E_2——两种筹资方式下的优先股股利；

n_1、n_2——两种筹资方式下普通股股数；

t——所得税税率。

将数据代入，则发行普通股和发行债券两种筹资方式下的每股收益无差别点为：

$$\frac{\overline{EBIT}\times(1-40\%)}{100+20}=\frac{(\overline{EBIT}-100\times10\%)\times(1-40\%)}{100+10}$$

得：　　　　$\overline{EBIT}=120$(万元)

此时　　　　$EPS_1=EPS_2=0.6$(元)

(2) 作出增资决策：

将两个方案的每股收益无差别点表示在图 5-3 中。

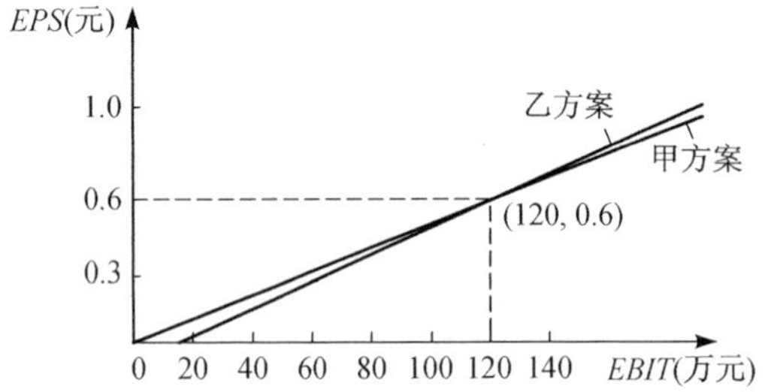

图 5-3　每股收益分析无差别点图

由图 5-3 可以看出：

第一，当预计息税前利润<120 万元时，应采用甲方案筹资；

第二，当预计息税前利润=120 万元时，两个方案筹资没有差异；

第三，当预计息税前利润>120 万元时，应采用乙方案筹资。

由于本例中预计息税前利润 180 万元>120万元，所以应采用乙方案筹资。

当企业的息税前利润为 180 万元时，两筹资方案的预计每股利润如下：

$$EPS_1=\frac{180\times(1-40\%)}{100+20}=0.90(\text{元})$$

$$EPS_2=\frac{(180-100\times10\%)\times(1-40\%)}{100+10}=0.93(\text{元})$$

由此也可以看出，$EPS_2>EPS_1$，采用乙方案筹资更佳。

两种资本结构优化的方法适用于不同的情况：比较资本成本法适用于各筹资方案资本成本已知或可计算的情况；每股收益分析法适用于决策企业的息税前利润可明确预计或估测大致范围的情况。

练习题

一、单项选择题

1. 息税前利润变动率一般比产销量变动率(　　)。

A. 小　　B. 大　　C. 相等　　D. 不一定

2. 当经营杠杆系数是 5，财务杠杆系数是 1.3 时，综合杠杆系数是(　　)。

A. 5.5　　B. 6.5　　C. 3.9　　D. 7.2

3. 下列项目中，属于资本成本筹资费用的是(　　)。

A. 债券利息　　B. 普通股股利　　C. 优先股股利　　D. 债券发行费

4. 某企业长期资本总额为 1 000 万元，借入资金占总资本的 40%，借入资金的利息率为

10%。当企业销售额为 1 000 万元，息税前利润为 240 万元时，财务杠杆系数为(　　)。

A. 1.2　　B. 1.25　　C. 1.04　　D. 1.4

5. 某企业本期财务杠杆系数为 1.5，本期息税前利润为 450 万元，在无优先股的情形下，本期实际利息费用为(　　)万元。

A. 100　　B. 675　　C. 300　　D. 150

6. 关于综合杠杆系数，下列说法中，正确的是(　　)。

A. 该系数等于经营杠杆系数和财务杠杆系数之和

B. 该系数等于普通股每股利润变动率与息税前利润变动率的比率

C. 该系数反映产销量变动对普通股每股利润的影响

D. 该系数越大，企业风险越小

7. 某公司全部资产为 120 万元，负债比率为 40%，负债利率为 10%，当息税前利润为 20 万元时，财务杠杆系数为(　　)。

A. 1.25　　B. 1.32　　C. 1.43　　D. 1.56

8. 如果企业一定期间内的固定生产成本和固定财务费用均不为零，则由固定生产成本和固定财务费用因素共同作用而导致的杠杆效应属于(　　)。

A. 经营杠杆效应　　B. 财务杠杆效应

C. 综合杠杆效应　　D. 风险杠杆效应

9. 某企业固定成本为 20 万元，全部资金均为自有资金，其中优先股占 15%，则该企业(　　)。

A. 只存在经营杠杆　　B. 只存在财务杠杆

C. 存在经营杠杆和财务杠杆　　D. 经营杠杆和财务杠杆可以相互抵销

10. 下列各项中，不影响经营杠杆系数的是(　　)。

A. 产品销售数量　　B. 产品销售价格

C. 固定成本　　D. 利息费用

11. 留存收益资金成本与普通股资金成本在计算上的区别是，前者不考虑(　　)。

A. 资金占用费　　B. 资金筹集费

C. 所得税税率　　D. 预计以后每年股利增长率

12. 资金成本就是企业(　　)。

A. 支付的股利　　B. 支付的利息

C. 支付的资金筹集费用　　D. 筹集和使用资金而付出的代价

13. 在边际贡献大于固定成本的情况下，下列措施中不利于降低企业经营风险的是(　　)。

A. 增加产品销量　　B. 提高产品单价

C. 提高资产负债率　　D. 节约固定成本支出

14. 在计算资本成本时，与所得税有关的是(　　)。

A. 普通股　　B. 优先股　　C. 银行借款　　D. 留存收益

15. 某企业只生产一种产品，已知本期销量为 20 000 件，固定成本为 30 000 元，息税前利润为 10 000 元。则下期经营杠杆系数为(　　)。

A. 2　　B. 5　　C. 3　　D. 4

16. 某企业只生产一种产品，已知本期销量为 20 000 件，固定成本为 30 000 元，息税前利润为 10 000 元，利息为 2 000 元，则下期财务杠杆系数为(　　)。

A. 2.5　　B. 5　　C. 1.25　　D. 3

17. 每股利润变动率相对于销售额变动率的倍数，即为(　　)。

A. 经营杠杆系数　　B. 财务杠杆系数

C. 综合杠杆系数　　D. 边际资本成本

18. 某企业某年的财务杠杆系数为 2.5，息税前利润($EBIT$)的计划增长率为 10%，假定其他因素不变，则该年普通股每股收益(EPS)的增长率为(　　)。

A. 4%　　B. 5%　　C. 20%　　D. 25%

19. 只要企业存在固定经营成本，则经营杠杆系数必(　　)。

A. 与销售量成正比　　B. 与固定成本成反比

C. 恒大于 1　　D. 与风险成反比

20. 在其他条件不变时，固定成本增加会使(　　)增加。

A. 每股利润　　B. 单位变动成本

C. 产品销量　　D. 经营杠杆系数

二、判断题

1. 当预计的息税前利润大于每股收益无差别的息税前利润时，负债筹资情况下的每股收益大。(　　)

2. 如果企业的债务资金为零，则财务杠杆系数必等于 1。(　　)

3. 由于财务杠杆的作用，当息税前利润下降时每股收益下降得更快。(　　)

4. 企业负债比例越高，财务风险越大，因此负债对企业总是不利的。(　　)

5. 在其他因素一定的条件下，债券发行价格与其资本成本成正比。(　　)

6. 在筹资额和利息(股息)率相同时，企业借款筹资与发行优先股筹资的财务杠杆作用是相同的。(　　)

7. 当固定成本为零时，息税前利润的变动率应等于产销量的变动率。(　　)

8. 企业最优资金结构是指在一定条件下使企业自有资金成本最低的资金结构。(　　)

9. 最佳资金结构确定的每股收益无差别点法，考虑了资金结构对每股利润的影响，认为每股利润最大，资本结构越好。(　　)

10. 留存收益是企业经营中的内部积累，不是向外界筹措的，因而不存在资本成本。（　）
11. 如果企业的负债为零，则财务杠杆系数也为零。（　）
12. 资本成本是投资人对投入资金所要求的最低收益率，也可作为判断投资项目是否可行的取舍条件。（　）
13. 经营杠杆系数是指单价和固定成本不变的条件下，销售量增长引起息税前利润较大幅度增长。（　）
14. 企业所得税税率提高，意味着在其他因素不变的情况下，负债筹资承担的资金成本会下降。（　）
15. 已知财务杠杆系数为1.5，每股利润下降100%，则息税前利润下降150%。（　）
16. 一般性用途资产比例比较高的企业要比具有特殊用途资产比例高的类似企业的负债水平高。（　）
17. 在其他情况相同的情况下，留存收益资本成本低于普通股的资本成本。（　）
18. 当预计的息税前利润高于每股利润无差别点的息税前利润时，应采用权益筹资方式。（　）

三、计算题

1. 甲企业某投资项目资金来源情况如下：银行借款300万元，年利率为4%，手续费为4万元。发行债券500万元，面值100元，发行价为102元，年利率为6%，发行手续费率为2%。普通股800万元，每股面值10元，每股市价15元，每股股利为2.40元，以后每年增长5%，手续费率为4%。留用利润400万元。企业所得税税率为25%。

要求：

(1) 计算银行借款成本。

(2) 计算债券资金成本。

(3) 计算普通股资金成本。

(4) 计算留存收益资金成本。

(5) 计算加权平均资金成本。

2. 已知某公司2×18年产销A产品10万件，单价100元，单位变动成本为80元，固定成本总额为100万元，公司负债总额为1 000万元，年利率为5%，所得税税率为25%。

要求：

(1) 计算边际贡献。

(2) 计算息税前利润。

(3) 计算经营杠杆系数。

(4) 计算财务杠杆系数。

(5) 计算综合杠杆系数。

3. 某企业只生产和销售A产品，其总成本习性模型为$Y=10\,000+3X$。假定该企业2×18年度A产品销售量为10 000件，每件售价为5元；预测2×19年A产品的销售数量将增长10%。

要求：

(1) 计算2×18年该企业的边际贡献总额。

(2) 计算2×18年该企业的息税前利润。

(3) 计算销售量为10 000件时的经营杠杆系数。

(4) 计算2×19年息税前利润增长率。

(5) 假定企业2×18年发生负债利息5 000元，且无优先股股息，计算综合杠杆系数。

4. 某企业目前资本总额为1 000万元，普通股为15万股，每股面值40元，资产负债率为40%，债务利率为10%。现企业准备追加投资400万元，有两个追加方案可供选择：

(1) 全部发行普通股5万股，每股发行价80元。

(2) 全部借款，新增借款利率为12%。

追加投资后企业的息税前利润可达到280万元，所得税税率为25%。

要求：计算确定企业应采用哪个方案筹资。

5. 某公司目前的资金来源包括面值1元的普通股800万股和平均利率为10%的3 000万元债务。该公司现拟投产甲产品，该项目需要投资4 000万元，预计投产后每年可增加息税前利润400万元。该项目有三个筹资方案：①按11%的利率发行债券；②按面值发行股利率为12%的优先股；③按20元/股的价格增发普通股。该公司目前的息税前利润为1 600万元，所得税税率为40%，证券发行费用忽略不计。

要求：

(1) 计算按不同方案筹资后的每股收益。

(2) 计算增发普通股和债券筹资的每股收益无差别点，以及增发普通股和优先股的每股收益无差别点。

(3) 计算筹资前后的财务杠杆。

(4) 根据以上计算结果分析，该公司应选择哪一种筹资方案？为什么？

四、案例分析题

蓝天公司是经营机电设备的一家国有企业，改革开放以来由于该企业重视开拓新的市场和保持良好的资本结构，逐渐在市场上站稳了脚跟，同时也使企业得到了不断地发展和壮大，在建立现代企业制度的过程中走在了前面。

为了进一步拓展国际市场，公司需要在国外建立一全资子公司。公司目前的资本来源包括面值为1元的普通股1 000万股和平均利率为10%的3 200万元的负债。预计企业当年能实现息税前利润1 600万元。开办这个全资子公司就是为了培养新的利润增长点，该全资子公司需要投资4 000万元。预计该子公司建成投产之后会为公司增加销售收入 2 000 万元，其中变动成本为 1 100 万元，固定成本为 500 万元。该项资金来源有三种筹资形式：

(1) 以 11%的利率发行债券。

(2) 按面值发行利率为 12%的优先股。

(3) 按每股 20 元价格发行普通股。

要求：

(1) 计算案例中三种筹资方式的每股利润无差别点。

(2) 在不考虑财务风险的情况下，试分析该公司选择哪一种筹资方式。

第六章

学习目的与要求

通过本章的学习，应理解长期投资决策的概念和特征。掌握投资方案现金净流量的估算。掌握长期投资各评价指标的计算。掌握如何运用长期投资评价指标对独立方案进行评价。掌握如何运用长期投资评价指标对互斥方案进行评价。

第一节　长期投资决策概述

一、长期投资决策的概念

长期投资是指涉及大量资金投入，投资所获得报酬要在长时期内逐渐收回，在较长时间内影响企业经营获利能力的投资。与长期投资项目有关的决策，叫做长期投资决策。广义的长期投资包括固定资产投资、无形资产投资和长期证券投资等内容。而固定资产投资在长期投资中所占比例较大，所以狭义的长期投资特指固定资产投资，本章主要论述狭义的长期投资决策。

二、长期投资决策的特征

在企业的整个投资中，长期投资具有十分重要的地位。长期投资有如下特征。

（一）投资金额大

长期投资，特别是战略性扩大生产能力的投资需要的金额一般都较大，往往要耗费企业多年的资金积累，可能还要向银行贷款，在企业总资产中占到很大比重。因此长期投资对企业未来的财务状况和现金流量影响相当大。

（二）影响时间长

长期投资投资期和发挥作用的时间都较长，项目建成后对企业的经济效益会产生长久的效应，并有可能对企业的前途有决定性的影响。

（三）变现能力差

长期投资的使用期长，一般不会在短期内变现，即使由于种种原因想在短期内变现，其变现能力也较差。长期投资项目一旦建成，想要改变是很困难的，不是无法实现，就是代价太大。

（四）投资风险大

长期投资投资期和项目的使用期长，面临的不确定因素很多，如原材料供应情况、市场供求关系、技术进步速度、行业竞争程度、通货膨胀水平，等等，都会影响投资的效果。所以长期投资面临较高的投资风险。

长期投资不仅需要投入较多的资金，而且影响的时间长，投入资金的回收和实现投资收益都要经历较长的时间才能完成。在进行长期投资决策时，一方面要对各方案的现金流入量和现金流出量进行预测，正确估算出每年的现金净流量；另一方面要考虑资金的时间价值；还要计算出为取得长期投资所需资金所付出的代价，即资本成本。因此现金净流量、资金时间价值和资金成本是影响长期投资决策的重要因素。

三、长期投资项目评价程序

对任何投资机会的评价都包含以下几个基本步骤：①投资方案的提出；②估算出各投资方案的预期现金流量；③计算项目投资方案的价值指标，如净现值、内含报酬率等；④价值标准与可接受标准比较；⑤对已接受的方案进行再评价。

四、长期投资项目计算期

项目计算期是指投资项目从投资建设开始到最终清理结束的全部时间。项目计算期包括建设期和经营期。项目计算期通常以年为单位，第 1 年年初称为建设起点，建设期的最后 1 年年末称为投产日，项目计算期最后 1 年年末称为终结点，可假定项目最终报废或清理均发生在终结点，从项目投产日到终结点的时间间隔称为经营期。即有：

$$项目计算期=建设期+经营期$$

第二节　现 金 流 量

一、现金流量的概念

在进行长期投资决策时，现金流量是指投资项目所引起的各项现金流入和现金流出的数量。是由于投资项目实施而引起的企业现金收支的增减变动量，它是计算长期投资决策评价指标的主要依据。

二、现金流量的具体内容

现金流量具体可分为现金流入量、现金流出量和现金净流量三个概念。

（一）现金流入量

现金流入量是指由于投资项目实施而引起的现金收入的增加额，简称现金流入。它主要包括：

（1）营业收入。营业收入是指投资项目投产后每年实现的全部营业收入。它是构成经营期内现金流入量的主要内容。为简化核算，假定正常经营年度内，每年发生的赊销额与回收的应收账款大致相等。

（2）固定资产的余值收入。固定资产的余值收入是指投资项目的固定资产在终结报废清理时的残值收入，或中途变价转让时得到的变价收入。

（3）垫支流动资金回收。垫支流动资金回收是指投资项目使用期限终止时，收回与该项目相联系的投放在各种流动资产上的投资。

固定资产的余值收入和收回的垫支流动资金统称为回收额。一般假定回收额在投资项目终结时即经营期最后1年发生。

（二）现金流出量

现金流出量是指由于投资项目实施而引起的现金支出的增加额，简称现金流出。主要包括：

（1）建设投资。建设投资是指在项目建设期间按一定生产经营规模和建设需要进行的投资，具体包括：①固定资产投资，包括房屋、建筑物的造价；设备的买价或建造成本，关税、运输费和安装成本等。②无形资产投资，是指用于取得专利权、专有技术、商标权等无形资产而产生的投资。③开办费投资，是指项目筹建期间所发生的，但不能划归固定资产和无形资产的那部分投资。

建设投资是建设期间发生的主要现金流出量。

（2）垫支的流动资金。垫支的流动资金是指投资项目建成投产后为开展正常经营活动而投放在流动资产项目上的投资，建设投资与垫支的流动资金之和称为项目的原始总投资。原始总投资不论是一次投入还是分次投入的，均假设它们是在建设期内投入的，经营期间不再有新的投资发生。

（3）付现成本。付现成本是指项目投产后生产经营过程中发生的各项用现金支付的成本费用。又称经营成本，它是生产经营期间最主要的现金流出量项目。一般来说，变动成本均为付现成本，固定成本除折旧、摊销以外也均为付现成本。

（4）所得税额。所得税额是指投资项目建成投产后，因应纳税所得额增加而增加的所得税额。

要注意的是只有将企业作为投资主体时才应把所得税列入现金流出量项目，如果将国家作为投资主体就不应把企业所得税列入现金流出量项目。

（三）现金净流量

现金净流量是指投资项目在整个计算期（包括建设期和经营期）内现金流入量和现金流出量的差额，记为 NCF。

为了便于理解和简化现金净流量的计算，通常假设现金净流量是以年为时间单位发生的，并发生于某时点，主要是每年的年初或年末。例如，建设投资在建设期内有关年度的年初发生，垫支的流动资金在建设期的最后 1 年年末即经营期的第 1 年年初发生；经营期内各年的营业收入、付现成本、折旧摊销、利润、所得税等项目的确认均在年末发生；固定资产残值回收和流动资金回收均发生在经营期最后 1 年年末。

现金净流量的计算公式为：

年现金净流量（NCF）＝年现金流入量－年现金流出量

在建设期内只发生现金流出，因此现金净流量一般小于等于零，但在经营期现金净流量一般大于零。

三、现金净流量的计算

长期投资决策中的现金净流量，从时间特征上看包括三个组成部分：初始现金净流量、营业现金净流量和终结现金净流量。

（一）不考虑所得税情况下的现金净流量计算

1. 初始现金净流量的计算

初始现金净流量是指在建设期投资时产生的现金净流量。

某年初始现金净流量＝－该年原始投资额

如建设期不为零时，现金净流量的发生取决于投资额的投入方式是一次性投入还是分次投入。

2. 营业现金净流量的计算

营业现金净流量是指投资项目投产后，在经营期内由于生产经营活动而产生的现金净流量。

某年营业现金净流量＝税前利润＋（折旧＋摊销）＝（营业收入－总成本）＋（折旧＋摊销）
＝营业收入－付现成本

3. 终结现金净流量的计算

终结现金净流量是指投资项目终结时即经营期最后 1 年年末所产生的现金净流量。

某年终结现金净流量＝该年营业现金净流量＋回收额

（二）考虑所得税情况下的现金净流量计算

对企业来说，所得税是一种现金流出，在以企业为主体进行长期投资决策时应在考虑所得税情况下计算年现金净流量。

1. 初始现金净流量的计算

(1) 如果是新建项目,所得税对初始现金净流量没有影响。

某年初始现金净流量=-该年原始投资额

(2) 如果是更新改造项目,固定资产的清理损益就应考虑所得税问题。继续使用旧固定资产的建设期期初现金净流量为:

NCF_0=-(旧固定资产变价净收入+旧固定资产提前报废发生净损失抵税额)

2. 营业现金净流量的计算

在考虑所得税因素之后,经营期的营业现金净流量可按下列方法计算:

某年营业现金净流量=税前利润+(折旧+摊销)-所得税
=税后利润+(折旧+摊销)
=(营业收入-总成本)×(1-所得税税率)+(折旧+摊销)
=(营业收入-付现成本)×(1-所得税税率)+(折旧+摊销)×所得税税率

3. 终结现金净流量的计算

该年现金净流量=该年营业现金净流量+回收额

四、现金净流量的计算举例

(一) 不考虑所得税情况下的现金净流量计算

【例 6-1】 某企业拟购建一项固定资产,需投资 2 000 000 元,按直线法计提折旧,使用寿命 10 年,该设备净残值率为 5%。该项目建设期为 1 年,第 1 年年初投入 1 200 000 元,第 2 年年初投入 800 000 元。预计投产后每年可增加产销量 20 000 件,产品销售单价为 60 元,变动成本率为 60%,全年固定成本总额(包括折旧)为 200 000 元。

要求:确定该投资项目各年的现金净流量。

解:(1) 初始现金净流量计算如下:

NCF_0=-1 200 000(元)

NCF_1=-800 000(元)

(2) 营业现金净流量计算如下:

年折旧额=2 000 000×(1-5%)÷10=190 000(元)

$NCF_{2\sim10}$=60×20 000×(1-60%)-(200 000-190 000)=470 000(元)

(3) 终结现金净流量计算如下:

NCF_{11}=470 000+2 000 000×5%=570 000(元)

【例 6-2】 某项目建设期为 3 年,原始投资总额为 3 000 万元,其中固定资产投资

2 000 万元，建设期第 1、第 2 年年初各投入 1 000 万元；无形资产投资 300 万元，开办费投资 300 万元，均于建设起点投入；流动资金投资 400 万元，于第 4 年年初开始投产时投入。该项目经营期 10 年，固定资产按直线法计提折旧，期满有 100 万元净残值；无形资产于投产后分 5 年平均摊销；开办费于投产当年一次摊销，流动资金在项目终结时可一次全部收回。另外，预计项目投产后，前 3 年每年可获得税前利润 300 万元；后 7 年每年可获得税前利润 350 万元。

要求：计算该项目投资在项目计算期内各年的现金净流量。

解：(1) 初始现金净流量计算如下：

$$NCF_0=-1\,000-300-300=-1\,600(\text{万元})$$

$$NCF_1=-1\,000(\text{万元})$$

$$NCF_2=0(\text{万元})$$

$$NCF_3=-400(\text{万元})$$

(2) 营业现金净流量计算如下：

$$\text{固定资产年折旧额}=(2\,000-100)\div 10=190(\text{万元})$$

$$\text{无形资产年摊销额}=300\div 5=60(\text{万元})$$

$$NCF_4=300+190+60+300=850(\text{万元})$$

$$NCF_{5\sim 6}=300+190+60=550(\text{万元})$$

$$NCF_{7\sim 8}=350+190+60=600(\text{万元})$$

$$NCF_{9\sim 12}=350+190=540(\text{万元})$$

(3) 终结现金净流量计算如下：

$$NCF_{13}=350+190+100+400=1\,040(\text{万元})$$

【例 6-3】 某公司准备更新一台旧设备，出售旧设备可得变价收入 100 000 元，该设备原值 200 000 元，预计净残值 10 000 元，已使用 3 年，还可使用 5 年。购置一台新设备需价款 300 000 元，使用年限为 5 年，预计净残值为 15 000 元。新旧设备均按直线法计提折旧。使用新设备后公司每年营业收入可从 2 000 000 元增加到 3 000 000 元，旧设备每年付现成本 1 000 000 元，新设备前 2 年付现成本 1 600 000 元，后 3 年总成本 1 800 000元。

要求：

(1) 分别计算新旧设备的各年现金净流量。

(2) 计算更新设备的各年差量现金净流量。

解：(1) 继续使用旧设备的各年现金净流量计算如下：

$$NCF_0=-100\,000(\text{元})$$

(将旧设备的变现收入视作继续使用旧设备的代价)

$$NCF_{1\sim4}=2\ 000\ 000-1\ 000\ 000=1\ 000\ 000(\text{元})$$

$$NCF_5=1\ 000\ 000+10\ 000=1\ 010\ 000(\text{元})$$

使用新设备的各年现金净流量计算如下：

$$\text{新设备年折旧额}=(300\ 000-15\ 000)\div5=57\ 000(\text{元})$$

$$NCF_0=-300\ 000(\text{元})$$

$$NCF_{1\sim2}=3\ 000\ 000-1\ 600\ 000=1\ 400\ 000(\text{元})$$

$$NCF_{3\sim4}=3\ 000\ 000-1\ 800\ 000+57\ 000=1\ 257\ 000(\text{元})$$

$$NCF_5=1\ 257\ 000+15\ 000=1\ 272\ 000(\text{元})$$

(2) 更新方案的各年差量现金净流量

$$\Delta NCF_0=-300\ 000-(-100\ 000)=-200\ 000(\text{元})$$

$$\Delta NCF_{1\sim2}=1\ 400\ 000-1\ 000\ 000=400\ 000(\text{元})$$

$$\Delta NCF_{3\sim4}=1\ 257\ 000-1\ 000\ 000=257\ 000(\text{元})$$

$$\Delta NCF_5=1\ 272\ 000-1\ 010\ 000=262\ 000(\text{元})$$

(二) 考虑所得税情况下的现金净流量计算

【例 6-4】 接[例 6-1],增加条件:该公司所得税税率为 25%,其他条件均不变。

要求:计算该投资项目各年的现金净流量。

解:(1) 初始现金净流量计算如下：

$$NCF_0=-1\ 200\ 000(\text{元})$$

$$NCF_1=-800\ 000(\text{元})$$

(2) 营业现金净流量计算如下：

$$NCF_{2\sim10}=[60\times20\ 000\times(1-60\%)-200\ 000]\times(1-25\%)+190\ 000=400\ 000(\text{元})$$

或 $$NCF_{2\sim10}=[60\times20\ 000\times(1-60\%)-(200\ 000-190\ 000)]\times(1-25\%)+190\ 000\times25\%=400\ 000(\text{元})$$

(3) 终结现金净流量计算如下：

$$NCF_{11}=400\ 000+2\ 000\ 000\times5\%=500\ 000(\text{元})$$

【例 6-5】 接[例 6-2],增加条件:该公司所得税税率为 25%,其他条件均不变。

要求:计算该投资项目各年的现金净流量。

解:(1) 初始现金净流量计算如下：

$$NCF_0=-1\ 000-300-300=-1\ 600(\text{万元})$$

$$NCF_1=-1\ 000(\text{万元})$$

$$NCF_2=0(\text{万元})$$

$$NCF_3=-400(\text{万元})$$

（2）营业现金净流量计算如下：

$$NCF_4 = 300\times(1-25\%)+190+60+300=775(\text{万元})$$
$$NCF_{5\sim6} = 300\times(1-25\%)+190+60=475(\text{万元})$$
$$NCF_{7\sim8} = 350\times(1-25\%)+190+60=512.5(\text{万元})$$
$$NCF_{9\sim12} = 350\times(1-25\%)+190=452.5(\text{万元})$$

（3）终结现金净流量计算如下：

$$NCF_{13} = 350\times(1-30\%)+190+100+400=952.5(\text{万元})$$

【例 6-6】 接[例 6-3]，增加条件：该公司所得税税率为 25%，其他条件均不变。

要求：

（1）分别计算使用新旧设备各年的现金净流量。

（2）计算更新设备的各年差量现金净流量。

解：（1）继续使用旧设备的各年现金净流量：

$$\text{旧设备年折旧额}=(200\,000-10\,000)\div 8=23\,750(\text{元})$$
$$\text{旧设备账面价值}=200\,000-23\,750\times 3=128\,750(\text{元})$$
$$\text{旧设备变现损失}=128\,750-100\,000=28\,750(\text{元})$$

旧设备变现损失应记入“营业外支出”账户，减少了税前利润，起到抵所得税的作用。

$$\text{旧设备变现损失抵所得税额}=28\,750\times 25\%=7\,187.5(\text{元})$$

所以

$$NCF_0 = -[100\,000+(128\,750-100\,000)\times 25\%]=-107\,187.5(\text{元})$$
$$NCF_{1\sim4} = (2\,000\,000-1\,000\,000)\times(1-25\%)+23\,750\times 25\%=755\,937.5(\text{元})$$
$$NCF_5 = 755\,937.5+10\,000=765\,937.5(\text{元})$$

使用新设备的各年现金净流量：

$$NCF_0 = -300\,000(\text{元})$$
$$NCF_{1\sim2} = (3\,000\,000-1\,600\,000)\times(1-25\%)+57\,000\times 25\%=1\,064\,250(\text{元})$$
$$NCF_{3\sim4} = (3\,000\,000-1\,800\,000)\times(1-25\%)+57\,000=957\,000(\text{元})$$
$$NCF_5 = 957\,000+15\,000=972\,000(\text{元})$$

（2）更新方案的各年差量现金净流量：

$$\Delta NCF_0 = -300\,000-(-107\,187.5)=-192\,812.5(\text{元})$$
$$\Delta NCF_{1\sim2} = 1\,064\,250-755\,937.5=308\,312.5(\text{元})$$
$$\Delta NCF_{3\sim4} = 957\,000-755\,937.5=201\,062.5(\text{元})$$
$$NCF_5 = 972\,000-765\,937.5=206\,062.5(\text{元})$$

第三节 长期投资决策的评价指标

长期投资决策的评价指标可以分成两大类：一类是静态评价指标也称非贴现指标，这类指标不考虑资金时间价值，主要包括投资利润率、静态投资回收期等。另一类是动态评价指标也称贴现指标，这类指标考虑资金时间价值，主要包括净现值、净现值率、获利指数、内含报酬率等。

一、静态评价指标

（一）投资利润率

投资利润率又称投资报酬率，是指投资方案的年平均利润额与投资总额的比率，记为ROI(Return On Investment)。投资利润率从会计收益角度反映投资项目的获利能力，即投资1年能给企业带来的平均利润是多少。利用投资利润率进行投资决策时将方案的投资利润率与预先确定的基准投资利润率(或企业要求的最低投资利润率)进行比较：若方案的投资利润率大于或等于基准投资利润率时，方案可行；若方案的投资利润率小于基准投资利润率时，方案不可行。一般来说，投资利润率越高，表明投资效益越好；投资利润率越低，表明投资效益越差。

投资利润率的计算公式为：

$$投资利润率=\frac{年平均利润额}{投资总额}\times 100\%$$

【例 6-7】 某企业有A、B两个投资方案，投资总额均为200万元，全部用于购置固定资产，直线法折旧，使用期均为4年，不计残值，该企业要求的最低投资利润率为10%，其他有关资料如表6-1所示：

表 6-1 **A、B 投资方案相关资料表** 单位：万元

年 序	A 方 案		B 方 案	
	利润	现金净流量(*NCF*)	利润	现金净流量(*NCF*)
0		−200		−200
1	36	86	25	75
2	36	86	27	77
3	36	86	35	85
4	36	86	37	87
合 计	144	144	124	124

要求：计算 A、B 两方案的投资利润率。

$$解：A 方案的投资利润率=\frac{36}{200}\times100\%=18\%$$

$$B 方案的投资利润率=\frac{124/4}{200}\times100\%=15.5\%$$

从计算结果可以看出，A、B 方案的投资利润率均大于基准投资利润率 10%，A、B 方案均为可行方案，且 A 方案的投资利润率比 B 方案的投资利润率高出 2.5%，故 A 方案优于 B 方案。

投资利润率的优点主要是计算简单，易于理解。其缺点主要是：①没有考虑资金时间价值；②没有直接利用现金净流量信息；③计算公式的分子是时期指标，分母是时点指标，缺乏可比性。基于这些缺点，投资利润率不宜作为投资决策的主要依据，一般只适用于方案的初选，或者投资后各项目间经济效益的比较。

（二）静态投资回收期

静态投资回收期是指以投资项目营业现金净流量抵偿原始总投资所需要的全部时间，通常以年来表示，记为 PP。投资决策时将方案的投资回收期与预先确定的基准投资回收期（或决策者期望的投资回收期）进行比较，若方案的投资回收期小于基准投资回收期，方案可行；若方案的投资回收期大于基准投资回收期，方案不可行。一般来说，投资回收期越短，表明该投资方案的投资效果越好，则该项投资在未来时期所冒的风险越小。它的计算可分为两种情况。

1. 经营期年现金净流量相等

经营期年现金净流量相等时，静态投资回收期计算公式为：

$$静态投资回收期=\frac{原始总投资}{年现金净流量}$$

【例 6-8】 根据[例 6-7]资料。

要求：计算 A 方案的静态投资回收期。

$$解：A 方案静态投资回收期=\frac{|-200|}{86}=2.33（年）$$

2. 经营期年现金净流量不相等

经营期年现金净流量不相等时，则需计算逐年累计的现金净流量，然后用插入法计算出静态投资回收期。

【例 6-9】 根据[例 6-7]资料。

要求：计算 B 方案的静态投资回收期。

解：列表计算现金净流量和累计现金净流量如表 6-2 所示。

表 6-2　　现金净流量和累计现金净流量计算表　　单位:万元

项目计算期	B 方案	
	现金净流量(NCF)	累计现金净流量
0	−200	−200
1	75	−125
2	77	−48
3	85	37
4	87	124

从表 6-2 可得出,B 方案第 2 年年末累计现金净流量为−48 万元,表明第 2 年年末未回收额已经小于第 3 年的可回收额 85 万元,静态投资回收期在第 2 年与第 3 年之间,用插入法可计算出:

$$\text{B方案静态投资回收期}=2+\frac{|-48|}{85}=2.56(\text{年})$$

A 方案的静态投资回收期小于 B 方案静态投资回收期,所以 A 方案优于 B 方案。

静态投资回收期的优点主要是简单易算,并且静态投资回收期的长短也是衡量项目风险的一种标志,所以在实务中被广泛使用。其缺点主要是:①没有考虑资金时间价值;②仅考虑了回收期以前的现金流量,没有考虑回收期以后的现金流量,而有些长期投资项目在中后期才能得到较为丰厚的收益,投资回收期不能反映其整体的盈利性。

二、动态评价指标

(一) 净现值

净现值是指在项目计算期内,按行业基准收益率或投资者设定的贴现率计算的各年现金净流量现值的代数和,记为 NPV。净现值的基本计算公式为:

$$NPV=\sum_{t=0}^{n}\frac{NCF_t}{(1+i)^t}=\sum_{t=0}^{n}NCF_t\times(P/F,\ i,\ t)$$

式中 n——项目计算期(包括建设期与经营期);

NCF_t——第 t 年的现金净流量;

i——行业基准收益率或投资者设定的贴现率;

$(P/F,\ i,\ t)$——第 t 年、贴现率为 i 的复利现值系数。

显然,净现值也可表示为投资方案的现金流入量总现值减去现金流出量总现值的差额,也就是一项投资的未来现金净流量的总现值与原始总投资现值的差额。若前者大于或等于后者,即净现值大于等于零,投资方案可行;若后者大于前者,即净现值小于零,投资方案不可行。

(1) 经营期内各年现金净流量相等,建设期为零时净现值的计算公式为:

净现值=经营期每年相等的现金净流量×年金现值系数−原始总投资现值

【例 6-10】 根据[例 6-7]资料，假定行业基准收益率为 10%。

要求：计算该投资方案 A 的净现值。

解：$NPV=86\times(P/A,10\%,4)-200=86\times3.1699-200=72.6114$(万元)

(2) 经营期内各年现金净流量不相等时净现值的基本计算公式为：

$$净现值=\sum(经营期各年的现金净流量\times各年现金现值系数)-原始总投资现值$$

【例 6-11】 根据[例 6-7]资料，仍假定行业基准收益率为 10%。

要求：计算该投资 B 方案的净现值。

解：$NPV=75\times(P/F,10\%,1)+77\times(P/F,10\%,2)+85\times(P/F,10\%,3)+87\times(P/F,10\%,4)-200$

$=75\times0.9091+77\times0.8264+85\times0.7513+87\times0.6830-200$

$=55.0968$(万元)

A 方案的净现值比 B 方案大，所以 A 方案优于 B 方案。

【例 6-12】 某企业准备引进先进设备与技术，有关资料如下：

(1) 设备总价 620 万元，第 1 年年初支付 400 万元，第 2 年年初支付 220 万元，第 2 年年初投入生产，使用期限为 6 年，预计净残值 50 万元，直线法折旧。

(2) 预计技术转让费共 360 万元，第 1、第 2 年年初各支付 150 万元，其余的在第 3 年年初付清。

(3) 预计经营期第 1 年税后利润为 100 万元，第 2 年的税后利润为 150 万元，第 3 年的税后利润为 180 万元，第 4、第 5、第 6 年的税后利润均为 200 万元。

(4) 经营期初投入流动资金 200 万元。

要求：按 12%的贴现率计算该项目的净现值，并作出评价。

解：年折旧额=(620−50)÷6=95(万元)

年摊销额=360÷6=60(万元)

表 6-3　　**现金流量计算表**　　单位：万元

年　序	0	1	2	3	4	5	6	7
购买设备	−400	−220						
无形资产投资	−150	−150	−60					
流动资产投资		−200						
税后利润			100	150	180	200	200	200
折旧			95	95	95	95	95	95
无形资产摊销			60	60	60	60	60	60
残值回收								50
流动资产回收								200
现金净流量(*NCF*)	−550	−570	195	305	335	355	355	605
折现系数(12%)	1	0.8929	0.7972	0.7118	0.6355	0.5674	0.5066	0.4523

$$NPV = -550 + (-570) \times 0.8929 + 195 \times 0.7972 + 305 \times 0.7118 + 335 \times 0.6355 + 355 \times 0.5674 + 355 \times 0.5066 + 605 \times 0.4523 = 181.404\text{(万元)}$$

该项目的净现值大于零，方案可行。

使用净现值指标进行投资方案评价时，贴现率的选择相当重要，会直接影响评价的正确性。通常情况下，可以企业筹资的资金成本率或企业要求的最低投资利润率来确定。

净现值是长期投资决策评价指标中最重要的指标之一。其优点在于：①充分考虑了货币时间价值，能较合理地反映投资项目的真正经济价值；②考虑了项目计算期的全部现金净流量；体现了流动性与收益性的统一；③考虑了投资风险价值，贴现率选择应与风险大小有关，风险越大，贴现率就可选得越高。但是该指标的缺点也是明显的：①净现值是一个绝对值指标，无法直接反映投资项目的实际投资收益率水平；当各项目投资额不同时，难以确定投资方案的好坏。②贴现率的选择比较困难，很难有一个统一标准。

（二）净现值率

净现值率是指投资项目的净现值与原始总投资现值之和的绝对值的比率。记为 $NPVR$，净现值率的基本计算公式为：

$$\text{净现值率} = \frac{\text{净现值}}{\text{原始总投资现值之和的绝对值}} = \frac{NPV}{\left|\sum_{t=0}^{s}[NCF_t(1+i)^{-t}]\right|}$$

净现值率反映每元原始投资的现值未来可以获得的净现值有多少。净现值率大于或等于零，投资方案可行；净现值率小于零，投资方案不可行。净现值率可用于投资额不同的多个方案之间的比较，净现值率最高的投资方案应优先考虑。

【例 6-13】 根据[例 6-10]、[例 6-11]计算净现值的数据。

要求：计算 A、B 两方案的净现值率并加以比较。

解：

$$NPVR_A = \frac{72.6114}{200} = 36.31\%$$

$$NPVR_B = \frac{55.0968}{200} = 27.55\%$$

A 方案的净现值率比 B 方案高，所以 A 方案优于 B 方案。

【例 6-14】 根据[例 6-12]的资料，计算投资方案的净现值率。

$$NPVR = \frac{181.404}{|-550 + (-570) \times 0.8929 + (-60) \times 0.7972|} = 16.39\%$$

净现值率这个贴现的相对数评价指标的优点在于，可以从动态的角度反映投资方案的资金投入与净产出之间的关系，反映了投资的效率，使投资额不同的项目具有可比性。

（三）现值指数

现值指数又称获利指数，是指项目投产后按一定贴现率计算的经营期内各年现金净流量现值之和与原始总投资现值之和的比率，记为 PI。现值指数计算公式为：

$$现值指数=\frac{经营期各年现金净流量现值之和}{原始总投资现值之和}=1+净现值率$$

现值指数反映每元原始投资的现值未来可以获得报酬的现值有多少。现值指数大于或等于 1，投资方案可行；现值指数小于 1，投资方案不可行。现值指数可用于投资额不同的多个相互独立方案之间的比较，现值指数最高的投资方案应优先考虑。

【例 6-15】 根据[例 6-10]、[例 6-11]的数据。

要求：计算 A、B 两方案的现值指数并加以比较。

解：

$$PI_A=\frac{200+72.6114}{200}=1.3631$$

$$PI_B=\frac{200+55.0968}{200}=1.2755$$

A 方案的现值指数比 B 方案高，所以 A 方案优于 B 方案。

【例 6-16】 根据[例 6-12]的资料，计算投资方案的现值指数。

$$PI=\frac{550+570\times0.8929+60\times0.7972+181.404}{|-550+(-570)\times0.8929+(-60)\times0.7972|}=1.1639$$

现值指数同样是贴现的相对数评价指标，可以从动态的角度反映投资方案的资金投入与总产出之间的关系，同样反映了投资的效率，能使投资额不同的项目具有可比性。

（四）内含报酬率

内含报酬率又称内部收益率，是指投资方案在项目计算期内各年现金净流量现值之和等于零时的贴现率，或者说能使投资方案净现值为零时的贴现率，记为 IRR。显然，内含报酬率 IRR 应满足以下等式：

$$\sum_{t=0}^{n}NCF_t\times(P/F,\ IRR,\ t)=0$$

从上式可以看出，根据方案整个计算期的现金净流量就可计算出内含报酬率，它是方案的实际收益率。利用内含报酬率对单一方案进行决策时，只要将计算出的内含报酬率与企业的预期报酬率或资金成本率加以比较，若前者大于后者，方案可行；若前者小于后者，方案不可行。如果利用内含报酬率对多个方案进行选优时，在方案可行的条件下，内含报酬率最高的方案是最优方案。计算内含报酬率的过程，就是寻求使净现值等于零的贴现率的过程，根据投资方案各年现金净流量的情况不同，可以按以下两种方式进行计算。

1. 简单计算法

如投资方案建设期为零，全部投资均于建设起点一次投入，而且经营期内各年现金净流量为普通年金的形式,可用简单计算法计算内含报酬率。

假设建设起点一次投资额为 A_0,每年现金净流量为 A,则有:

$$A \cdot (P/A,\ IRR,\ n) - A_0 = 0$$

$$(P/A,\ IRR,\ n) = \frac{A_0}{A}$$

然后,通过查年金现值系数表,用线性插值方法计算出内含报酬率。

【例 6-17】 根据[例 6-7]的资料。

要求:计算 A 方案的内含报酬率。

解:A 方案的建设期为零,全部投资 200 万元在第 1 年年初一次投入,经营期 4 年内各年现金净流量均为 86 万元。

$$86 \times (P/A,\ IRR,\ 4) - 200 = 0$$

$$(P/A,\ IRR,\ 4) = \frac{200}{86} = 2.325\ 6$$

查年金现值系数表,在 $n=4$ 这一行中,查到最接近 2. 325 6 的两个值,一个是大于 2. 325 6 的 2. 404 3,其对应的贴现率为 24%;另一个是小于 2. 325 6 的 2. 241 0,其对应的贴现率为 28%。*IRR* 应位于 24%与 28%之间,如图 6-1 所示。

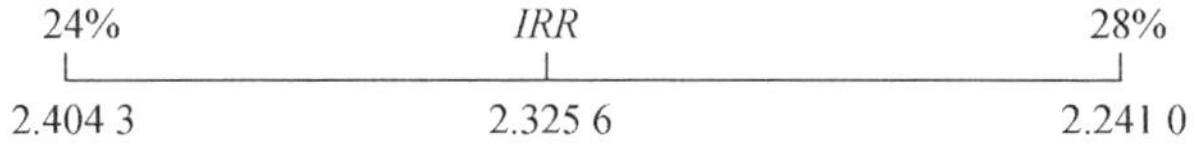

图 6-1 线性插值示意图

利用线性插值法得到:

$$\frac{IRR - 24\%}{28\% - 24\%} = \frac{2.325\ 6 - 2.404\ 3}{2.241\ 0 - 2.404\ 3}$$

$$IRR = 24\% + \frac{2.404\ 3 - 2.325\ 6}{2.404\ 3 - 2.241\ 0} \times (28\% - 24\%) = 25.93\%$$

2. 一般计算法

若建设期不为零,原始投资额是在建设期内分次投入或投资方案在经营期内各年现金净流量不相等,无法应用上述的简单方法,则应采用逐次测试法,并结合线性插值法计算内含报酬率,其计算步骤如下:

(1) 估计一个贴现率,用它来计算净现值。如果净现值为正数,说明方案的实际内含报酬率大于预计的贴现率,应提高贴现率再进一步测试;如果净现值为负数,说明方案本身的报酬率小于估计的贴现率,应降低贴现率再进行测算。反复测试,直到寻找出贴现率 i_1 和 i_2,i_1 小于 i_2,以 i_1 为贴现率计算的净现值 NPV_1 大于 0 且最接近零;以 i_2 为贴现率计算的净现值 NPV_2 小于 0 且最接近零。

(2) 用线性插值法求出该方案的内含报酬率 IRR。如图 6-2 所示。

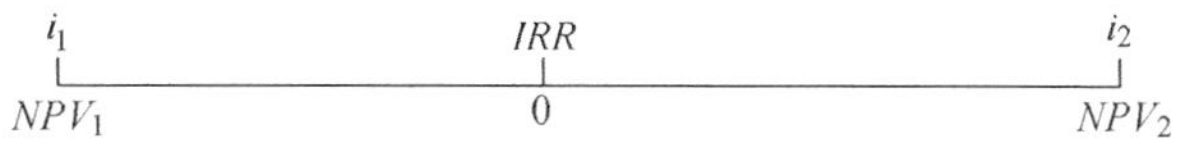

图 6-2　线性插值示意图

根据各指标之间的关系,即可得到计算内含报酬率的一般公式:

$$IRR = i_1 + \frac{NPV_1}{NPV_1 - NPV_2} \times (i_2 - i_1)$$

【例 6-18】　根据[例 6-7]的资料。

要求:计算 B 方案的内含报酬率。

解:第一次测试,取贴现率 10%:

$$NPV = 75 \times (P/F,\ 10\%,\ 1) + 77 \times (P/F,\ 10\%,\ 2) + 85 \times (P/F,\ 10\%,\ 3) + 87 \times (P/F,\ 10\%,\ 4) - 200 = 55.0968(\text{万元})$$

NPV 的值高出 0 较多,说明低估了贴现率。

第二次测试,取贴现率 18%:

$$NPV = 75 \times (P/F,\ 18\%,\ 1) + 77 \times (P/F,\ 18\%,\ 2) + 85 \times (P/F,\ 18\%,\ 3) + 87 \times (P/F,\ 18\%,\ 4) - 200 = 15.4695(\text{万元})$$

说明仍然低估了贴现率。

第三次测试,取贴现率 20%:

$$NPV = 75 \times (P/F,\ 20\%,\ 1) + 77 \times (P/F,\ 20\%,\ 2) + 85 \times (P/F,\ 20\%,\ 3) + 87 \times (P/F,\ 20\%,\ 4) - 200 = 7.1159(\text{万元})$$

第四次测试,取贴现率 24%:(由于篇幅的原因,附表中未列 22%,所以选取 24%)

$$NPV = 75 \times (P/F,\ 24\%,\ 1) + 77 \times (P/F,\ 24\%,\ 2) + 85 \times (P/F,\ 24\%,\ 3) + 87 \times (P/F,\ 24\%,\ 4) - 200 = -8.0482(\text{万元})$$

根据以上计算,得到 $i_1 = 20\%$、$NPV_1 = 7.1159$ 万元、$i_2 = 24\%$、$NPV_2 = -8.0482$ 万元,B 方案的内含报酬率为:

$$IRR = 20\% + \frac{7.1159}{7.1159 - (-8.0482)} \times (24\% - 20\%) = 21.88\%$$

【例 6-19】　根据[例 6-12]的资料。

要求:计算该项目的内含报酬率。

解:从[例 6-12]得知:当贴现率为 12%时,净现值为 181.404 万元。应较大幅度地提高贴现率,取 $i = 18\%$ 时 $NPV = -58.038$ 万元,再缩小贴现率,取 $i = 16\%$ 时 $NPV =$

12.753万元，测试过程也可列表完成，如表6-4所示。

表6-4　　内含报酬率测试计算表　　单位：万元

年份	现金净流量（NCF）	贴现率＝16%		贴现率＝18%	
		现值系数	现值	现值系数	现值
0	－550	1	－550	1	－550
1	－570	0.862 1	－491.397 0	0.847 5	－483.075 0
2	195	0.743 2	144.924 0	0.718 2	140.049 0
3	305	0.640 7	195.413 5	0.608 6	185.623 0
4	335	0.552 3	185.020 5	0.515 8	172.793 0
5	355	0.476 2	169.051 0	0.437 1	155.170 5
6	355	0.410 4	145.692 0	0.370 4	131.492 0
7	605	0.353 8	214.049 0	0.313 9	189.909 5
净现值			12.753 0		－58.038 0

$$IRR=18\%+\frac{12.753}{12.753-(-58.038)}\times(18\%-16\%)=18.36\%$$

内含报酬率也是长期投资决策评价指标中最重要的指标之一。它的优点是在考虑货币时间价值基础上，直接反映投资项目的实际收益率水平，而且不受决策者设定的贴现率高低的影响，比较客观。其缺点主要是，如果投资方案在经营期现金净流量不是持续地大于零，而是出现间隔若干年就会有1年现金净流量小于零，就可能计算出若干个内含报酬率。在这种情况下，只能结合其他指标或凭经验加以判断。

第四节　长期投资决策评价指标的运用

正确地计算主要评价指标的目的，是为了在进行长期投资方案的对比与选优中发挥作用。为正确地进行方案的对比与选优，要从不同的投资方案之间的关系出发，将投资方案区分为独立方案和互斥方案两大类。独立方案是指一组相互分离、互不排斥的方案，选择其中一方案并不排斥选择另一方案。例如，新建办公楼、购置生产设备是相互独立的方案。互斥方案是指一组相互关联、相互排斥的方案，选择其中一方案，就会排斥其他方案。例如，假设进口设备和国产设备的使用价值相同，都可用来生产同样的产品，选择购置进口设备就不能选择购置国产设备，选择购置国产设备就不能选择购置进口设备，所以这两个方案是互斥方案。

一、独立方案的可行性评价

若某一独立方案的动态评价指标满足以下条件：

$$NPV \geqslant 0,\ NPVR \geqslant 0,\ PI \geqslant 1,\ IRR \geqslant i_m$$

则项目具有财务可行性;反之,则不具备财务可行性。其中 i_m 为基准贴现率(即预期报酬率或资金成本率)。

要注意的是:利用以上 4 个动态评价指标对同一个投资方案的财务可行性进行评价时,得出的结论完全相同,不会产生矛盾。如果静态评价指标的评价结果与动态评价指标产生矛盾时,应以动态评价指标的结论为准。

【例 6-20】 假定某公司计划年度购置设备一台,购置成本为 120 000 元,该设备预计可使用 6 年,使用期满有净残值 6 000 元,按直线法折旧。使用后每年可增加营业收入 95 000 元,同时增加总成本 62 500 元,所得税税率为 25%,若该公司的基准贴现率为 10%,决策者期望投资利润率为 9.5%,期望静态投资回收期为 2.5 年。

要求:

(1) 计算投资利润率。

(2) 计算静态投资回收期。

(3) 计算净现值。

(4) 计算净现值率。

(5) 计算现值指数。

(6) 计算内含报酬率。并对上述设备购置方案是否可行作出评价。

解:

$$\text{年折旧额}=\frac{120\ 000-6\ 000}{6}=19\ 000(\text{元})$$

$$NCF_0=-120\ 000(\text{元})$$

$$NCF_{1\sim5}=(95\ 000-62\ 500)\times(1-25\%)+19\ 000=43\ 375(\text{元})$$

$$NCF_6=(95\ 000-62\ 500)\times(1-25\%)+19\ 000+6\ 000=49\ 375(\text{元})$$

(1) $\text{投资利润率}(ROI)=\dfrac{(95\ 000-62\ 500)\times(1-25\%)}{120\ 000}=20.31\%>9.5\%$ (期望投资利润率)

(2)

表 6-5　　累计现金净流量计算表　　单位:元

年　序	0	1	2	3	4	5	6
现金净流量	−120 000	43 375	43 375	43 375	43 375	43 375	49 375
累计现金净流量	−120 000	−76 625	−33 250	10 125			

$$\text{静态投资回收期}(PP)=2+\frac{|-33\ 250|}{43\ 375}=2.77(\text{年})>2.5(\text{年})\ (\text{期望静态投资回收期})$$

(3) $NPV=43\ 375\times(P/A,\ 10\%,\ 6)+6\ 000\times(P/F,\ 10\%,\ 6)-120\ 000=72\ 298.14(\text{元})>0$

(4) $NPVR=\dfrac{72\ 298.14}{120\ 000}=60.25\%>0$

(5) $PI=1+NPVR=1+60.25\%=1.602\ 5>1$

(6) 根据(3)，贴现率 $i=10\%$ 时 $NPV=72\,298.14$ 元，应较大幅度地增加贴现率。

选取贴现率 $i=28\%$：

$$NPV=43\,375\times(P/A,\ 28\%,\ 6)+6\,000\times(P/F,\ 28\%,\ 6)-120\,000=1\,053.38(\text{元})$$

选取贴现率 $i=32\%$：

$$NPV=43\,375\times(P/A,\ 32\%,\ 6)+6\,000\times(P/F,\ 32\%,\ 6)-120\,000=-8\,945.08(\text{元})$$

$$IRR=28\%+\frac{1\,053.38}{1\,053.38-(-8\,945.08)}\times(32\%-28\%)=28.42\%>10\%\ (\text{基准贴现率})$$

根据以上的计算结果，该方案的各项动态评价指标和投资利润率指标均达到方案可行的标准，只是静态投资回收期略显长，有一定的风险，所以总体上来讲，该方案值得投资。

二、多个互斥方案的对比和选优

多个互斥方案对比和选优的过程，就是在每一个入选的投资方案已具备财务可行性的前提下，利用评价指标从各个备选方案中最终选出一个最优方案的过程。在各种不同的情况下，将选择某一特定评价指标作为决策标准或依据，从而形成净现值法、净现值率法、差额净现值法、差额内含报酬率法、年等额净现值法等具体方法。

(一) 多个互斥方案原始投资额相等的情况

在对原始投资额相等并且计算期也相等的多个互斥方案进行评价时，可采用净现值法；计算期不相等时可采用净现值率法，即通过比较所有投资方案的净现值或净现值率指标的大小来选择较优方案，净现值或净现值率最大的方案为较优方案。

【例 6-21】 某企业计划使用 5 年的固定资产投资项目需要原始投资额 220 000 元。现有 A、B 两个互斥方案可供选择。采用 A 方案，每年现金净流量分别为 60 000 元、70 000 元、80 000 元、90 000 元和 100 000 元。采用 B 方案，每年现金净流量均为 85 000 元。贴现率为 10%，要求：计算分析该企业应选择哪一个方案。

解：$NPV_A=60\,000\times(P/F,\ 10\%,\ 1)+70\,000\times(P/F,\ 10\%,\ 2)+80\,000\times(P/F,\ 10\%,\ 3)+90\,000\times(P/F,\ 10\%,\ 4)+100\,000\times(P/F,\ 10\%,\ 5)-220\,000=76\,058(\text{元})$

$NPV_B=85\,000\times(P/A,\ 10\%,\ 5)-220\,000=102\,218(\text{元})$

B 方案的净现值大于 A 方案的净现值，应选择 B 方案。

(二) 多个互斥方案原始投资额不相等，但项目计算期相等的情况

在对原始投资额不相等但计算期相等的多个互斥方案进行评价时，可采用差额净现值法(记作 ΔNPV)或差额内含报酬率法(记作 ΔIRR)，是指在两个原始投资总额不同方案的差量现金净流量(记作 ΔNCF)的基础上，计算出差额净现值或差额内含报酬率，并以此作出判断的方法。

在一般情况下，差量现金净流量等于原始投资额大方案的现金净流量减原始投资额小方案的现金净流量，当 $\Delta NPV\geqslant 0$ 或 $\Delta IRR\geqslant i_m$(基准贴现率)时，原始投资额大的方案

较优；反之，则原始投资额小的方案较优。差额净现值 ΔNPV 和差额内含报酬率 ΔIRR 的计算过程与依据 NCF 计算净现值 NPV 和内含报酬率 IRR 的过程完全一样，只是所依据的是 ΔNCF。

【例 6-22】 某公司拟投资一项目，现有甲、乙两个方案可供选择，甲方案原始投资为 200 万元，期初一次投入，第 1 年至第 9 年的现金净流量为 38.6 万元，第 10 年的现金净流量为 52.4 万元。乙方案原始投资为 152 万元，期初一次投入，第 1 年至第 9 年的现金净流量为 29.8 万元，第 10 年的现金净流量为 40.8 万元。基准贴现率为 10%。

要求：(1) 计算两个方案的差额现金净流量。

(2) 计算两个方案的差额净现值。

(3) 计算两个方案的差额内含报酬率。

(4) 作出决策应采用哪个方案。

解：(1) $\Delta NCF_0 = -200-(-152) = -48$(万元)

$\Delta NCF_{1\sim9} = 38.6-29.8 = 8.8$(万元)

$\Delta NCF_{10} = 52.4-40.8 = 11.6$(万元)

(2) $\Delta NPV = 8.8\times(P/A, 10\%, 9)+11.6\times(P/F, 10\%, 10)-48$
$= 8.8\times5.759+11.6\times0.3855-48 = 7.1510$(万元)

(3) 首先，取 $i=12\%$，测算 ΔNPV。

$$\begin{aligned}\Delta NPV &= 8.8\times(P/A, 12\%, 9)+11.6\times(P/F, 12\%, 10)-48\\ &= 8.8\times5.3282+11.6\times0.3220-48 = 2.6234(\text{万元})\end{aligned}$$

其次，再取 $i=14\%$，测算 ΔNPV。

$$\begin{aligned}\Delta NPV &= 8.8\times(P/A, 14\%, 9)+11.6\times(P/F, 14\%, 10)-48\\ &= 8.8\times4.9464+11.6\times0.2697-48 = -1.3432(\text{万元})\end{aligned}$$

最后，用插入法计算 ΔIRR。

$$\begin{aligned}\Delta IRR &= 12\%+\frac{2.6234}{2.6234-(-1.3432)}\times(14\%-12\%)\\ &= 13.32\% > \text{贴现率 } 10\%\end{aligned}$$

(4) 计算结果表明，差额净现值为 7.1510 万元大于零；差额内含报酬率为 13.32% 大于基准贴现率 10%，应选择甲方案。

【例 6-23】 某公司于 3 年前购置一台价值为 535 000 元的设备，目前尚可使用 5 年，采用直线法折旧，预计期满有残值 35 000 元。现有更先进的同类设备售价 450 000 元，使用期限为 5 年，采用直线法折旧，预计期满有残值 50 000 元，使用新设备可使每年销售收入增加 300 000 元，付现变动成本每年增加 230 000 元，除折旧以外的固定成本不变，目前旧设备变现收入 200 000 元，假设基准贴现率为 12%，所得税税率为 25%。

要求：计算售旧购新方案的差额内含报酬率，并作出是否要售旧购新的决策。

解：

旧设备年折旧额＝(535 000－35 000)÷8＝62 500(元)

新设备年折旧额＝(450 000－50 000)÷5＝80 000(元)

旧设备账面价值＝535 000－62 500×3＝347 500(元)

旧设备变现损失抵税额＝(347 500－200 000)×25%＝36 875(元)

ΔNCF_0＝－450 000－(－200 000－36 875)＝－213 125(元)

$\Delta NCF_{1\sim4}$＝(300 000－230 000)×(1－25%)＋(80 000－62 500)×25%＝56 875(元)

ΔNCF_5＝56 875＋(50 000－35 000)＝71 875(元)

ΔNPV＝56 875×$(P/A, 12\%, 4)$＋71 875×$(P/F, 12\%, 5)$－213 125＝403.31(元)

再取贴现率为14%，预算ΔNPV。

ΔNPV＝56 875×$(P/A, 14\%, 4)$＋71 875×$(P/F, 14\%, 5)$－213 125＝－9 871.69(元)

$$\Delta IRR=12\%+\frac{403.31}{403.31-(-9\,871.69)}\times(14\%-12\%)=12.08\%>12\%$$

由于ΔIRR大于基准贴现率12%，所以售旧购新方案可行。

（三）多个互斥方案的原始投资额不相等，项目计算期也不相同的情况

1. 年等额净现值法

在对原始投资额不相等，特别是计算期也不相同的多个互斥方案进行评价时，可采用年等额净现值法，即分别将所有投资方案的净现值平均分摊到每一年，得到每一方案的年等额净现值指标，通过比较年等额净现值指标的大小来选择最优方案。在此法下，年等额净现值最大的方案为最优方案。

年等额净现值法的计算步骤如下：

(1) 计算各方案的净现值NPV。(应排除$NPV<0$的不可行方案)

(2) 计算各方案的年等额净现值，假设贴现率为i，项目计算期为n，则：

$$\text{年等额净现值}\ A=\frac{\text{净现值}}{\text{年金现值系数}}=\frac{NPV}{(P/A, i, n)}$$

【例6-24】 某公司有三项互斥的投资方案，其现金净流量如表6-6所示。

表6-6　投资方案现金净流量资料　单位：万元

年序	0	1	2	3	4	5	6	7	8
A方案	－100	40	45	50					
B方案	－120	35	35	35	35	45			
C方案	－150				60	60	60	60	60

公司的贴现率为10%。

要求：

(1) 分别判断以上方案的财务可行性。

(2) 用年等额净现值法作出投资决策。

解:(1) $NPV_A = 40\times(P/F, 10\%, 1) + 45\times(P/F, 10\%, 2) + 50\times(P/F, 10\%, 3) - 100$

$= 40\times0.9091 + 45\times0.8264 + 50\times0.7513 - 100 = 11.117$(万元)$>0$

$NPV_B = 35\times(P/A, 10\%, 4) + 45\times(P/F, 10\%, 5) - 120$

$= 35\times3.1699 + 45\times0.6209 - 120 = 18.887$(万元)$>0$

$NPV_C = 60\times(P/A, 10\%, 5)\times(P/F, 10\%, 3) - 150 = 20.8817$(万元)$>0$

A、B、C 三方案均可行。

(2) A 方案的年等额净现值$=\dfrac{11.117}{(P/A, 10\%, 3)}=\dfrac{11.117}{2.4869}=4.4702$(万元)

B 方案的年等额净现值$=\dfrac{18.887}{(P/A, 10\%, 5)}=\dfrac{18.887}{3.7908}=4.9823$(万元)

C 方案的年等额净现值$=\dfrac{20.8817}{(P/A, 10\%, 8)}=\dfrac{20.8817}{5.3349}=3.9142$(万元)

B 方案的年等额净现值大于 A、C 方案,表明 B 方案为最优方案。

2. 年等额成本法

在实际工作中,有些投资方案的营业收入相同,也有些投资方案不能单独计算盈亏但能达到同样的使用效果,如甲、乙设备生产数量相等的同类配件,这时可采用年等额成本法作出比较和评价。在此法下,年等额成本最小的方案为最优方案。

【例 6-25】 某企业有甲、乙两个设备投资方案可供选择,两设备的生产能力相同,甲、乙设备的使用寿命分别为 4 年和 5 年,均无建设期,甲方案的原始投资额为 300 万元,每年的经营成本分别为 200 万元、220 万元,240 万元,260 万元,使用期满有 15 万元的净残值;乙方案投资额为 500 万元,每年的经营成本均为 160 万元,使用期满有 25 万元净残值。

要求:假定企业的贴现率为 10%,用年等额成本法作出投资决策。

解:甲方案的成本现值$=300+200\times(P/F, 10\%, 1)+220\times(P/F, 10\%, 2)$

$+240\times(P/F, 10\%, 3)+260\times(P/F, 10\%, 4)-15\times(P/F, 10\%, 4)$

$=300+200\times0.9091+220\times0.8264+240\times0.7513+260\times0.6830-$

$15\times0.6830=1011.275$(万元)

乙方案的成本现值$=500+160\times(P/A, 10\%, 5)-25\times(P/F, 10\%, 5)$

$=500+160\times3.7908-25\times0.6209=1091.0055$(万元)

甲方案的年等额成本$=\dfrac{1011.275}{(P/A, 10\%, 4)}=\dfrac{1011.275}{3.1699}=319.0243$(万元)

乙方案的年等额成本$=\dfrac{1091.0055}{(P/A, 10\%, 5)}=\dfrac{1091.0055}{3.7908}=287.8035$(万元)

计算结果表明乙方案为最优方案。

练习题

一、单项选择题

1. 投资决策评价指标，按(　　)可分为非折现评价指标和折现评价指标。

A. 是否考虑资金时间价值　　B. 性质

C. 数量特征　　D. 重要性

2. 下列项目投资决策评价指标中，没有考虑货币时间价值的指标是(　　)。

A. 净现值　　B. 现值指数　　C. 内含报酬率　　D. 会计收益率

3. 使投资项目现金流量的净现值等于零的贴现率称为(　　)。

A. 现值指数　　B. 内含报酬率　　C. 期望报酬率　　D. 投资回收期

4. 净现值与现值指数相比，其缺点是(　　)。

A. 没有考虑货币时间价值　　B. 没有考虑投资风险

C. 不便于投资额相同的方案的比较　　D. 不便于投资额不同的方案的比较

5. 某投资方案年营业收入是 300 万元，年付现成本 180 万元，年折旧 120 万元，所得税税率 40%，则该方案年营业现金净流量为(　　)万元。

A. 180　　B. 120　　C. 140　　D. 84

6. 已知某投资项目的原始投资额为 100 万元，建设期 2 年，投产后第 1 至第 8 年每年的现金净流量为 20 万元。则该项目包括建设期的回收期为(　　)年。

A. 4　　B. 5　　C. 6　　D. 7

7. 一个投资方案年销售收入 1 000 万元，年营业成本 420 万元，其中折旧 180 万元，除折旧外无其他非付现成本。如果所得税税率为 40%，则该方案年营业现金净流量为(　　)万元。

A. 528　　B. 180　　C. 348　　D. 580

8. 折旧具有抵减所得税的作用，如果税法允许，企业有盈利且不免税，则计算由于计提折旧而减少的所得税额可用公式(　　)。

A. 折旧额×(1－所得税税率)

B. 折旧额×所得税税率

C. (付现成本＋折旧)×所得税税率

D. (付现成本＋折旧)×(1－所得税税率)

9. 下列表述中，不正确的是(　　)。

A. 净现值大于 0 时，说明该投资方案可行

B. 净现值等于 0 时的贴现率即为内含报酬率

C. 净现值是特定方案未来现金流入现值与未来现金流出现值之间的差额

D. 净现值大于 0 时，现值指数小于 1

10. 计算一个投资项目的回收期，应该考虑的因素是（　　）。
A. 贴现率　B. 使用寿命　C. 年现金净流入量　D. 资本成本

11. 某企业拟建一项固定资产，需投资 100 万元，按直线法计提折旧，使用寿命 10 年，期末无残值。该项工程于当年投产，预计投产后每年可获净利润 10 万元。假定该项目的行业折现率为 10%，则其净现值为（　　）万元。
A. 22.9　B. 77.1　C. 100　D. 200

12. 包括建设期的投资回收期恰好是（　　）。
A. 净现值为 0 时的年限　B. 净现金流量为 0 时的年限
C. 累计净现值为 0 时的年限　D. 累计净现金流量为 0 时的年限

13. 在一般的投资项目中，当一项投资方案的净现值等于 0 时，即表明（　　）。
A. 该方案的现值系数等于 1
B. 该方案不具备财务可行性
C. 该方案的净现值率小于 0
D. 该方案的内含报酬率小于设定的折现率或行业基准收益率

14. 在有资金限额的综合投资决策中，应当选择（　　）的项目。
A. 成本最低　B. 总净现值最大
C. 现值指数最大　D. 内含报酬率最高

15. 某投资项目原始投资为 12 000 元，当年完工投产，寿命期限 3 年，每年可获得现金净流量 4 600 元。则该项目内含报酬率为（　　）。
A. 6.79%　B. 7.54%　C. 7.33%　D. 8.25%

16. 在存在所得税的情况下，以“利润＋折旧”估计经营期净现金流量时，利润是指（　　）。
A. 利润总额　B. 净利润　C. 营业利润　D. 息税前利润

17. 某投资方案，当贴现率为 16%时，其净现值为 338 元，当贴现率为 18%时，其净现值为－22 元。该方案的内含报酬率约为（　　）。
A. 16.78%　B. 15.88%　C. 17.88%　D. 18.34%

18. 某企业应纳税所得额为 5 000 元，所得税税率为 40%，付现成本为 2 000 元，每年计提折旧 1 000 元，则折旧使税负减少了（　　）元。
A. 600　B. 800　C. 400　D. 1 000

19. 经营期营业现金净流量的计算公式为（　　）。
A. 现金净流量＝营业收入　B. 现金净流量＝营业收入－付现成本
C. 现金净流量＝营业收入－总成本　D. 现金净流量＝利润－折旧额

20. 某企业拟建一项固定资产，需投资 100 万元，按直线法计提折旧，使用寿命 10 年，期末无残值。该项工程于当年投产，预计投产后每年可获净利润 10 万元。假定该项目的行业折现率为 10%，则其净现值为（　　）万元。

A. 22.9　　B. 77.1　　C. 100　　D. 200

二、判断题

1. 估计投资项目的现金流量是分析投资方案最重要、最困难的步骤。（　）
2. 在几个投资项目中，净现值最大的项目为最优的投资项目。（　）
3. 比较任何两个投资方案时，内含报酬率较高的方案较优。（　）
4. 现值指数是一个相对数指标，反应投资的效率；而净现值是一个绝对数指标，反应投资的效益。（　）
5. 内含报酬率是指能使投资方案的净现值为0时的贴现率，或者说，是使未来现金流入量等于未来现金流出量时的报酬率。（　）
6. 付现成本是指需要支付现金的成本，在数量上等于销售收入减税后利润，再与折旧相加之和。（　）
7. 从财务管理的角度来看，资产的价值是指其未来现金流量的现值。（　）
8. 运用净现值法进行决策的标准是：如果投资方案的净现值等于0，该方案为可行方案。（　）
9. 利润会使企业增加现金，而计提折旧费用会使企业减少现金。（　）
10. 甲企业的净收益低于乙企业的净收益，则甲企业的现金净流量也低于乙企业。（　）
11. 计算内含报酬率，逐步测试，如果第一次取 $i=18\%$ 计算的净现值大于零，则应再取 $i=16\%$ 再次测试，因为此时说明内含报酬率小于16%。（　）
12. 非贴现的方法由于不考虑货币时间价值，是过去评价投资方案的最常用的方法，目前只作为评价时的辅助方法使用。（　）
13. 在方案评价中，折旧既不是流入量也不是流出量，因而不必考虑。（　）
14. 长期投资决策中，内含报酬率的计算本身与项目设定折现率的高低无关。（　）
15. 某贴现率可以使某投资方案的净现值等于0，则该贴现率可以称为该方案的内含报酬率。（　）
16. 采用直线法计提折旧，据以确定的净现值将比采用加速折旧法大。（　）
17. 如将非相关成本纳入投资方案的总成本，不会影响原有的投资决策。（　）
18. 如果一个投资项目的每年销售收入等于营业现金收入，付现成本等于营业现金支出，那么，“年营业净现金流量=每年营业收入−付现成本−所得税”。（　）
19. 净现值法的优点是可动态反映项目的实际投资收益率。（　）
20. 投资方案的回收期越长，表明该方案的风险越小。（　）

三、计算题

1. 某企业购入机器一台，价值24 000元，可使用年限为5年，每年销售收入48 000元，总成本 42 800 元，贴现率 10%。

要求：计算如下指标：

(1) 投资利润率。

(2) 静态投资回收期。

(3) 净现值。

(4) 净现值率和现值指数。

(5) 内含报酬率。

2. 某投资项目需要现在投资 2 500 万元，当年便可开始经营，预计寿命期为 6 年，估计前 3 年每年可产生的现金净流量均为 600 万元，后 3 年可产生的现金流量均为 500 万元。

要求：

(1) 如果不考虑时间价值因素，计算该项目的(静态)投资回收期。

(2) 如果决策者要求的报酬率为 10%，用净现值法评价该投资项目是否可行。

3. 企业拟投资建造一生产线，投资分三次进行，分别于每年年初投入 100 万元。投资完成后于第 4 年年初投入生产。该生产线预计可使用 5 年，期末有残值 30 万元。投产后每年可获税后净利分别为 40 万元、30 万元、20 万元、20 万元、20 万元，该企业采用直线法计提折旧，折现率为 10%。

要求：用净现值指标评价该投资方案。

4. 企业拟投资 60 万元购买一自动化设备进行生产，该设备可使用 6 年，期满无残值，每年的营业现金净流量都为 15 万元。该企业采用 10%的折现率。

要求：用现值指数和内含报酬率两个指标评价该方案。

5. 已知某更新改造项目中，购置新设备需要投资 500 000 元；旧设备的变价净收入与旧设备账面价值相同，均为 100 000 元，预计其 5 年后的净残值与新设备的净残值相等。与处理旧设备有关固定资产清理损益为 0 元。该项目不影响企业的正常经营，投入使用后不会增加收入，但每年会降低经营成本 100 000 元。假定不考虑所得税因素。

要求：计算该更新改造项目的差量现金净流量。

6. 已知某企业投资项目有两个备选方案，其相关资料如下：

A 方案：投资项目投资总额为 150 万元，其中固定资产投资 110 万元，建设期为 2 年，在建设期第 1 年年初和第 2 年年初平均投入。无形资产投资 20 万元，于建设起点投入。流动资金投资 20 万元，于投产开始垫付。该项目经营期 10 年，固定资产按直线法计提折旧，期满有 10 万元净残值；无形资产从投产开始分 5 年平均摊销；流动资金在项目终结时可一次性全部收回，另外，预计项目投产后，前 5 年每年可获得 40 万元的营业收入，并发生 38 万元的总成本，后 5 年每年可获得 60 万元的营业收入，发生 40 万元的付现成本。贴现率为 10%，不考虑所得税因素。

B 方案的现金净流量为：$NCF_0=-180$ 万元，$NCF_{1\sim9}=30$ 万元，$NCF_{10}=40$ 万元，

要求：

(1) 计算A方案投资项目在项目计算期内各年的现金净流量。

(2) 计算B方案投资项目的净现值。

(3) 假定A方案的净现值为－42.913万元,判断应采用哪一方案。

7. A公司是一个钢铁企业,现找到一个投资机会，预计该项目需固定资产投资750万元,当年可以投产，预计可以持续5年。会计部门估计每年固定成本为(不含折旧)40万元，变动成本是每件180元。固定资产折旧采用直线法，估计净残值为50万元。营销部门估计各年销售量均为4万件。销售为250元/件，生产部门估计需要250万元的流动资金投资,预计项目终结点可全部回收,设投资人要求的最低投资报酬率为10%，企业所得税税率为25%。

要求：

(1) 计算项目各年的现金净流量。

(2) 计算项目的净现值。

8. 某公司于两年前购置一台价值为100 000元的机床,累计已提折旧32 000元,目前尚可使用3年,采用直线法折旧,使用期满有残值20 000元。现有更先进的机床售价300 000元,使用期限为3年,期满有残值60 000元,折旧采用直线法,使用新机床可使每年销售收入增加100 000元,付现变动成本每年增加60 000元,除折旧以外的固定成本不变,目前就设备变现收入40 000元,假设贴现率为12%,所得税税率为25%。

要求:计算售旧购新方案的差额净现值,并作出决策。

9. 某公司拟购置一新设备,其成本为176 500元。该设备可使用13年,每年可节约扣税前付现成本20 000元,最终残值7 500元,预计残值变现净值为7 500元。假定公司所得税税率为40%,资本成本为4%,采用直线法折旧。

要求:计算该方案税后净现值并提出取舍该方案的建议。

10. 对于表6-7的两笔互斥投资,假定资本成本为10%。

表6-7　　两笔互斥投资相关要素

投资	时间			会计收益率
	0	1	2	
A	－60 000	90 000	—	50%
B	－104 000	50 000	100 000	22%

要求:计算分析哪一方案更优。

四、案例分析题

某企业计划用新设备替换现有旧设备。旧设备预计还可使用5年,旧设备账面价值为 70 000 元，目前变价收入为 60 000 元。目前有两个更新方案：

方案一：甲设备投资额 150 000 元，预计使用 5 年。至第 5 年年末，新设备的预计残值为 10 000 元。旧设备的预计残值为 5 000 元。预计使用新设备可使企业在第 1 年增加营业收入 11 074.63，第 2 到第 4 年内每年增加营业收入 16 000 元，第 5 年增加营业收入 15 253.73 元，使用新设备可使企业每年降低经营成本 8 000 元。该企业按直线法计提折旧，所得税税率 25%。

方案二：乙设备的资料如下：购置一套乙设备替换旧设备，各年相应的更新改造增量净现金流量分别为：

$$\Delta NCF_0=-37\,908\text{ 元}，\Delta NCF_{1\sim5}=10\,000\text{ 元}。$$

要求：

1. 计算利用甲设备更新的下列指标(本问保留整数)。
   (1) 计算使用新设备比使用旧设备增加的投资额。
   (2) 计算因旧设备提前报废发生的处理固定资产净损失抵税。
   (3) 计算使用新设备比使用旧设备每年增加的息税前利润。
   (4) 计算使用新设备比使用旧设备每年增加的净现金流量。
   (5) 计算该方案的差额投资内部收益率。
2. 计算利用乙设备更新的下列指标。
   (1) 更新设备比继续使用旧设备增加的投资额。
   (2) 乙设备的投资。
   (3) 乙方案的差额内部收益率。
3. 若企业资金成本率为 9%，按差额内部收益率法对方案一和方案二作出评价，并为企业作出是否更新改造设备的最终决策，同时说明理由。

第七章

学习目的与要求

通过本章的学习，应了解证券投资的含义。掌握债券价值与收益率的计算方法。掌握股票价值与收益率的计算方法。理解证券投资的风险类型。掌握β系数的含义及其计算。掌握资本资产定价模型的含义及其应用。

第一节　证券投资概述

企业除了直接将资金投入生产经营活动，进行直接投资外，常常还将资金投资于有价证券，进行证券投资。证券投资相对于项目投资而言，变现能力强，少量资金也能参与投资，便于随时调用和转移资金，这为企业有效利用资金，充分挖掘资金的潜力提供了十分理想的途径。

一、证券投资的分类

证券投资是指投资者将资金投资于股票、债券、基金及衍生证券等资产，从而获取投资收益的行为。证券投资的范围广、难度高，相对于其他投资而言，具有一定的特殊性。

（一）债券投资

债券投资是指企业将资金投入各种债券，这类工具包括中长期国债、市政债券、公司债券和抵押债券等。它们的共同点为期限较长、收益固定和投资的风险较低。

（二）股票投资

股票投资是指企业购买其他企业发行的股票作为投资，包括普通股和优先股。股票投资收益也相对较高，但也伴随着较大的风险。

（三）基金投资

基金投资是指投资者的钱和其他许多人的钱合在一起，然后由基金公司的专家负责管理，用来投资于多家公司的股票或者债券。基金按受益凭证可否赎回分为“封闭式基金”与“开放式基金”。封闭式基金在信托契约期限未满时，基金投资者不得向发行人要求赎回，与之相反，开放式基金投资者可以随时向基金公司按净值赎回基金。

（四）期货投资

期货投资是指投资者通过买卖期货合约躲避价格风险或赚取利润的一种投资方式。所谓期货合约是指为在将来一定时期以指定价格买卖一定数量和质量的商品而由商品交易所制定的统一的标准合约，它是确定期货交易关系的一种契约，是期货市场的交易对象。期货投资可以分为商品期货投资和金融期货投资。

（五）期权投资

期权投资是指为了实现盈利的目的或避免风险而进行期权买卖的一种投资方式。根据期权买进卖出的性质划分，期权投资可分为看涨期权、看跌期权和双向期权；根据期权合同买卖的对象划分，期权投资又可分为商品期权、股票期权、债券期权、期货期权等的投资。

（六）组合投资

组合投资是指企业将资金同时投放于债券、股票等多种证券，这样可分散证券投资风险，组合投资是企业证券投资的常用投资方式。

本章将主要讲述债券投资、股票投资和组合投资。

二、证券投资的特点

相对于实物投资而言，证券投资具有如下特点。

（一）流动性强

证券投资的流动性明显地高于实物投资。证券有着十分活跃的二级市场，与实物投资相比其转让过程快捷、简便得多，实物投资很难找到一个连续的二级市场，变现受到限制。

（二）价值不稳定

证券投资受人为因素的影响较大，且没有相应的实物作保证，其价值受政治、经济等各种环境因素的影响较大，因而具有价值不稳定、投资风险大的特征。

（三）交易成本低

证券投资的交易快速、简捷，交易成本主要为向证券经营机构支付的佣金、向税务部门支付的税金等，其交易成本显著低于实物投资的交易成本。

三、证券投资的一般程序

（一）合理选择投资对象

合理选择投资对象是证券投资成败的关键，企业应根据一定的投资原则，认真分析投资对象的收益水平和风险程度，以便合理选择投资对象，将风险降低到最低限度，取得较好的投资收益。

（二）委托买卖

一般客户是不能直接进入证券交易所进行场内交易的，而要委托券商或经纪人代为进行。企业可通过电话委托、电脑终端委托、递单委托等方式委托券商代为买卖有关证券。

（三）成交

由于要买进或卖出同种证券的客户都不止一家，在交易过程，竞争同时发生在买者之间与卖者之间，若买卖双方的价位与数量合适，交易即可成交。

（四）清算与交割

企业委托券商买入某种证券成功后，即应解交款项，收取证券。清算即指证券买卖双方结清价款的过程。

（五）办理证券过户

证券过户只限于记名证券的买卖业务。当企业委托买卖某种记名证券成功后，必须办理证券持有人的姓名变更手续。

第二节 债券投资

企业要进行债券投资，首先要选择合适的债券投资标的，评价该债券标的是否值得投资，然后再计算该债券投资标的的投资收益率。

一、债券的价值评估

债券价值是指进行债券投资时投资者预期可获得的现金流入的现值。债券的现金流入主要包括利息和到期收回的本金或出售时获得的现金两部分。当债券的购买价格低于债券价值时，才值得购买。

（一）债券价值计算的基本模型

典型的债券是固定利率、每年计算并支付利息、到期归还本金的债券。按照这种模式，债券价值计算的基本模型为：

$$PV=\sum_{t=1}^{n}\frac{i\times M}{(1+K)^{t}}+\frac{M}{(1+K)^{n}}=\sum_{t=1}^{n}\frac{I_{t}}{(1+K)^{t}}+\frac{M}{(1+K)^{n}}$$
$$=i\times M\times(P/A,\ K,\ n)+M\times(P/F,\ K,\ n)$$
$$=I\times(P/A,\ K,\ n)+M\times(P/F,\ K,\ n)$$

式中 PV——债券价值；

i——债券票面利息率；

I——债券利息；

M——债券到期本金；

K——贴现率，一般采用市场利率或投资人要求的必要报酬率；

n——债券持有期限。

应用该模型的关键是判断债券持有期限 n 为多少年。

【例 7-1】　某公司 2×16 年 1 月 1 日发行的面值为 1 000 元、票面利率为 6%、期限为 5 年的定期付息债券，2×18 年 1 月 1 日的市场价格为 960 元。

要求：假定当前市场利率为 8%，分析该债券当前价格是被低估还是高估了。

解：该例中债券已发行 2 年，距离到期尚有 3 年，即 n 为 3 年。

$$PV = 1\,000 \times 6\% \times (P/A, 8\%, 3) + 1\,000 \times (P/F, 8\%, 3)$$
$$= 60 \times 2.577\,1 + 1\,000 \times 0.793\,8 = 948.43(\text{元})$$

该债券价格 960 元高于其价值 948.43 元，所以当前价格被高估。其价值基本模型如图 7-1 所示。

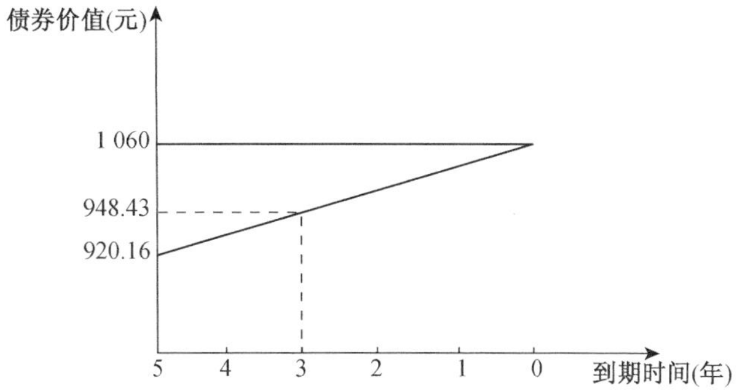

图 7-1　债券价值计算的基本模型

如图 7-1 所示，到期时间为 3 年时，该债券价值为 948.43 元，到期时间越短，该债券价值越高。

（二）一次还本付息的单利债券价值模型

我国很多债券属于一次还本付息、单利计算的存单式债券，其价值模型为：

$$PV = \frac{M \times (1 + i \times n)}{(1 + K)^m} = M \times (1 + i \times n) \times (P/F, K, m)$$

式中　n——债券票面期限；

　　m——债券持有期限。

其他符号含义同债券价值计算的基本模型中的定义。

【例 7-2】　某公司 2×16 年 1 月 1 日发行了面值为 1 000 元、票面利率为 5%、期限为 5 年、单利计息的存单式债券。该债券 2×18 年 1 月 1 日的交易价格为 1 030 元。

要求：某投资者要求的必要收益率为 6%，分析其是否应该购买该债券。

解：该例中债券票面期限 n 为 5 年，发行后 2 年计划购买，债券持有期限 m 为 3 年。

$$PV = 1\,000 \times (1 + 5\% \times 5) \times (P/F, 6\%, 3) = 1\,000 \times 1.25 \times 0.839\,6 = 1\,049.50(\text{元})$$

该债券的价格低于价值，投资者应该购买。该债券的价值模型如图 7-2 所示。

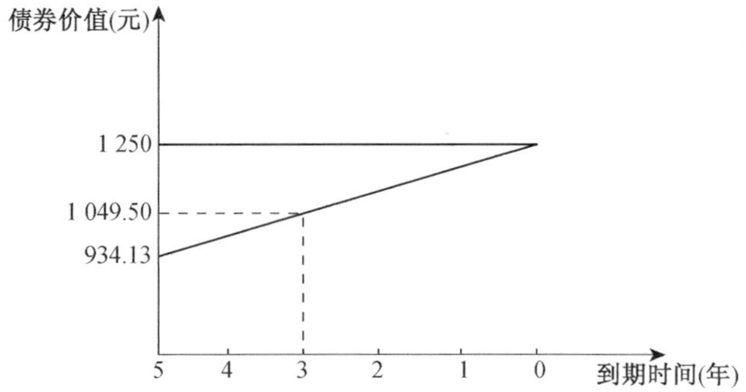

图 7-2　一次还本付息的单利债券价值模型

如图 7-2 所示，到期时间为 3 年时，该债券价值为 1 049.50 元，到期时间越短，该债券价值越高。

（三）零息债券的价值模型

零息债券的价值模型是指到期只能按面值收回，期内不计息债券的估价模型，其价值模型为：

$$PV=\frac{M}{(1+K)^m}=M\times(P/F,\ K,\ m)$$

公式中的符号含义同债券价值计算的基本模型中的定义。

【例 7-3】 某公司 2×17 年 7 月 1 日发行了面值为 1 000 元、期限为 5 年的零息债券。该债券 2×18 年 7 月 1 日的交易价格为 800 元。

要求：某投资者要求的必要收益率为 6%，分析其是否应该购买该债券。

解：该例中债券发行后 1 年，投资者计划购买，距离到期尚有 4 年，即 n 为 4 年。

$$PV=1\,000\times(P/F,\ 6\%,\ 4)=1\,000\times0.792\,1=792.1(\text{元})$$

该债券的价格高于价值，该投资者不应该购买。其价值模型如图 7-3 所示。

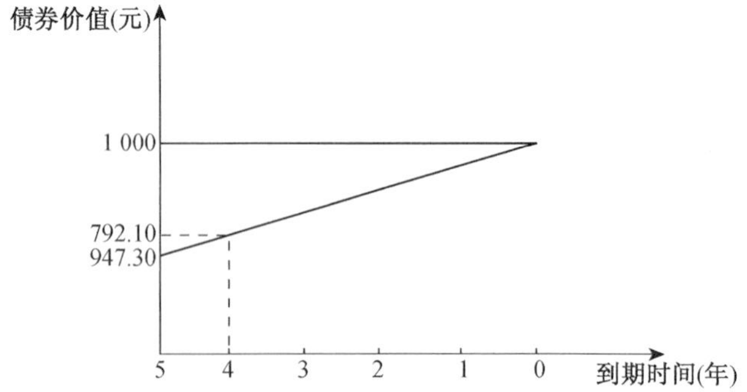

图 7-3　零息债券价值模型

如图 7-3 所示，到期时间为 4 年时，该债券价值为 792.10 元，到期时间越短，该债券价值越高，在到期日，该债券价值等于面值，为 1 000 元。

二、债券的收益率

债券的投资收益包括利息收入和转让价差两个组成部分。按照投资期限的长短，债券的收益率分为短期和长期收益率两种。

(一) 短期债券收益率的计算

如果债券投资期限在 1 年以内，为了简单起见，可以不必考虑资金的时间价值，将债券持有期收到的利息收入与转让价差之和同投资额相除，即可计算出短期债券收益率。短期债券收益率公式为：

$$K=\frac{BV_1-BV_0+I}{BV_0}$$

式中 K——债券投资收益率；

BV_0——债券购买价格；

BV_1——债券出售价格；

I——债券持有期收到的利息收入。

【例 7-4】 某公司于 2×17 年 9 月 1 日以 930 元购买了面值为 1 000 元，票面利率为 5%，每年付息一次的债券，于 2×18 年 8 月 31 日以 980 元的价格抛售。

要求：计算该债券的投资收益率。

解：$K=\frac{980-930+1\,000\times5\%}{930}\times100\%=10.75\%$

(二) 长期债券收益率的计算

如果债券持有至到期日，债券的长期收益率也可用到期收益率来表示，到期收益率是指以特定价格购买债券并持有至到期日所能获得的收益率。它实质是使债券的未来现金流入量现值等于债券购入价格时的贴现率。

计算长期债券收益率的方法是求解含有贴现率的方程，即：

$$P=I\times(P/A,\ K,\ n)+M\times(P/F,\ K,\ n)$$

式中 P——债券的购买价格；

I——每年获得的固定利息；

M——债券到期收回的本金或中途出售收回的资金；

K——债券的长期收益率；

n——投资期限。

长期债券收益率的计算原理为：首先用逐步测试法测算，令等式右边接近于购买价格 P，从而确定债券的投资收益率的区间，然后用线性插值法计算出投资收益率。

【例 7-6】 某公司 2×14 年 1 月 1 日拟购买面值为 1 000 元、票面利率为 8%，每年支付一次付息的债券，该债券将于 2×18 年 12 月 31 日到期。

要求：

(1) 如果以平价购买，计算该债券的到期收益率。

(2) 如果以溢价 1 100 元购买，计算该债券的到期收益率。

解：(1) 当平价购买时：

用 $K=8\%$ 试算：

$$I=1\,000\times 8\%=80(\text{元}),\ M=1\,000(\text{元})$$
$$80\times(P/A,\ 8\%,\ 5)+1\,000\times(P/F,\ 8\%,\ 5)$$
$$=80\times 3.992\,7+1\,000\times 0.680\,6=1\,000(\text{元})$$

可见，平价购买的每年付息一次的债券的到期收益率等于票面利率。

(2) 当以溢价 1 100 元购买时：

用 $K=5\%$ 试算：

$$80\times(P/A,\ 5\%,\ 5)+1\,000\times(P/F,\ 5\%,\ 5)$$
$$=80\times 4.329\,5+1\,000\times 0.783\,5=1\,129.86(\text{元})$$

用 $K=6\%$ 试算：

$$80\times(P/A,\ 6\%,\ 5)+1\,000\times(P/F,\ 6\%,\ 5)$$
$$=80\times 4.212\,4+1\,000\times 0.747\,3=1\,084.29(\text{元})$$

可以合理推断到期收益率在 5%至 6%之间，用线性插值法计算：

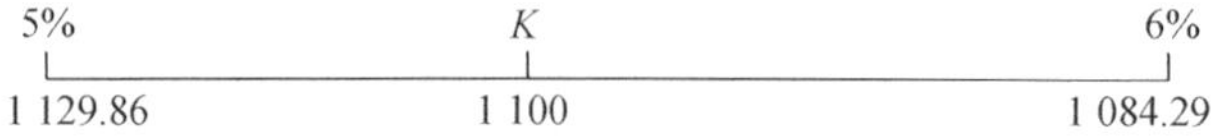

$$K=5\%+\frac{1\,129.86-1\,100}{1\,129.86-1\,084.29}\times(6\%-5\%)=5.66\%$$

可见，溢价购买的每年付息一次的债券的到期收益率低于票面利率。

三、债券投资的优缺点

(一) 债券投资的优点

(1) 投资收益较稳定。相对于股票投资而言，无论是债券投资的利息收入还是价格差价与发行公司的经营状况的关联度都更小，因而投资的收益也更为稳定。

(2) 投资风险较低。债券具有规定的还本付息日，其求偿权位于股票之前，投资风险也更低。特别是政府债券，由于有国家财力作后盾，通常可被视为无风险证券。

(3) 流动性强。政府以及大公司发行的债券，一般都可在金融市场上迅速出售，具有良好的流动性。

（二）债券投资的缺点

(1) 无经营管理权。债券投资属于债权性投资，投资者只能定期取得利息及到期收回本金，但无权参与公司的经营管理。

(2) 购买力风险较大。债券投资属于固定收益投资，在通货膨胀率较高的时期，此类固定收益投资并非理想的选择。

第三节　股票投资

一、股票的价值评估

（一）股票的价值

股票的价值是进行股票投资所获得的现金流入的现值。股票带给投资者的现金流入包括两部分：未来的股利收入和未来的出售价格。所以，股票的价值就是未来股利现值与未来出售价格的现值之和。

1. 股票价值的基本模型

$$P_0 = \sum_{t=1}^{n} \frac{d_t}{(1+K)^t} + \frac{P_n}{(1+K)^n}$$

式中　P_0——股票的价值；

n——预计持有股票的期数；

d_t——第 t 期的预期股利；

K——投资人要求的必要收益率；

P_n——未来出售时预计的股票价格。

因为未来的出售价格很难估计，我们假定投资者无限期持有股票，所以可以忽略未来的出售价格。同时，为了简单起见，我们假定股利维持稳定不变或固定增长的状态，由此可以得到以下可以应用的模型。

2. 长期持有股票、股利稳定不变的股票价值模型

长期持有股票，股利稳定不变的股票估价模型为：

$$P_0 = d \div K$$

【例 7-7】 文翔公司拟购买并长期持有某公司股票，该股票每年分配股利均为 5 元，该投资的必要收益率为 10%。

要求：计算该股票价格的价值。

解：$P=d\div K=5\div 10\%=50$（元）

3. 长期持有股票、股利固定增长的股票价值模型

设上年股利为 d_0，本年股利为 d_1，每年股利增长率为 g，则股票价值模型为：

$$P_0 = \sum_{t=1}^{\infty} \frac{d_0 (1+g)^t}{(1+K)^t}$$

当 g 为常数，且 $K>g$ 时，上式可简化为：

$$P_0 = \frac{d_0 (1+g)}{K-g} = \frac{d_1}{K-g}$$

【例 7-8】 文翔公司拟购买并长期持有某公司股票，该股票上年每股股利为 3 元，预计年增长率为 5%，必要投资报酬率为 10%。

要求：计算该股票价格的价值。

$$P = d_0 \cdot (1+g) \div (K-g) = 3 \times (1+5\%) \div (10\%-5\%) = 63(\text{元})$$

4. 股利非固定增长股票的价值

在现实的生活中，有的公司股利是不固定的。例如，在一段时间里高速增长，在另一段时间里又正常固定增长或固定不变。这样我们就需要分段计算，才能确定股票的价值。

【例 7-9】 文翔公司持有 ABC 公司的股票，其必要报酬率为 12%，预计 ABC 公司未来 3 年股利高速增长，增长率为 20%，此后转为正常增长，增长率为 8%。ABC 公司最近支付的股利是 2 元。

要求：计算该股票价格的价值。

解：首先，计算非正常增长期的股利现值，如表 7-1 所示。

表 7-1 **非正常增长期的股利现值计算表** 单位：元

年份	股利	现值系数	现值
1	2×1.2=2.4	0.892 9	2.143 0
2	2.4×1.2=2.88	0.797 2	2.295 9
3	2.88×1.2=3.456	0.711 8	2.460 0
合计			6.898 9

其次，按股利固定增长模型计算第 3 年年底的股票价值：

$$P_3 = \frac{d_4}{K-g} = \frac{d_3 \times (1+g)}{K-g} = \frac{3.456 \times (1+8\%)}{12\%-8\%} = 93.312(\text{元})$$

由于这部分股票价值是第 3 年年底以后的股利折算的价值，需将其折算为现值：

$$P_3 \times (P/F, 12\%, 3) = 93.312 \times 0.711\,8 = 66.419(\text{元})$$

最后，计算 ABC 公司股票的价值：

$$P = 6.898\,9 + 66.419 = 73.32(\text{元})$$

二、股票投资的收益率

1. 股票长期持有、股利固定增长的收益率的计算

前面我们讨论如何估计股票的价值，以判断该股票是否被市场高估或低估的问题。如果股票价格是公允的市场价格（即市场价格等于其内在价值）、且投资者计划长期持有。根据前述股利固定增长的股票价值模型，我们知道：

$$P_0 = \frac{d_1}{K-g}$$

将公式移项整理，求 K，得到：

$$K = \frac{d_1}{P_0} + g$$

式中前半部分 $\frac{d_1}{P_0}$，属于股利收益率，它是根据预期股利除以当前股价计算出来的；后半部分 g 属于股利增长率，实质上属于资本利得收益率，也就是该股票股价的预期增长率。

【例 7-10】 有一只股票的价格为 50 元，预计下一期的股利是 3 元，该股利将以大约 10%的速度持续增长。

要求：计算该股票的预期收益率。

解：$K=3\div 50+10\%=16\%$

2. 一般情况下股票投资收益率的计算

一般情况下，企业进行股票投资可以取得股利，股票出售时也可收回一定资金，与第二节债券收益率的计算相似，可以计算股票的投资收益率。

【例 7-11】 某投资者在 2×15 年 4 月 1 日投资 515 万元购买 ABC 公司股票 100 万股，预计在 2×16 年、2×17 年、2×18 年的 3 月 31 日每股分得现金股利 0.5 元、0.6 元和 0.8 元，并于 2×18 年 3 月 31 日以每股 6 元的价格将股票全部出售。

要求：计算该项投资的收益率。

解：首先用逐步测试法测算：

当 $K=16\%$时：

$$100\times 0.5\times (P/F,16\%,1)+100\times 0.6\times (P/F,16\%,2)+100\times (0.8+6)\times (P/F,16\%,3)$$
$$=50\times 0.8621+60\times 0.7432+860\times 0.6407=523.37\ (\text{万元})$$

当 $K=18\%$时：

$$100\times 0.5\times (P/F,18\%,1)+100\times 0.6\times (P/F,18\%,2)+100\times (0.8+6)\times (P/F,18\%,3)$$
$$=50\times 0.8475+60\times 0.7182+860\times 0.6086=499.32\ (\text{万元})$$

然后用线性插值法计算如下：

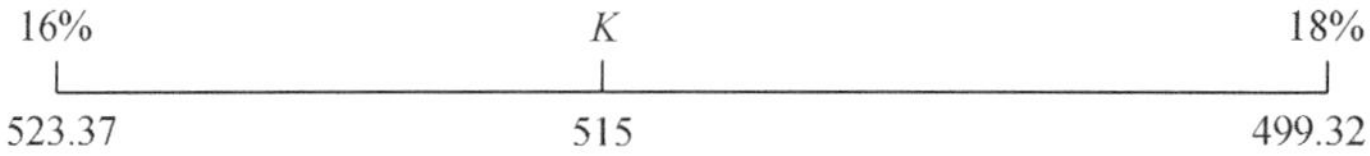

$$K=16\%+\frac{523.37-515}{523.37-499.32}\times(18\%-16\%)=16.70\%$$

三、股票投资的优缺点

1. 股票投资的优点

(1) 投资收益高。虽然股票的价格变动频繁，但优质股票的价格总是呈上涨趋势的。随着公司的不断发展，股东也会获得丰厚的投资收益。

(2) 购买力风险低。股票的股利是不固定的，随着公司收益的增长而提高。在通货膨胀时期，公司的收益增长率一般仍大于通货膨胀率，股东获得的股利可全部或部分抵销通货膨胀带来的购买力损失。

(3) 拥有经营控制权。投资者是公司的股东，有权参与或监督公司的生产经营活动。当投资者的投资额达到公司股本一定比例时，就能实现控制公司的目的。

2. 股票投资的缺点

(1) 收入不稳定。普通股股利的多少，一般视企业经营状况和财务状况而定。其有无、多寡均无法律上的保证，其收入的风险也远远大于固定收益证券。

(2) 价格不稳定。普通股的价格受众多因素影响，很不稳定。政治因素、经济因素、投资人心理因素、企业的盈利情况等都会影响股票价格。

(3) 求偿权居后。股东对公司资产和盈利的求偿权均居于最后，当企业破产时，股东原来的投资可能得不到全额补偿，甚至会一无所有。

第四节　证券投资风险与证券组合投资

一、证券投资风险

证券投资始终存在一定的风险。我们将证券投资相关的所有风险统称为总风险，按是否可以通过组合投资进行回避，将总风险分为系统性风险与非系统性风险。

(一) 系统性风险

系统性风险是指由于政治、经济及社会环境的变动而影响证券市场上所有证券的风险。这类风险的共同特点是：其影响不是作用于某一种证券，而是对整个证券市场发生作用，导致证券市场上所有证券出现风险。由于系统性风险对所有证券的投资总是存在的，并且无法通过投资多样化的方法加以分散、回避与消除，故称不可分散风险。它包括市场风险、利率风险、购买力风险以及自然因素导致的社会风险等。

(1) 市场风险。市场风险是指由有价证券的“空头”和“多头”等市场因素所引起的证券投资收益变动的可能性。市场风险是证券投资活动中最普遍、最常见的风险，是由证券价格的涨落直接引起的。当市场整体价值被高估时，市场风险将加大。

(2) 利率风险。利率风险是指由于市场利率变动引起证券投资收益变动的可能性。因为市场利率与证券价格具有负相关性，即当利率下降时，证券价格上升；当利率上升时，证券价格下降。由于市场利率变动引起证券价格变动，进而引起证券投资收益变动，这就是利率风险。市场利率的波动是基于市场资金供求状况与基准利率水平的波动的。不同经济发展阶段市场资金供求状况不同，中央银行根据宏观金融调控的要求调节基准利率水平，当中央银行调整利率时，各种金融资产的利率和价格必然作出灵敏的市场反应，所以利率风险是无法回避的。

(3) 购买力风险。购买力风险又称通货膨胀风险，是指由于通货膨胀所引起的投资者实际收益水平下降的风险。由于通货膨胀必然引起企业制造成本、管理成本、融资成本的提高，当企业无法通过涨价或内部消化加以弥补时，就会导致企业经营状况与财务状况的恶化，投资者因此会丧失对股票投资的信心，股市价格随之跌落。一旦投资者对通货膨胀的未来态势产生持久的不良预期时，股价暴跌风潮也就无法制止。世界证券市场发展的历史经验表明，恶性通货膨胀是引发证券市场混乱的祸根。

此外，通货膨胀还会引起投资者本金与收益的贬值，使投资者货币收入增加却并不一定真的获利。通货膨胀是一种常见的经济现象，它的存在必然使投资者承担购买力风险，而且这种风险不会因为投资者退出证券市场就可以避免。

(二) 非系统性风险

非系统性风险是指由于市场、行业以及企业本身等因素导致的只影响个别企业证券的风险。它是由单一因素造成的只影响某一证券收益的风险，属个别风险，能够通过投资多样化来抵销，又称可分散风险或公司特别风险。它包括行业风险、经营风险、违约风险等。

(1) 行业风险。行业风险是指由证券发行企业所处的行业特征所引起的该证券投资收益变动的可能性。

有些行业本身包含较多的不确定因素，如高新技术行业，而有些行业则包含较少的不确定因素，如电力、煤气等公用事业行业。

(2) 经营风险。经营风险是指由于经营不善、竞争失败，企业业绩下降而使投资者无法获取预期收益或者亏损的可能性。

(3) 违约风险。违约风险是指企业不能按照证券发行契约或发行承诺支付投资者债息、股息、红利及偿还债券本金而使投资者遭受损失的风险。

系统性风险和非系统性风险构成了证券投资的总风险，两者关系如图 7-4 所示。

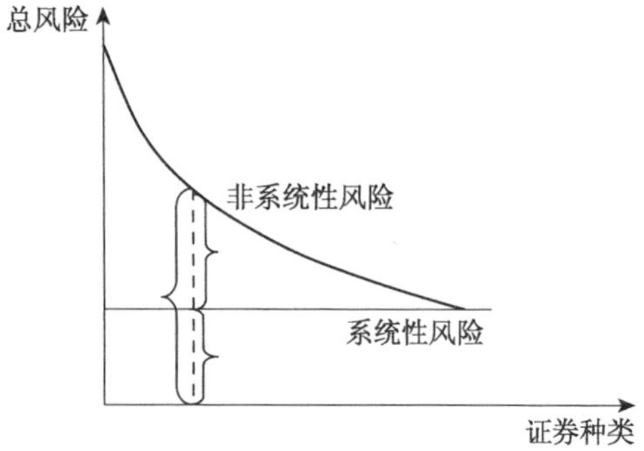

图 7-4 系统性风险与非系统性风险

二、证券组合投资

（一）证券组合投资的含义

前已述及，证券投资充满了各种各样的风险，为了规避风险，投资者进行足够多的组合投资，主要目的是分散非系统性风险。如图 7-4 所示，当选择足够多的证券进行组合投资时，就能基本分散非系统性风险。简而言之，所谓证券组合投资，就是不要把全部资金都投资于一种证券，而应根据各种证券的具体情况和投资者本人对收益和风险的偏好，来选择若干种最理想的证券作为投资对象的行为。

（二）证券组合投资的期望收益率

证券组合投资的期望收益率是投资组合中单项证券预期收益率的加权平均数，证券组合投资的期望收益率的计算公式为：

$$\overline{K_p} = \sum_{i=1}^{n} W_i \cdot \overline{K_i}$$

式中 $\overline{K_p}$——证券组合投资的期望收益率；

W_i——第 i 种证券价值占证券组合投资总价值的比重；

$\overline{K_i}$——第 i 种证券的期望收益率；

n——证券组合中证券的数量。

【例 7-12】 某组合投资由两种股票构成，两种股票的投资比例分别为 40%、60%，预期收益率别为 22%、26%。

要求：计算该证券组合投资的期望收益率。

解：该证券组合投资的期望收益率：

$$\begin{aligned}\overline{K_p} &= W_1\overline{K_1} + W_2\overline{K_2} \\ &= 40\% \times 22\% + 60\% \times 26\% \\ &= 24.40\%\end{aligned}$$

（三）证券组合投资的风险

证券组合投资的各证券的风险具有一定的相互作用，证券组合的风险不是各个证券风险的简单加权平均数。由两个证券构成组合投资的风险表达为：

$$\sigma_p^2 = W_i^2\sigma_i^2 + W_j^2\sigma_j^2 + 2W_iW_i\rho_{ij}\sigma_i\sigma_j$$

式中 σ_p^2——证券组合投资收益率的方差，表示风险；

W_i——第 i 个证券价值占证券组合投资总价值的比重；

W_j——第 j 个证券价值占证券组合投资总价值的比重；

ρ_{ij}——两个证券收益率的相关系数；

σ_i——第 i 个证券收益率的标准差；

σ_j——第 j 个证券收益率的标准差。

【例 7-13】 接[例 7-12]，该组合投资中两种股票预期收益率的标准差分别为 7.90%、9.72%，两种股票的相关系数为 0.35。

要求：计算该证券组合投资期望收益率的方差和标准差。

解：证券组合投资期望收益率的方差：

$$\begin{aligned}\sigma_p^2 &= W_1^2\sigma_1^2 + W_2^2\sigma_2^2 + 2W_1W_2\rho_{12}\sigma_1\sigma_2 \\ &= 0.16\times(7.90\%)^2 + 0.36\%\times(9.72\%)^2 + 2\times 40\%\times 60\%\times 0.35\times 7.90\%\times 9.72\% \\ &= 0.13\%\end{aligned}$$

证券组合投资期望收益率的标准差：

$$\sigma_p = \sqrt{0.13\%} = 3.61\%$$

由该例可以看出，该组合投资的风险（标准差 3.61%）明显低于两个证券单独的风险（标准差分别为 7.90%和 9.72%），即组合投资降低了证券投资的风险。

（四）证券组合投资的具体方法

1. 选择足够数量的证券进行组合

当证券数量增加时，可分散风险会逐步减少，当数量足够时，大部分可分散风险都能分散掉。

2. 把不同风险程度的证券组合在一起

即 1/3 资金投资于风险大的证券，1/3 资金投资于风险中等的证券，1/3 资金投资于风险小的证券。这种组合法虽不会获得太高的收益，但也不会承担太大的风险。

3. 把投资收益呈负相关的证券放在一起组合

投资收益呈负相关的证券是指一种证券的收益上升而另一种证券的收益下降的两种证券，把收益呈负相关的证券组合在一起，能有效分散风险。

第五节　资本资产定价模型

在财务管理中，有许多模型讨论风险和收益的关系，其中最重要一个是美国学者威廉·夏普等人在投资组合理论上提出的资本资产定价模型，该模型是现代金融市场价格理论的支柱，广泛应用于投资决策领域。

一、系统性风险的衡量

前已述及，系统性风险是由于政治、经济及社会环境的变动而影响证券市场上所有证券的风险。它使证券市场平均收益水平发生变化，市场仅给投资者承受的系统风险予以补偿，并不对投资者承受的可以通过多元化加以消除的非系统风险予以补偿。但是，每一种具体证券受系统性风险的影响程度并不相同，为了估计投资普通股所要求的必要收益率，我们需要掌握衡量系统风险的方法。

β值就是用来测定一种证券的收益随整个证券市场平均收益水平变化程度的指标，它反映了一种证券收益相对于整个市场平均收益水平的变动性或波动性。如果某种股票的β系数为1，说明这种股票的风险情况与整个证券市场的风险情况一致，即如果市场行情上涨了10%，该股票也会上涨10%；如果市场行情下跌10%，该股票也会下跌10%。如果某种股票的β系数大于1，说明其风险大于整个市场的风险；如果某种股票的β系数小于1，说明其风险小于整个市场的风险。

单一证券的β值通常会由一些投资服务机构定期计算并公布，证券投资组合的β值则可由证券组合投资中各组成证券的β值加权计算而得，证券投资组合的β的计算公式如下：

$$\beta_p = \sum_{i=1}^{n} w_i \beta_i$$

式中 β_p——证券组合的β系数；

w_i——证券组合中第i种股票所占的比重；

β_i——第i种股票的β系数；

n——证券组合中股票的数量。

【例7-14】 文翔公司持有组合投资共计1 000万元，由3种股票组成。其中：A股票200万元，B股票400万元，β系数均为1.6；C股票400万元，β系数为0.7。

要求：计算该组合的β系数。

解：该投资组合的β系数为：

$$\beta_p = 20\% \times 1.6 + 40\% \times 1.6 + 40\% \times 0.7 = 1.24$$

二、证券组合投资的风险收益率

投资者进行证券投资，就要求对承担的风险进行补偿，证券的风险越大，要求的收益率就越高。由于证券投资的非系统性风险可通过投资组合来抵销，投资者要求补偿的风险主要是系统性风险。因此，证券投资组合的风险收益是投资者因承担系统性风险而要求的、超过资金时间价值的那部分额外收益。证券组合的风险收益率的计算公式为：

$$R_p = \beta_p \times (R_m - R_f)$$

式中 R_p——证券组合的风险收益率；

β_p——证券组合的β系数，即系统性风险衡量系数；

R_m——市场收益率，即证券市场上所有股票的平均收益率；

R_f——无风险收益率。

【例7-15】 根据[例7-14]的资料，股票的市场收益率为10%，无风险收益率为 6%。

要求:计算该证券组合投资的风险收益率。

解:该证券组合投资的风险收益率:

$$R_p = 1.24\times(10\% - 6\%) = 4.96\%$$

在其他因素不变的情况下,风险收益率取决于证券投资组合的 β 系数,β 系数越大,风险收益率越高;反之,风险收益率越低。

三、资本资产定价模型

证券的必要收益率与用 β 系数来衡量的系统风险之间的关系是资本资产定价模型(Capital Assets Pricing Model, CAPM)的核心内容,证券的必要收益率等于无风险收益率与风险收益率之和,即:

$$K_i = R_f + \beta_i \times (R_m - R_f)$$

式中 K_i——第 i 种股票或投资组合的必要收益率;

其余变量的含义同证券组合的风险收益率的变量。

资本资产定价模型对财务管理的重要贡献就在于使投资者对股票必要的报酬率 K 的判断通过更为科学的程序来进行。资本资产定价模型可以用图 7-5 表示。

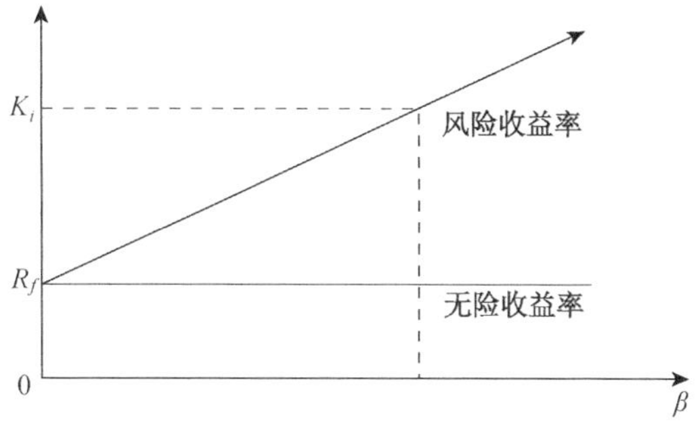

图 7-5 资本资产定价模型图

【例 7-16】 根据[例 7-14][例 7-15]的资料。

要求:计算文翔公司持有的 A 股票、B 股票、C 股票 3 种股票及组合投资的必要收益率。

解:根据资本资产定价模型:

A 股票、B 股票的必要收益率 $= 6\% + 1.6\times(10\% - 6\%) = 12.4\%$

C 股票的必要收益率 $= 6\% + 0.7\times(10\% - 6\%) = 8.8\%$

投资组合的必要收益率 $= 6\% + 1.24\times(10\% - 6\%) = 10.96\%$

事实上，组合投资收益率也等于组合中单项证券收益率的加权平均值，因此：

组合投资的必要收益率＝20%×12.4%＋40%×12.4%＋40%×8.8%＝10.96%

练习题

一、单项选择题

1. 某种股票当前的市场价格为 40 元，每股股利是 2 元，预期的股利增长率是 5%，则其市场决定的预期收益率为（　　）。

   A. 5%　　B. 5.5%　　C. 10%　　D. 10.25%

2. 某公司发行的股票，预期报酬率为 10%，最近刚支付的股利为每股 2 元，估计股利年增长率为 2%，则该股票的价值为（　　）元。

   A. 17　　B. 20　　C. 20.4　　D. 25.5

3. 某企业 2×17 年 6 月 1 日投资 1 000 元购入一张面值 1 000 元、票面利率 6%、每年付息一次的债券，并于 2×18 年 6 月 1 日以 1 100 元的市场价格出售。则该债券投资收益率为（　　）。

   A. 10%　　B. 13%　　C. 16%　　D. 15%

4. 某股票为股利固定增长股票，年增长率为 4%，预计 1 年后的股利为每股 6.5 元，现行无风险收益率为 11%，市场收益率为 16%，该股票的 β 系数为 1.2，那么作为理性的投资者应该等到（　　）。

   A. 当股票市价为 55 元时进行投资　　B. 当股票市价为 58 元时进行投资

   C. 当股票市价为 53 元时进行投资　　D. 当股票市价为 49 元时进行投资

5. 债券到期收益率计算原理是（　　）。

   A. 到期收益率是债券票面利息率与资本利得收益率之和

   B. 到期收益率是购买债券后一直持有至到期的内含报酬率

   C. 到期收益率的计算以债券每年年末计算并支付利息为前提

   D. 到期收益率是能使债券每年利息收入的现值等于债券买入价格的折现率

6. 根据资本资产定价模型，下列表述中错误的是（　　）。

   A. β 越大，说明该股票的必要报酬率越高

   B. β 越小，说明该股票的必要报酬率越低

   C. β 等于 1，说明该股票的市场风险等于市场的平均风险

   D. β 大于 1，说明市场的平均风险大于该股票的市场风险

7. 某公司股票的 β 系数为 1.5，无风险收益率为 8%，市场上所有股票的平均收益率为 15%，则该公司股票的必要收益率应为（　　）。

   A. 15%　　B. 18.5%　　C. 19.5%　　D. 17.5%

8. 在证券投资中,通过随机选择足够数量的证券进行组合可以分散掉的风险是(　　)。
A. 所有风险　B. 市场风险　C. 系统性风险　D. 非系统性风险
9. 某公司上年已宣告发放每股现金股利3元,该公司将来股利以每年9%增长,该公司每股市价为36元,用固定股利增长模型计算出的该公司股票收益率为(　　)。
A. 9.08%　B. 17.33%　C. 18.08%　D. 19.88%
10. 如果某公司的β系数为1,则(　　)。
A. 该公司股票收益率等于无风险收益率
B. 该公司股票价格相对稳定
C. 该公司股票收益率与市场收益率相同
D. 该公司股票价格波动不大
11. 下列证券中,能够更好地避免证券投资购买力风险的是(　　)。
A. 普通股　B. 优先股　C. 公司债券　D. 国库券
12. 如果证券投资组合包括全部股票,则投资者(　　)。
A. 不承担任何风险
B. 只承担系统性风险
C. 只承担非系统性风险
D. 既承担系统性风险,又承担非系统性风险
13. 下列因素引起的风险中,投资者可以通过证券投资组合予以分散的是(　　)。
A. 国家货币政策变化　B. 发生经济危机
C. 通货膨胀　D. 企业经营管理不善
14. 下列关于β系数的说法中,不正确的是(　　)。
A. β系数可用来衡量非系统性风险的大小
B. 某种股票的β系数越大,风险收益率越高,预期报酬率也越大
C. β系数反映个别股票的市场风险,β系数为0,说明该股票的市场风险为零
D. 某种股票β系数为1,说明该种股票的风险与整个市场风险一致
15. 某公司发行5年期债券,债券的面值为1 000元,票面利率5%,每年付息一次,到期还本,投资者要求的必要报酬率为6%。则该债券的价值为(　　)元。
A. 784.67　B. 769　C. 1 000　D. 957.92
16. 甲公司以10元的价格购入某股票,假设持有1年之后以10.5元的价格售出,在持有期间共获得1.5元的现金股利,则该股票的持有期收益率是(　　)。
A. 12%　B. 9%　C. 20%　D. 35%
17. 某种股票为股利固定增长股票,股利年增长率6%,预计第1年的股利为8元/股,无风险收益率为10%,市场上所有股票的平均收益率为16%,而该股票的贝它系数为1.3,则该股票的内在价值为(　　)元。
A. 65.53　B. 67.8　C. 55.63　D. 71.86

18. 证券投资的非系统风险包括(　　)。
A. 购买力风险　B. 行业风险　C. 利率风险　D. 市场风险
19. 相对于股票投资来说,债券投资的缺点是(　　)。
A. 市场流动性差　B. 购买力风险大
C. 投资收益不稳定　D. 投资风险较高
20. 相对于债券投资来说,股票投资的优点是(　　)。
A. 能获得较高的投资收益　B. 求偿权居前
C. 投资风险小　D. 价格较稳定

二、判断题

1. 开放式基金在信托契约期限未满时,基金投资者不得向发行人要求赎回。(　　)
2. 零息债券到期时间越短,债券价值越高。(　　)
3. 平价购买债券的到期收益率肯定等于票面利率。(　　)
4. 在通货膨胀率较高的时期,企业债券类固定收益投资产品是理想的投资选择。(　　)
5. 长期持有、股利固定增长的股票收益率由股利收益率和资本利得收益率构成。(　　)
6. 市场风险、利率风险、经营风险以及自然因素导致的社会风险是无法通过投资多样化的方法进行分散、回避与消除的。(　　)
7. 证券投资组合的风险收益是投资者因承担全部投资风险而要求的、超过资金时间价值的那部分额外收益。(　　)
8. 证券组合投资的期望收益率是投资组合中单项资产预期收益率的加权平均数。(　　)
9. 在投资组合中把收益呈负相关的股票组合在一起,能有效分散系统性风险。(　　)
10. 证券的必要收益率等于无风险收益率与风险收益率之和。(　　)
11. β值反映了一种证券收益相对于整个市场平均收益水平的变动性。(　　)
12. 系统性风险是影响每一种证券的风险,每种证券受系统性风险的影响程度都相同。(　　)
13. 证券组合投资的期望收益率可由各个证券期望收益率的加权平均而得到。(　　)
14. 投资于企业债券,可拥有优先求偿权,即企业破产时,优先于股东分得企业资产,因此本金安全性较高。(　　)
15. 股票投资的市场风险是无法避免的,不能通过多元化投资来回避。(　　)
16. 在通货膨胀情况下,债券比股票能更好地避免购买力风险。(　　)
17. 证券组合投资风险的大小,等于组合中各个证券风险的加权平均数。(　　)
18. 投资者进行证券投资,就要求对承担的风险进行补偿,证券的风险越大,要求的收益

率就越高。 ( )

19. 在投资组合中把收益呈负相关的股票组合在一起,能有效分散风险。 ( )
20. 如投资期间通货膨胀率较低,债券面值和利息的实际购买力也较低。 ( )

三、计算题

1. 已知:A公司拟购买某公司债券作为长期投资(打算持有至到期日),要求的必要收益率为6%。

现有3家公司同时发行5年期、面值均为1 000元的债券。其中:甲公司债券的票面利率为8%,每年付息一次,到期还本,债券发行价格为1 041元;乙公司债券的票面利率为8%,单利计息,到期一次还本付息,债券发行价格为1 050元;丙公司债券的票面利率为零,债券发行价格为750元,到期按面值还本。

要求:

(1) 计算A公司购入甲公司债券的价值。

(2) 计算A公司购入乙公司债券的价值。

(3) 计算A公司购入丙公司债券的价值。

(4) 根据上述计算结果,为A公司作出购买何种债券的决策。

(5) 若A公司购买并持有甲公司债券,1年后将其以1 050元的价格出售,计算该项投资收益率。

2. 某公司在2×18年1月1日发行5年期债券,面值1 000元,票面年利率为10%,于每年12月31日付息,到期时一次还本。

要求:

(1) 假定2×18年1月1日金融市场上与该债券同类风险投资的利率是9%,该债券的发行日的内在价值为多少?

(2) 假定1年后该债券的市场价格为1 049.06元,该债券于2×19年1月1日买入的到期收益率为多少?

3. A企业计划利用一笔长期资金投资购买股票。现有X公司股票和S公司股票可供选择,甲企业只准备投资一家公司股票。已知X公司股票现行市价为每股16元,上年每股股利为0.30元,预计以后每年以6%的增长率增长。S公司股票现行市价为每股14.80元,上年每股股利为1.20元,股利分配政策将一贯坚持固定股利政策。甲企业所要求的投资必要报酬率为8%。

要求:

(1) 利用股票估价模型,分别计算X、S公司股票价值。

(2) 代A企业作出股票投资决策。

4. 某公司计划利用一笔长期资金投资购买A股票,其必要投资报酬率为15%,预计A公司在未来3年股利高速增长,增长率为20%,此后转为正常增长,增长率为12%,

公司最近支付的股利为 2 元。

要求：计算该公司的股票价值。

5. 某投资者 2×18 年准备投资购买股票，现有 A、B 两家公司可供选择，从 A、B 公司 2×17 年 12 月 31 日的有关会计报表及补充资料中获知，2×17 年 A 公司发放的每股股利为 5 元，股票每股市价为 40 元；2×17 年 B 公司发放的每股股利为 2 元，股票每股市价为 20 元。预期 A 公司未来 5 年内股利恒定，在此以后转为正常增长，增长率为 6%；预期 B 公司股利将持续增长，年增长率为 4%，假定目前无风险收益率为 8%，市场上所有股票的平均收益率为 12%，A 公司股票的 β 系数为 2，B 公司股票的 β 系数为 1.5。

要求：

(1) 利用资本资产定价模型，计算 A、B 公司的必要收益率。

(2) 通过计算股票价值，判断两公司股票是否应当购买。

(3) 若投资购买两种股票各 100 股，该投资组合的预期收益率为多少？

(4) 计算该投资组合的综合 β 系数。

6. 甲公司持有 A、B、C 三种股票，在由上述股票组成的证券组合投资中，各股票所占的比重分别为 50%、30%和 20%，其 β 系数分别为 2.0、1.0 和 0.5。市场收益率为 15%，无风险收益率为 10%。

A 股票当前每股市价为 12 元，刚收到上 1 年度派发的每股 1.2 元的现金股利，预计股利以后每年将增长 8%。

要求：

(1) 计算以下指标：①甲公司证券组合的 β 系数；②甲公司证券组合的必要投资收益率；③投资 A 股票的必要投资收益率。

(2) 利用股票估价模型分析当前出售 A 股票是否对甲公司有利。

四、案例分析题

张伟是东方咨询公司的一名财务分析师，应邀评估百兴商业集团建设新商场对公司股票价值的影响。张伟根据公司情况作了以下估计：

(1) 公司本年度净收益为 200 万元，每股支付现金股利 2 元，新建商场开业后，净收益第 1 年、第 2 年均增长 15%，第 3 年增长 8%，第 4 年及以后将保持这一水平。

(2) 该公司一直采用固定股利支付率的政策，并打算今后继续实行该政策。

(3) 公司的 β 系数为 1，如果将新项目考虑进去 β 系数将提高到 1.5。

(4) 无风险收益率(国库券)为 4%，市场要求的收益率为 8%。

(5) 公司股票目前市价为 23.6 元。

张伟打算利用股利贴现模型，同时考虑风险因素进行股票价值的评估。百兴集团公司的一位董事提出，如果采用股利贴现模型，则股利越高，股价越高，所以公司应改变原有的股利政策提高股票支付率。

要求:请你协助张伟解答以下几个问题:

(1) 参考固定股利增长贴现模型,分析这位董事的观点是否正确。

(2) 如果股利增加,对可持续增长率和股票的账面价值有何影响。

(3) 评估新建商场项目对公司股票价值的影响。

第八章

学习目的与要求

通过本章的学习，应了解营运资金的概念、特点与营运资金管理的基本要求。理解货币资金、应收账款与存货成本的含义。掌握最佳货币资金持有量的确定方法。掌握信用政策的构成要素及其决策方法。能够利用经济订货批量模型、陆续到货模型和商业折扣模型来确定最优订货批量。

第一节　营运资金概述

一、营运资金的概念

前面各章讨论的筹资和投资属于长期财务管理问题，无论是筹集资金的期限还是投资资金的期限都在 1 年以上。而营运资金管理属于短期财务管理问题，无论筹集资金的期限还是使用资金的期限均在 1 年以内。

所谓营运资金，是指企业投入日常经营活动的资金，等于流动资产减去流动负债后的余额。即：

营运资金＝流动资产－流动负债

绝大多数健康运转的企业的流动资产大于流动负债，营运资金为正值，表示流动负债提供了部分流动资产的资金来源，另外部分是由长期资本支持的，这部分金额就是营运资金。因此，营运资金也可以理解为长期资本用于流动资产的部分，即长期筹资净值。

由于：

流动资产＋ 长期资产＝股东权益＋长期负债＋流动负债

所以：

流动资产－流动负债＝(股东权益＋长期负债)－长期资产

营运资金＝长期筹资－长期资产

营运资金＝长期筹资净值

上面公式表明企业的长期筹资经常支持流动资产投资。营运资金的存在表明企业的流动资产占用的资金除了通过流动负债筹集外,还通过长期负债或权益资金筹集。

营运资金是企业从事生产经营活动的基础。因为流动资产可转化为现金,构成现金流入;企业偿还流动负债需支付现金,构成现金流出,所以企业持有的营运资金越多,偿债能力越强。另外,由于现金流入量和现金流出量具有非同步性和不确定性,企业必须保持一定数量的营运资金,以备偿付到期债务、支付当期费用和用于其他支出。企业营运资金的大小,还可以用来衡量经营风险的大小。在一般情况下,营运资金越多,企业违约风险就越小,举债融资能力就越强。

二、营运资金的特点

从营运资金的定义可以看出,营运资金管理应该包括流动资产的管理和流动负债管理两个方面。由于负债筹资在第四章中已作介绍,故本章重点介绍流动资产的管理,流动资产是指可以在1年或超过1年的一个营业周期内变现或者耗用的资产,包括货币资金、短期投资、应收预付款项、存货等。流动资产有以下几个主要特点。

(一) 投资回收期短

投资于流动资产的资金一般在1年或一个营业周期内收回,对企业影响的时间比较短。因此流动资产投资所需要的资金一般可通过商业信用、短期银行借款等加以解决。

(二) 流动性

流动资产在循环周转过程中,经过供、产、销三个阶段,其占用形态不断变化,即按照货币资金→原材料→在产品→产成品→应收账款→货币资金的顺序不断转化,并且这种循环是周而复始进行的。

(三) 并存性

流动资金的占用形态从时间上看是并存的,各种占用形态同时分布在供、产、销各个过程中,这是由生产经营的连续不断决定的。

(四) 波动性

占用在流动资产的资金不是固定不变的,它随着供、产、销及季节的变化而变化,其资金占用时多时少,起伏不定。随着流动资产占用量的变动,流动负债的数量也会相应变化。

三、营运资金管理的基本要求

营运资金管理是对企业流动资产和流动负债的管理。一个企业要维持正常的运转就必须要拥有适量的营运资金,因此,营运资金管理是企业财务管理的重要组成部分。据调查，公司财务经理的大部分时间都用于营运资金管理。企业营运资金管理的基本要求包括以下三个方面。

（一）合理控制营运资金的需要量

企业营运资金的需要量取决于生产经营规模和流动资金的周转速度，同时也受市场及供、产、销情况的影响。企业应综合考虑各种因素，合理确定营运资金的需要量，既要保证企业经营的需要，又不能因安排过量资金而浪费。平时也应控制流动营运资金的占用，将其纳入计划预算的良性范围内。

（二）加强营运资金的日常管理

营运资金的日常管理，是伴随各业务部门的日常活动进行的。财务部门管理货币资金流动，生产部门管理存货流转，销售部门管理应收账款流动。这些日常营业虽然都会影响企业的流动性，但是财务主管可能并不直接决策，而由相关业务人员分散决策。企业的日常营业活动是频繁发生、重复进行的。经常重复的例行活动的决策可以程序化，通过建立控制系统来完成。例如，企业可以建立货币资金控制系统、存货控制系统、应收账款控制系统等，财务主管的职责是根据企业既定的流动资产投资政策制定控制标准和控制程序，并监控系统运行的有效性。

（三）加快营运资金周转，提高资金效益

当企业的经营规模一定时，营运资金周转的速度与营运资金的需要量呈反方向变化。企业应加强内部责任管理，适度加速存货周转、缩短应收账款的收账周期、延长应付账款的付款周期，以改进资金的利用效果。

第二节　货币资金管理

货币资金是指企业在生产经营过程中暂时停留在货币形态的资金，包括库存现金、银行存款以及包括银行本票、银行汇票在内的其他货币资金。在资产中，货币资金的流动性最强，但其盈利能力最弱。现金是非盈利性的资产，银行存款虽有利息生成但收益太小。企业因种种需要必须置存货币资金，但应合理安排货币资金的持有量，减少货币资金的闲置，提高货币资金的使用效果。

有价证券是企业货币资金的一种转化形式。有价证券变现能力强，可以随时兑换成货币资金。企业有多余货币资金时，常将货币资金兑换成有价证券；需要补充货币资金时，再将有价证券换回货币资金。获取投资收益是企业持有有价证券的原因，有价证券也成了货币资金的替代品。

一、置存货币资金的原因与成本

（一）置存货币资金的原因

企业置存货币资金的原因，主要是为了满足交易性需要、预防性需要和投机性需要。

交易性需要是指满足日常业务的现金支付需要，如购买原材料、支付工资、偿还债务、缴纳税款等。这种需要发生频繁、金额较大，是企业置存货币资金的主要原因。企业经常得到收入，也经常发生支出，两者不可能同步同量。收入大于支出，形成货币资金置存；收入小于支出，需要借入货币资金。企业必须维持适量的货币资金，才能使业务活动正常进行下去。

预防性需要是指企业为应付意外的、紧急的情况而需要置存货币资金。企业有时会出现料想不到的开支，如生产事故、自然灾害、客户违约等会打破原先的货币资金收支平衡。现金流量的不确定性越大，作为预防性需要的货币资金也就越大；反之，企业现金流量的可预测性强，预防性需要的货币资金则可小一些。此外，预防性需要的货币资金数额还与企业的借款能力有关，如果企业能够很容易地随时借到短期资金，则可以减少预防性需要的货币资金数额。

投机性需要是指企业为抓住瞬息即逝的市场机会，投机获利而置存的货币资金，如捕捉机会低价购入原材料、商品，在适当的时机购入价格有利的股票和其他有价证券等。当然，除了金融和投资公司外，其他企业为投机动性需要而特别置存的货币资金不多，遇到不寻常的购买机会，也会设法临时筹集资金。但拥有相当数额的货币资金，确实为突然的大批采购提供了方便。

（二）货币资金的持有成本

任何一项资产的占用和使用都要消耗一定的资源并形成成本，货币资金也不例外，货币资金的持有成本通常由以下四个部分组成：

（1）管理成本，是指企业因持有一定数量的货币资金而发生的各项管理费用，如管理人员的工资、安全措施费等。管理成本是一种固定成本，与货币资金持有量之间无明显的比例关系。

（2）机会成本，是指企业因持有一定数量的货币资金而丧失的再投资收益。货币资金的流动性较佳，但盈利性较差，持有货币资金则不能将其投入到生产经营活动中，会失去因此而获得的收益，从而形成货币资金的机会成本。比如，企业欲持有100万元货币资金，在企业平均投资报酬率为5%的情况下，企业放弃的投资收益为5万元。机会成本属于变动成本，与货币资金持有量密切相关。企业为了经营业务，需要持有一定量的货币资金，付出相应的机会成本代价是必要的，但货币资金持有量过多，造成机会成本大幅上升，就不合算了。

（3）转换成本，是指企业用货币资金用于买卖有价证券而付出的交易费用，如委托买卖佣金、手续费、证券过户费、交割手续费等。转换成本与证券变现次数呈线性关系，即“转换成本总额＝证券变现次数×每次的转换成本”。转换成本与货币资金持有量的关系是：在货币资金需要量既定的前提下，货币资金持有量越少，进行证券变现的次数越多，相应的转换成本就越大；反之，货币资金持有量越多，证券变卖的次数越少，需要的转换成本也就越小。

(4) 短缺成本,是指因为缺乏必要的货币资金,不能应付业务开支,而使企业遭受的损失或为此而付出的代价。短缺成本主要包括:不能及时购买材料导致的停工损失、丧失购买机会的损失、不能及时付款造成的信用损失或放弃现金折扣的成本等。短缺成本随货币资金持有量的增加而下降,随货币资金持有量的减少而上升,即两者呈负相关关系。

二、最佳货币资金持有量

基于交易、预防、投机等动机的需要,企业必须保持一定数量的货币资金,但货币资金作为盈利能力较差的资产,持有太多或太少货币资金都对企业不利。最佳货币资金持有量就是使有关成本之和最小的货币资金持有数额,下面是最佳货币资金持有量的确定模式。

(一) 成本分析模式

成本分析模式是根据货币资金持有的相关成本,分析、预测其总成本最低时货币资金持有量的一种方法。在影响货币资金持有量的相关因素中,成本分析模式只考虑持有一定数量的货币资金而发生的管理成本、机会成本和短缺成本,而不考虑转换成本。其中,管理成本具有固定成本的性质,与货币资金持有量不存在明显的线性关系。机会成本与货币资金持有量呈正比例变动(机会成本=货币资金持有量×投资报酬率)。短缺成本同货币资金持有量呈负相关关系,持有量愈大,短缺成本愈小;反之,货币资金持有量愈小,短缺成本愈大。这些成本同货币资金持有量之间的关系如图 8-1 所示。

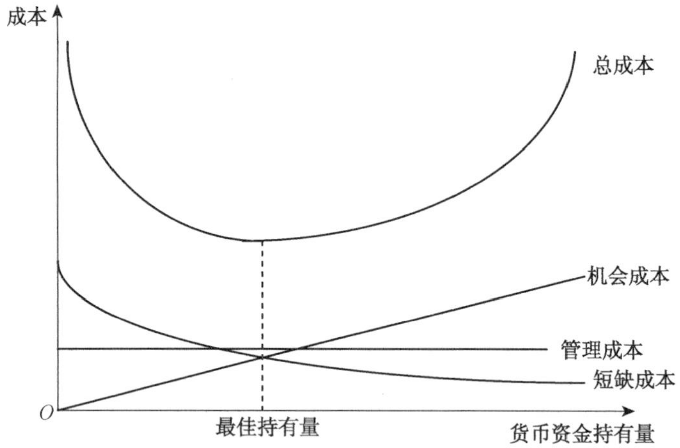

图 8-1 持有成本与持有货币资金数量的关系

从图 8-1 可以看出:总成本线呈一条抛物线状,抛物线的最低点即是货币资金持有成本的最低点,该点所对应的货币资金持有量便是最佳持有量。在这一点之前,短缺成本下降的好处大于机会成本上升的代价;超过这一点,机会成本上升的代价又大于短缺成本下降的好处。对于最佳货币持有量的计算,可先分别算出各种方案的管理成本、机会成本、短缺成本之和,再从中选出成本之和最低的持有量就是最佳货币资金持有量。

【例 8-1】 某企业有四种货币资金持有方案，机会成本率为 10%，其他有关资料如表 8-1 所示。

要求：确定某企业最佳货币资金持有量。

解：将各方案的总成本进行比较可知，C 方案的总成本最低，也就是说当企业持有 70 000元的货币资金时，各方面的总成本最低，故 70 000 元是该企业的最佳货币资金持有量。

表 8-1 **货币资金持有方案** 单位：元

项目	A	B	C	D
货币资金持有量	50 000	60 000	70 000	80 000
机会成本	5 000	6 000	7 000	8 000
管理成本	5 000	5 000	5 000	5 000
短缺成本	4 500	2 500	500	0
总成本	14 500	13 500	12 500	13 000

（二）存货模式

存货模式也称鲍莫模式，是由美国经济学家威廉·鲍莫（William J. Baumol）于 1952 年首先提出的。这种模式非常类似于存货的经济批量模型。利用存货模型确定最佳货币资金持有量的基本假设是：①公司的货币资金流入量是稳定并且可以预测的；②公司的货币资金流出量是稳定并且可以预测的；③在预测期内，公司货币资金的需求量是一定的；④在预测期内，公司不能发生货币资金短缺，并且可以出售有价证券来补充货币资金。存货模式的着眼点也是货币资金有关成本最低。在这些成本中，管理成本因属固定成本，同货币资金持有量的多少关系不大，所以在存货模式中将其视为无关成本而不考虑。又由于短缺成本的发生有很大的不确定性，且其也无法计量，因而在此模式中，对短缺成本也不予考虑。在存货模式中，只对转换成本和机会成本予以考虑。企业的货币资金持有量越大，机会成本越多，在货币资金需要量一定的情况下，货币资金持有量越大，转换次数就越小，转换成本也就越小。也就是说，转换成本与机会成本呈反向变动。

货币资金持有成本＝货币资金机会成本＋货币资金转换成本

＝货币资金平均持有量×有价证券利率＋转换次数×每次转换成本

即：

$$TC=(Q/2)\times K+(T/Q)\times F$$

式中 TC——货币资金总成本；

Q——最佳货币资金持有量（每次证券变现的数量）；

$Q/2$——货币资金平均持有量；

K——有价证券利息率（机会成本）；

T——一个周期内货币资金总需求量；

T/Q——一个周期内的货币资金转换次数；

F——每次转换有价证券的固定成本。

货币资金总成本、机会成本与转换成本的关系图如图 8-2 所示。

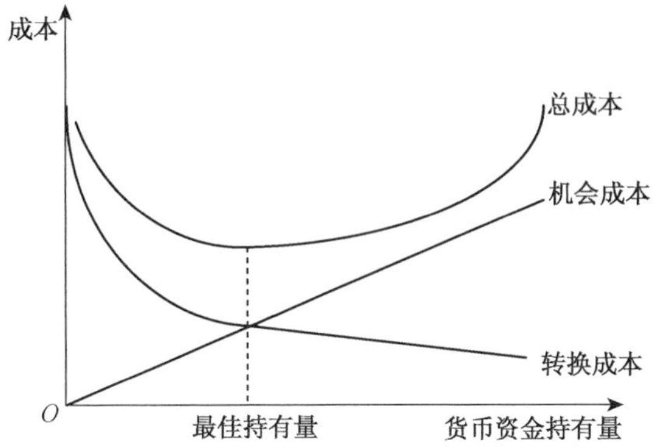

图 8-2 货币资金总成本、机会成本与转换成本的关系

从图 8-2 可以看出，总成本的最低点所对应的货币资金持有量就是最佳货币资金持有量，此时，机会成本与转换成本相等。最佳货币资金持有量的计算，可以通过求导求得：

令
$$TC' = \frac{K}{2} - \frac{TF}{Q^2} = 0$$

得：

$$Q = \sqrt{\frac{2TF}{K}}$$

这时：

$$TC = \sqrt{\frac{2TF}{K}} \times \frac{K}{2} + TF \times \sqrt{\frac{K}{2TF}} = \sqrt{2TFK}$$

因为 $TC'' = \frac{2TF}{Q^3} > 0$，所以 $\sqrt{2TFK}$ 是 TC 的最小值。

由此，可以得到结论：

$$最佳货币资金持有量\ Q = \sqrt{\frac{2TF}{K}}$$

$$最低货币资金总成本\ TC = \sqrt{2TFK}$$

【例 8-2】 某公司预计 1 个月经营所需货币资金 640 000 元，公司货币资金支出过程较稳定，故准备用短期有价证券变现取得，平均每次证券固定变现费用为 100 元，证券的市场利率为 6%。

要求：

(1) 计算最佳货币资金持有量；

(2) 计算最低货币资金总成本；

(3) 计算 1 个月内最佳变现次数。

解：最佳货币资金持有量 $=\sqrt{\dfrac{2\times 640\ 000\times 100}{6\%\div 12}}=160\ 000$(元)

最低货币资金持有成本 $=\sqrt{2\times 640\ 000\times 100\times \dfrac{6\%}{12}}=800$(元)

1 个月内最佳变现次数 $=\dfrac{640\ 000}{160\ 000}=4$(次)

（三）货币资金周转模式

货币资金周转模式是从货币资金周转的角度出发，根据货币资金周转速度来确定最佳货币资金持有量的模式。在运用该模式时包括以下三个步骤：

第一步，计算货币资金周转期。货币资金周转期是指公司从购买材料支付货币资金至销售商品收回货币资金的时间，即货币资金周转一次所需要的天数，具体计算公式为：

$$货币资金周转期=应收账款周转期-应付账款周转期+存货周转期$$

式中　存货周转期——将原材料转化为产成品并出售所需的时间；

应收账款周转期——将应收账款转换为货币资金所需要的时间；

应付账款周转期——从收到尚未付款的材料开始到货币资金支出所用的时间。

如图 8-3 所示，缩短存货周转期和应收账款周转期，延长应付账款付款期是缩短货币资金周转期的基本途径。

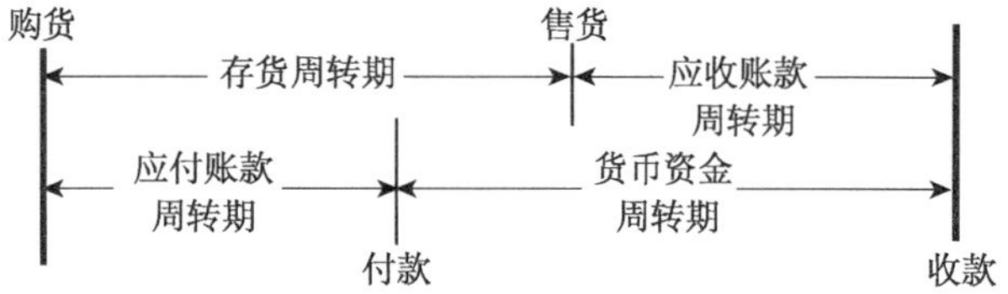

图 8-3　货币资金周转期示意图

第二步，计算货币资金周转率。货币资金周转率是指 1 年或一个经营周期内货币资金的周转次数，货币资金周转率的计算公式为：

$$货币资金周转率=\frac{计算期天数}{货币资金周转期}$$

货币资金周转率与货币资金周转期互为倒数。货币资金周转期越短，则货币资金周转率越多，在一定货币资金需求额下，货币资金持有量将会越少。

第三步，计算目标货币资金持有量。

$$最佳货币资金持有量=\frac{货币资金需求量}{货币资金周转率}$$

【例 8-3】 某公司年货币资金需求量为 1 080 万元，其原材料购买和产品销售均采取赊账方式，应收账款的平均收款天数为 60 天，应付账款的平均付款天数为 30 天，存货平均周转天数为 90 天，则：

货币资金周转期＝60－30＋90＝120(天)
货币资金周转率＝360÷120＝3(次)
目标货币资金持有量＝1 080÷3＝360(万元)

货币资金周转模式使用条件是：第一，公司预测期内货币资金的总需求量可以合理预知；第二，货币资金周转天数与次数可以合理测算，测算结果应符合实际，保证科学与准确。

(四) 随机模式

在企业的实际管理中，货币资金支出是随机的，且一定时期内货币资金需要量事先无法确定。企业可以根据历史经验和现实需要，测算出一个货币资金持有量的控制范围，即制定出货币资金持有量的上限和下限，将货币资金控制在上下限之内。当货币资金达到控制上限时，用货币资金购入有价证券，使货币资金持有量下降；当货币资金降到下限时，则抛售有价证券换回货币资金，使货币资金持有量回升。若货币资金在控制的上下限之内，便不必进行货币资金与有价证券的转换，保持它们各自的现有存量。我们将通过这种模式对货币资金持有量进行控制的方法称为随机模式，其具体操作如图 8-4 所示。

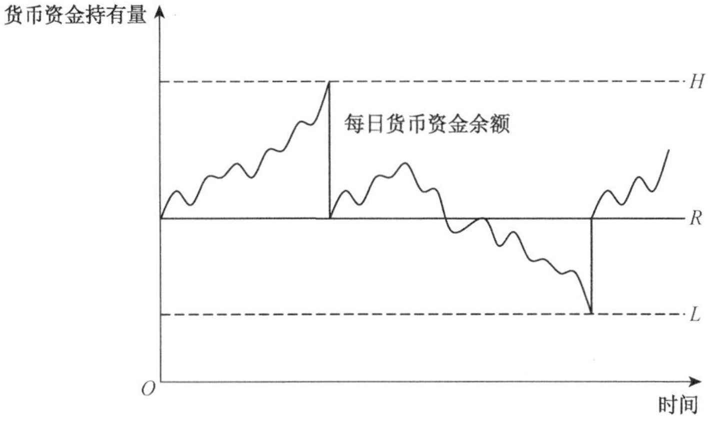

图 8-4 货币资金持有量的随机模式

在图 8-4 中，H 为上限，L 为下限，R 为目标控制线。当货币资金持有量升至 H 时，则购进($H-R$)金额的有价证券，使货币资金持有量回落到 R 线上；当货币资金持有量降至 L 时，就需出售($R-L$)金额的有价证券，使货币资金持有量恢复到 R 的最佳水平上。目标货币资金持有量 R 线的确定，仍可按货币资金持有总成本最低，即持有货币资金的机会成本和转换有价证券的固定成本之和最低的原理来确定，并把货币资金持有量可能波动的幅度同时考虑在内。货币资金存量的上限 H、目标控制线 R 可按下列公式计算：

$$R = \sqrt[3]{\frac{3b\delta^2}{4i}} + L$$

$$H = 3R - 2L$$

式中 b——每次有价证券的固定转换成本；

i——有价证券的日利息率；

δ——预期每日货币资金余额变化的标准差。

下限 L 的确定，要受到企业每日的最低货币资金、管理人员的风险承受倾向等因素的影响。

【例 8-4】 某公司有价证券的年利率为 7.2%，每次转换成本为 100 元，公司管理层认为其货币资金余额不能低于 2 500 元，根据以往经验测，测算出货币资金余额波动的标准差为 500。

要求：计算货币资金目标控制线 R 和上限 H。

解：有价证券日利率＝7.2%÷360＝0.02%

$$R = \sqrt[3]{\frac{3b\delta^2}{4i}} + L = \sqrt[3]{\frac{3 \times 100 \times 500^2}{4 \times 0.02\%}} + 2\,500 = 7\,042(\text{元})$$

$$H = 3R - 2L = 3 \times 7\,042 - 2 \times 2\,500 = 16\,126(\text{元})$$

由[例 8-4]中可见，该企业最佳货币资金持有量为 7 042 元，当货币资金持有量升到 16 126 元时，则可购进 9 084 元(16 126－7 042)的有价证券；而当货币资金持有量下降到 2 500 元时，则可售出 4 542 元(7 042－2 500)的有价证券。

随机模式主要是在未来货币资金流量不可预测的假设下确定最佳货币资金持有量，因此，其准确性是相对的，通过这一模式计算出来的货币资金持有量相对保守。

三、货币资金的日常管理

企业在确定了最佳货币资金持有量后，还应加强货币资金的日常管理，使货币资金得到最有效的利用。

（一）货币资金收入的管理

货币资金收入的管理重在缩短收款时间。传统企业销售款项的收取一般要经历如下过程：由客户开出支票邮寄到收款企业，收款企业收到支票后交付银行，银行凭支票通过银行结算系统向客户的开户银行结算划转款项。以上过程需要时间，企业应尽量缩短这一过程的时间，使应收款项尽早进入本企业的银行账户。

随着电子商务的日益兴盛，利用网上资金划拨系统使企业收款时间进一步缩短。如图 8-5 所示，收款企业给客户寄送一张发票，在恰当的付款日，客户通过网上银行指示它的开户行付款，然后收款企业的开户行给发出收款通知。

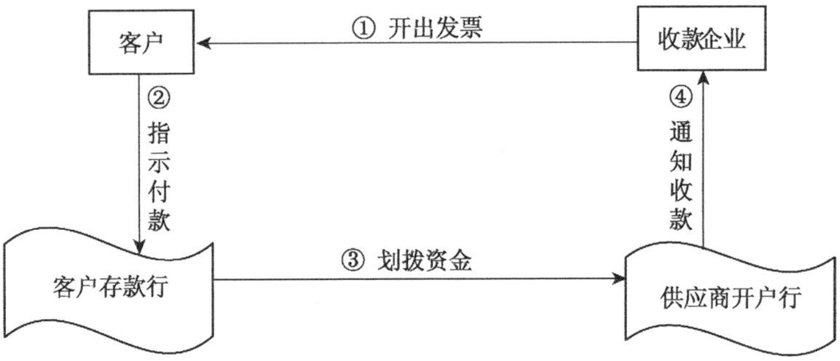

图 8-5 网上资金划拨系统

（二）货币资金支出的管理

货币资金支出的管理重在推迟付款日期。当企业购买原材料等发生应付账款时，如何合理合法地推迟付款日期是最为重要的，因为该付的钱推迟支付等于在推迟期间筹借到一笔可用资金。例如，公司在采购材料时，如果付款条件是“2/10，N/45”，应安排在发票开出日期后的第 10 天付款，这样，公司可以最大限度地利用现金而又不丧失现金折扣。

（三）闲置货币资金的利用

由于企业开出支票到开户银行实际划出这笔款项总会有一定的时间间隔，造成企业货币资金账户余额与银行账户上的存款余额有一定差额，称为货币资金“浮游量”。只要把握准时间，浮游量是可以利用的。当一家公司在同一国家内有多个银行存款户时，则可选用一家能使支票流通在外的时间最长的银行来支付货款，以扩大浮游量。企业用于资本投资或经营支出的款项，往往是资金先到位，然后再发生支付，这一段时间也会造成货币资金的闲置。上述情况如果估算准确，又能熟悉证券市场的情况，就能利用闲置货币资金进行短期证券投资而获利。由于企业的资金流量大，虽然证券投资期短，也能得到可观的收益。

第三节 应收账款管理

应收账款是企业因对外赊销产品、材料、供应劳务等而应向购货或接受劳务单位收取的款项。应收账款是公司流动资产中的一个重要项目，是商业信用的直接产物。随着市场经济的不断发展，商业竞争的日趋加剧，公司的应收账款数额明显增多，因此，应收账款管理已成为流动资产管理中的重要课题。应收账款管理的目的，就是正确衡量信用成本和信用风险，合理确定信用政策，及时回收账款。

一、应收账款的作用及成本

（一）应收账款的作用

在实际生产经营过程中，应收账款主要有以下两方面的作用。

1. 增加销售

在市场竞争比较激烈的情况下，企业提供商业信用，采取赊销、分期付款等销售方式，可以扩大销售，增加利润。进行赊销的企业，实际上是向顾客提供了两项交易：①向顾客销售产品；②在一个有限的时期内向顾客提供现金。虽然赊销仅仅是影响销售量的因素之一，但在银根紧缩、市场疲软、资金匮乏的情况下，赊销的促销作用是十分明显的。特别是在企业销售新产品、开拓新市场时，赊销更具有重要的意义。

2. 减少存货

企业持有产成品存货，要追加管理费、仓储费和保险费等支出；相反，企业持有应收账款，则无需上述支出。因此，无论是季节性生产企业还是非季节性生产企业，当产成品存货较多时，一般都可以采用较为优惠的信用条件进行赊销，把存货转化为应收账款，减少产成品存货，节约各种支出。

（二）应收账款的成本

企业在采取赊销方式促进销售的同时，会因持有应收账款而付出一定的代价，这种代价就是应收账款的成本。其内容包括以下几项。

1. 机会成本

公司资金如果不投放于应收账款，便可用于其他投资并获得收益。比如，投资于有价证券便会有利息收入。这种因投放于应收账款而放弃的其他收入，即为应收账款的机会成本。这一成本的大小通常与企业维持赊销业务所需要的资金数量、资金成本率或有价证券利息率有关。应收账款机会成本的计算公式为：

$$\begin{matrix}\text{应收账款}\\\text{机会成本}\end{matrix}=\begin{matrix}\text{维持赊销业}\\\text{务所需资金}\end{matrix}\times\begin{matrix}\text{资金}\\\text{成本率}\end{matrix}$$

其中，资本成本率可用有价证券利息率来计算。

$$\begin{matrix}\text{维持赊销业}\\\text{务所需资金}\end{matrix}=\begin{matrix}\text{应收账款}\\\text{平均余额}\end{matrix}\times\begin{matrix}\text{变动}\\\text{成本率}\end{matrix}$$

$$\begin{matrix}\text{应收账款}\\\text{平均余额}\end{matrix}=\frac{\text{销售收入}}{\text{应收账款周转率}}=\frac{\text{销售收入}}{\frac{360}{\text{应收账款周转期}}}=\frac{\text{销售收入}\times\text{应收账款周转期}}{360}$$

$$=\text{每日销售收入}\times\text{应收账款周转期}$$

综述所述，应收账款的机会成本公式可以表达为：

$$\text{应收账款机会成本}=\text{每日销售收入}\times\text{应收账款周转期}\times\text{变动成本率}\times\text{资金成本率}$$

式中的应收账款周转期，相当于应收账款平均收账期，在平均收账期不清楚的情况下，可用信用期限近似替代；如果存在现金折扣，平均收账期是一个加权平均数。

【例 8-5】 假设某企业预测的年度销售收入为 9 000 万元，应收账款周转期为 60 天，变动成本率为 75%，资金成本率为 4%。

要求：计算应收账款机会成本。

解：

$$应收账款机会成本=(9\,000\div360)\times60\times75\%\times4\%=45(万元)$$

2. 管理成本

公司对应收账款进行管理所耗费的各种费用，即为应收账款的管理成本，主要包括对客户的资信调查费用、应收账款记录分析费用、收账费用等。在应收账款一定数额范围内管理成本一般为固定成本。

3. 坏账成本

应收账款因故不能收回而给公司带来的损失，称为坏账成本。此项成本一般与应收账款的额度成正比。为避免坏账成本给公司生产经营活动的稳定性带来不利影响，公司应按规定提取一定的坏账准备。

二、信用政策

制定合理的信用政策，是加强应收账款管理，提高应收账款投资效益的重要前提。信用政策包括信用标准、信用条件和收账政策三部分内容。

（一）信用标准

信用标准是客户获得企业商业信用所应具备的最低条件。如果企业信用标准过高，将使许多客户因达不到所设的标准而不能获得商业信用，这虽然会减少坏账损失和收账费用，但同时也会影响企业销售收入的增加和竞争能力的提高。相反，若企业采取较低的信用标准，虽然有利于企业扩大销售，提高市场竞争力和占有率，但同时也会导致坏账损失风险和收账费用的增加。企业在制定信用标准时，要在提高的收入和增加的成本之间作出权衡，制定出对企业有利的信用标准。

企业在制定或选择信用标准时，应考虑以下三个因素：其一，同行业竞争对手情况。如果对手实力很强，企业要取得或保持优势地位，就需要采取低于对手的信用标准，以争取这部分客户；反之，其信用标准可以相应高一些。其二，企业承担违约风险的能力。当企业具有较强的违约风险承担能力时，就可以选择较低的信用标准，以提高竞争力、争取客户、扩大销售；若企业承担风险的能力比较弱，就只能选择严格的信用标准，以尽可能降低违约风险。其三，客户的资信程度。对客户的资信程度的评判可以使用5C评估系统。该系统是指重点分析影响客户信用的五大因素的一种方法。这五大因素英文都以C打头，故称为5C评估法。五大因素的具体内容是：

(1) 品质(character)。它是指客户的信誉，即履行偿债义务的可能性。公司必须设法了解客户的付款历史，看其是否有按期如数付款的一贯做法，与其他供货公司的关系是否良好。这是衡量客户是否信守契约的重要标准，也是决定是否给予客户信用的首要因素。

(2) 能力(capacity)。它是指客户的偿债能力，即其流动资产的数量和质量以及与流动负债的比例关系等。客户的流动资产越多，即流动比率越高，其转化为现金支付款项的能力就越强。同时，还应注意客户流动资产的质量，看其是否存在过多的不良债权或积压存货以及影响其变现能力和支付能力的其他情况。

(3) 资本(capital)。它是指客户的财务实力和财务状况，是客户偿债的最终保证。

(4) 抵押(collateral)。它是指客户拒付款项或无力支付款项时能被用作抵押的资产，这对于不知底细或信用状况有争议的客户尤为重要。一旦这些客户的款项不能收回，便以抵押品抵补。

(5) 条件(conditions)。它是指可能影响客户付款能力的经济环境。比如，万一出现经济不景气等因素，会对客户的付款能力产生什么影响，客户会如何做，等等，这需要了解客户在过去经济环境困境时期的付款历史。

(二) 信用条件

信用条件是指企业接受客户信用订单时所提出的付款要求，主要包括信用期限、折扣期限及现金折扣等。信用条件的基本表达方式是“3/10，1/30，N/60”，意思是：若客户能在发票开出后10天内付款，可以享受货款金额3%的折扣；若10～30天内付款，可以享受货款金额1%的折扣；若30～60天内付款，必须全额支付货款。这里60天为信用期，10天、30天为折扣期限，3%、1%为现金折扣率。

1. 信用期限

信用期限是指企业允许客户从购货到支付货款的时间限定。一般而言，延长信用期，可以在一定程度上扩大销售量，增加销售利润，但不适当延长信用期限，会给企业带来不良后果：一是延长收账期，使占用在应收账款上的资金增加，引起机会成本增加；二是引起坏账损失和收账费用的增加。因此，企业应否给客户延长信用期，应视延长信用期限增加的收入是否大于增加的成本而定。

【例8-6】 某公司目前的收账政策过于严厉，不利于扩大销售，该公司正在研究修改现行的收账政策，将信用期限由当前的30天放宽至60天，设风险投资的最低报酬率为10%，其他有关数据如表8-2所示。

要求：计算分析该公司应选择的信用政策。

表8-2 信用期限方案表

项目 \ 信用期	30天	60天
销售量(件)	120 000	150 000
销售额(元)(单价5元)	600 000	750 000
销售成本(元)		
变动成本(每件3元)	360 000	450 000
固定成本(元)	60 000	60 000

（续表）

项目 \ 信用期	30天	60天
毛利(元)	180 000	240 000
可能发生的收账费用(元)	4 000	8 000
可能发生的坏账损失(元)	10 000	20 000

解：在分析时，先计算放宽信用期限得到的收益，然后计算增加的成本，最后根据两者比较的结果作出判断。

增加的销售利润＝(150 000－120 000)×(5－3)＝60 000(元)

$$\text{30天信用期机会成本}=\frac{600\ 000}{360}\times 30\times\frac{360\ 000}{600\ 000}\times 10\%=3\ 000(\text{元})$$

$$\text{60天信用期机会成本}=\frac{750\ 000}{360}\times 60\times\frac{450\ 000}{750\ 000}\times 10\%=7\ 500(\text{元})$$

增加的机会成本＝7 500－3 000＝4 500(元)

增加的收账费用＝8 000－4 000＝4 000(元)

增加的坏账损失＝20 000－10 000＝10 000(元)

增加的净收益＝60 000－(4 500＋4 000＋10 000)＝41 500(元)

由于增加的收益大于增加的成本，因此应采用60天的信用期。

本例中，在固定成本不变的情况下，销售利润的增加也就是边际贡献的增加。

2. 现金折扣

延长信用期限会增加应收账款占用的时间和金额。为了及时收回货款，减少坏账损失，企业往往会在延长信用期限的同时，采用一定的优惠措施。即在规定的时间内提前付款的客户可按销售收入的一定比率享受折扣，如“3/10, N/30”。现金折扣本质上是一种筹资行为，因此，现金折扣成本是筹资费用而非应收账款成本。在信用条件优化选择中，现金折扣条款能降低机会成本、管理成本和坏账成本，但同时也需付出一定的代价，即现金折扣成本。现金折扣条款有时也会影响销售额(如有的客户冲着现金折扣条款来购买本企业产品)，造成销售利润的改变。现金折扣成本是信用决策中的相关成本，在有现金折扣的情况下，信用条件优化的要点是：增加的销售利润能否超过增加的机会成本、管理成本、坏账成本和折扣成本之和。

现金折扣成本＝销售收入×折扣期内付款的销售额比例×现金折扣率

【例8-7】 某公司目前年销售收入为30万元，信用条件为“N/30”，变动成本率为70％，资本成本率为12％。该公司为扩大销售，制定了A、B两个信用条件方案：

A方案信用条件为“N/60”，预计赊销收入将增加8万元，坏账损失率为4％，预计收账费用为2万元。

B方案信用条件为“1/30，N/60”，预计销售收入将增加14万元，坏账损失率为5%。估计约有80%的客户(按赊销额计算)会利用折扣，预计收账费用为2.4万元。

要求：根据以上资料，确定该公司应选择哪一信用条件方案。

解：A方案的预计销售收入＝30＋8＝38(万元)

B方案的预计销售收入＝30＋14＝44(万元)

增加的销售利润＝(44－38)×(1－70%)＝1.8(万元)

$$\text{B方案比A方案增加机会成本}=\left(44\times\frac{30\times80\%+60\times20\%}{360}-38\times\frac{60}{360}\right)\times70\%\times12\%=-0.16(\text{万元})$$

B方案比A方案增加坏账损失＝44×5%－38×4%＝0.68(万元)

B方案比A方案增加收账费用＝2.4－2＝0.4(万元)

B方案比A方案增加现金折扣＝44×80%×1%＝0.352(万元)

B方案比A方案增加净收益＝1.8－(－0.16＋0.68＋0.4＋0.352)＝0.528(万元)

由于B方案的收益大于A方案，因此，应选择B方案。

(三) 收账政策

收账政策是指公司向客户收取逾期未付款款项的策略与措施。公司的信用政策影响着坏账损失，为了避免或减少坏账损失，提高收款的效率，公司对不同客户应制定相应的收款政策。一般公司为了扩大产品销售量，增强竞争能力，往往对客户的逾期未付款项规定一个允许拖欠的期限，超过规定的期限，公司就将进行各种形式的催收。如果公司制定的收账政策过宽，会导致逾期未付款项的客户拖延时间更长，对公司不利；收账政策过严，催收过急，又可能伤害无意拖欠的客户，影响公司未来的销售和利润。因此，公司在制定收账政策时必须十分谨慎，做到宽严适度。

通常的步骤是：当客户拖欠或拒付时，企业应当首先分析现有的信用标准及信用审批制度是否存在纰漏；然后重新对违约客户的资信等级进行调查、评价。对于信用品质恶劣的客户应当从信用名单中排除，对其所拖欠的款项可以通过信函、电讯或者派员前往等方式进行催收，态度可以逐渐强硬，并提出警告。当这些措施无效时，可以通过法院裁决。对于信用记录一向正常的客户，在去电、去函的基础上，也可以派人与客户直接进行协商，彼此沟通意见，达成谅解协议。这样既可以密切相互间的关系，又有助于较为理想地解决账款拖欠问题。当然如果双方无法取得谅解，也只能诉之于法律进行最后裁决。

企业对拖欠的应收账款，无论采用何种方式进行催收，都需要付出一定的代价，即收账费用。一般而言，企业加强收账管理，可以减少坏账损失，减少在应收账款上的资金占用，但会增加收账费用。制定收账政策就是要在增加收账费用与减少坏账损失和机会成本之间进行权衡，若前者小于后者，则说明制定的收账政策是可取的。

【例8-8】 某公司现行收账政策和拟改变的收账政策如表8-3所示。

表 8-3　收账政策备选方案

项　目	现行收账政策	拟改变的收账政策
年销售额(元)	4 800 000	4 800 000
应收账款周转天数(天)	30	15
年收账费用(元)	40 000	60 000
坏账损失率	2%	1%

假设变动成本率为 60%,资本成本为 10%。

要求:分析评价两种收账政策。两种收账政策分析评价如表 8-4 所示。

表 8-4　收账政策分析评价表

项　目	现行收账政策	拟改变的收账政策
年销售额	4 800 000	4 800 000
应收账款周转次数	360÷30=12	360÷15=24
应收账款平均余额(元)	4 800 000÷12=400 000	4 800 000÷24=200 000
应收账款占用资金(元)	400 000×60%=240 000	200 000×60%=120 000
收账成本		
其中:应收账款机会成本(元)	240 000×10%=24 000	120 000×10%=12 000
坏账损失(元)	4 800 000×2%=96 000	4 800 000×1%=48 000
年收账费用(元)	40 000	60 000
收账总成本(元)	160 000	120 000

表 8-4 的计算结果表明,拟改变的收账政策发生的收账成本低于现行收账政策的收账成本。也表明拟改变的收账政策增加的收账费用(20 000 元)小于减少的坏账损失和机会成本之和(60 000 元),说明拟改变的收账政策更为合理。

三、应收账款的日常管理

企业应强化应收账款日常管理工作,采取有效的管理策略。这些比较成熟有效的应收账款日常管理策略包括如下几项。

(一) 建立客户档案

完善信用管理部门职能,建立系统性的应收账款日常控制体系非常重要,而完整的客户档案是信用管理的基础。客户档案应包括以下内容:客户基本资料、客户信用资料、赊销合同、以往交易记录等。信用管理部门依靠完整的客户资料评价和跟踪客户的信用状况,确定客户的信用额度,对逾期账款进行有效管理。客户档案应从与客户建立交易关系前就着手建立,并在客户关系的发展过程中予以及时补充和更新。

(二) 加强应收账款追踪分析

企业往往在收账之前,通过对应收账款进行追踪分析,企业可以准确预期应收账款发生坏账风险的可能性,研究和制定合理的收账政策,从而提高收账效率,减少坏账损失。

进行账龄分析是一种行之有效的追踪方式，账龄分析表是显示应收账款在外天数长短的报告，具体格式如表 8-5 所示。

表 8-5　　20××年度账龄分析表

应收账款账龄	客户数量	应收金额(万元)	金额比例(%)
信用期内(1 个月)	30	300	30
超过信用期 1 个月	15	200	20
超过信用期 2 个月	10	200	20
超过信用期 3 个月	5	100	10
超过信用期半年	3	100	10
超过信用期 1 年	2	50	5
超过信用期 2 年	1	30	3
超过信用期 3 年以上	5	20	2
合计		1 000	100

通过表 8-5 可分析如下：第一，有多少欠账尚在信用期内。由于这部分款项没有超过信用期，属正常欠款。第二，有多少欠账已超过信用期，超过时间不等的款项各占多少，有多少欠款最终形成坏账。表 8-5 显示，有 700 万元的应收账款已超过信用期，所占比例为 70%；拖欠时间较短(如 1 个月内)的有 200 万元，所占比例为 20%，其收回的可能性相对较大；账龄越长的款项，坏账的可能性越大。

(三) 定期对账和催收账款

企业可以向欠款客户寄发应收账款对账单，这种借鉴商业银行的做法费用低廉。出现货款拖欠时，应当马上采取措施，了解原因，或者将交易方式改变成现金或者信用证，作动态的管理。对于应收账款逾期 3 个月以内的，企业可主要进行内部处理，如果是合理拖延，应该给客户一定的时间，但企业自身也应注意风险防范；逾期 3 个月以上的，企业则可考虑电话、实地或追债公司等方式进行追讨；对于逾期 1 年以上的应收账款，必要时企业可以考虑采取诉讼手段。

第四节　存货管理

存货是指企业在生产经营过程中为生产或销售而储备的物资。存货控制或管理效率的高低，直接反映并决定企业收益、风险、流动性的综合水平，因而在整个投资决策中居于举足轻重的地位。虽然存货管理不直接属于财务人员的职责范围，但是，在存货上的资本投资却是财务管理的重要组成部分，财务人员必须掌握控制存货的各种有效方法，达到资本的有效配置。

一、存货成本

为开展正常的生产经营活动，企业必须储备一定数量的存货，如原材料、半成品、产成品、库存商品等，储备这些存货会发生资金占用、储存保管费用等，这就构成了存货成本。具体包括如下几项。

（一）进货成本

进货成本是指存货的取得成本，包括订货成本和购置成本两类。

1. 订货成本

订货成本指取得订单的成本，如办公费、差旅费、邮资、电报费、电话费支出。订货成本中有一部分与订货次数无关，如常设采购机构的基本开支等，称为订货的固定成本，用 F_1 表示；另一部分与订货次数有关，如差旅费、邮资等，称为订货的变动成本，每次订货的变动成本用 P 表示。订货次数等于存货年需要量 A 与每次进货量 Q 之商。订货成本的计算公式为：

$$订货成本 = F_1 + A/Q \cdot P$$

2. 购置成本

购置成本指存货本身的价值，经常用单价与数量的乘积来确定。存货单价用 K 表示，于是购置成本为 $K \cdot A$。

订货成本加上购置成本，就等于存货的进货成本，进货成本的计算公式为：

$$\begin{aligned}进货成本 &= 订货成本 + 购置成本 = 订货固定成本 + 订货变动成本 + 购置成本 \\ &= F_1 + A/Q \cdot P + K \cdot A\end{aligned}$$

（二）储存成本

储存成本是指为持有存货而发生的成本，包括存货占用资金所应计的利息（若公司用现金购买存货，便失去了现金存放银行或投资于证券所应取得的利息，是为“放弃利息”；若公司借款购买存货，便要支付利息费用，是为“付出利息”）、仓库费用、保险费用、存货破损和变质损失等，通常用 TC_c 来表示。

储存成本也分为固定成本和变动成本。固定成本与存货数量的多少无关，如仓库折旧、仓库职工的固定月工资等，常用 F_2 表示；变动成本与存货的数量有关，如存货资金的应计利息、存货的破损和变质损失、存货的保险费用等，单位变动储存成本用 C_1 表示。储存成本的计算公式为：

$$储存成本 = 储存固定成本 + 储存变动成本 = F_2 + C_1 \cdot Q/2$$

（三）缺货成本

短缺成本指由于存货供应中断而造成的损失，包括材料供应中断造成的停工损失、产成品库存短缺造成的拖欠发货损失和丧失销售机会的损失（还应包括需要主观估计的商誉损失等）。如果生产公司以紧急采购代用材料来解决库存材料中断之急，那么短缺成本表现为紧急额外购入成本（紧急额外购入的开支会大于正常采购的开支）。

二、存货控制的方法

如何取得存货、管理存货，使存货在使用和周转过程中总成本最小，效益最大，就是存货的控制。存货控制的方法有多种，以下介绍经济批量模型、陆续到货模型、商业折扣模型、存货 ABC 控制法及适时性管理。

（一）经济订货批量模型

存货的决策涉及四项内容：决定进货项目、选择供应单位、决定进货时间和决定订货批量。决定订货项目和选择供应单位是销售部门、采购部门和生产部门的职责。财务部门要做的是决定订货时间和决定订货批量。按照存货管理的目的，需要通过合理的订货批量和订货时间，使存货的总成本最低，这个批量叫做经济批量或经济订货量。有了经济批量，就可以很容易地找出最适宜的进货时间。

经济订货批量的基本模型，通常是建立在如下基本假设基础上的：

（1）公司能够及时补充存货，所需存货市场供应充足，在需要存货时，可以立即到位。

（2）存货集中到货，而不是陆续入库。

（3）不允许缺货，即无缺货成本。

（4）一定时期的存货需求量能够确定，即需求量为常量。

（5）存货单价不变，不考虑商业折扣，单价为已知常量。

（6）公司现金充足，不会因现金短缺而影响进货。

经济订货批量模型中的相关总成本 TC 是由两项相关成本合成的：变动性订货成本 TC_O 和变动性储存成本 TCc。经济订货批量模型如图 8-6 所示。

即：
$$TC = TC_O + TC_C = P \times \frac{A}{Q} + C_1 \times \frac{Q}{2}$$

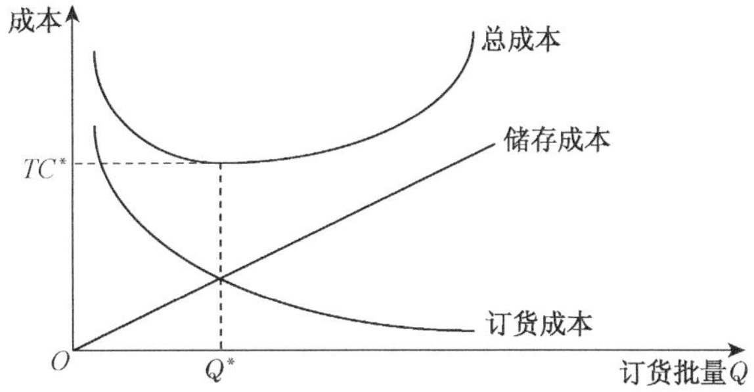

图 8-6　经济订货批量模型

如图 8-6 所示：每次订货量少，则储存成本小，但必然导致订货次数增多，引起订货成本增大；反之，每次订货量多，则储存成本变大，但可使订货次数减少，导致订货成本降低。可见，每次订货量太多或太少都不好，存货控制就是要寻求最优的订货量 Q^*，使全年相关总成本达到最小值 TC^*，这个 Q^* 就是经济批量。

经济订货批量模型可以用微积分学方法求解：

$$TC' = -\frac{PA}{Q^2} + \frac{C_1}{2}，令\ TC' = 0$$

可得：　　$Q=\sqrt{\dfrac{2PA}{C_1}}$

这时：　　$TC=\sqrt{2PAC_1}$

因为：　　$TC''=\dfrac{2PA}{Q^3}>0$

所以，$\sqrt{2PAC_1}$ 是 TC 的最小值。

可见，经济订货批量模型的最优解为：

$$最优订货批量\ Q^*=\sqrt{\frac{2PA}{C_1}}$$

$$最小相关总成本\ TC^*=\sqrt{2PAC_1}$$

经济订货批量模型下，存货储存情况如图 8-7 所示。

最优订货批量出现在变动性订货成本和变动性储存成本之和最小，也即变动性订货成本和变动性储存成本相等时。

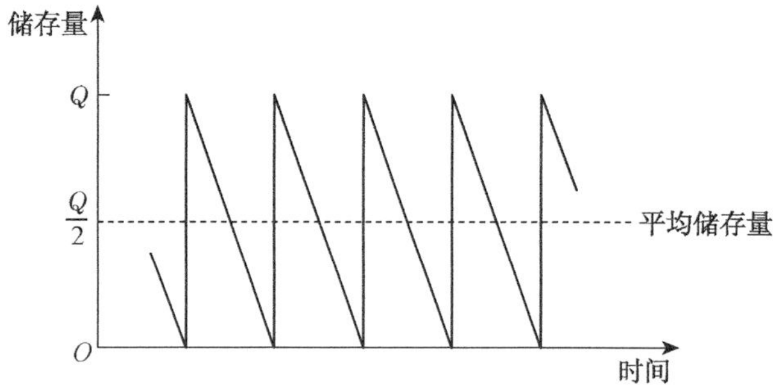

图 8-7　经济订货批量模型下存货储存情况

【例 8-9】 某企业每年需要耗用甲材料 18 000 千克，该材料的单价为 500 元，单位储存成本为 0.6 元，平均每次订货成本 240 元。

要求：

(1) 计算经济订货批量。

(2) 计算最佳订货次数。

(3) 计算最佳订货周期。

(4) 计算经济订货批量的相关总成本。

(5) 计算经济订货批量平均占用的资金。

解：(1) 经济订货批量 $=\sqrt{\dfrac{2\times240\times180\,000}{0.6}}=12\,000$(千克)

(2) 最佳订货次数 $=180\,000\div12\,000=15$(次)

(3) 最佳订货周期 $=360\div15=24$(天)

（4）经济订货批量的相关总成本$=\sqrt{2\times240\times180\,000\times0.6}=7\,200$（元）

（5）经济订货批量平均占用的资金$=(12\,000\div2)\times500=3\,000\,000$（元）

本例中不同采购批量下的相关成本如表8-6所示。由表8-6也可以看出，当采购批量为12 000千克时，年存货总成本最低，则该采购批量即为经济采购批量。进一步分析还可以看出，当某一订货批量的年订货成本等于年储存成本时，存货总成本最低，即在经济订货批量下，年订货成本与年储存成本相等。

表8-6　　不同采购批量下的相关成本

订货批量（千克）	订货次数（次）	年订货成本（元）	平均储存量（千克）	年储存成本（元）	存货总成本（元）
（1）	（2）＝180 000÷（1）	（3）＝（2）×240	（4）＝（1）÷2	（5）＝（4）×0.6	（6）＝（3）＋（5）
9 000	20	4 800	4 500	2 700	7 500
10 000	18	4 320	5 000	3 000	7 320
12 000	15	3 600	6 000	3 600	7 200
15 000	12	2 880	7 500	4 500	7 380
18 000	10	2 400	9 000	5 400	7 800

（二）陆续到货模型

经济订货批量模型中，我们作了六项基本假设，其中一项是“存货集中到货，而不是陆续入库”。然而，实际未必如此，为此，我们分析讨论存货陆续到达情况下的最优决策。

本模型中，存货储存情况如图8-8所示，图中一次订货周期分为两个阶段：在送货期企业陆续到货又陆续耗用，在消耗期企业只耗用存货。

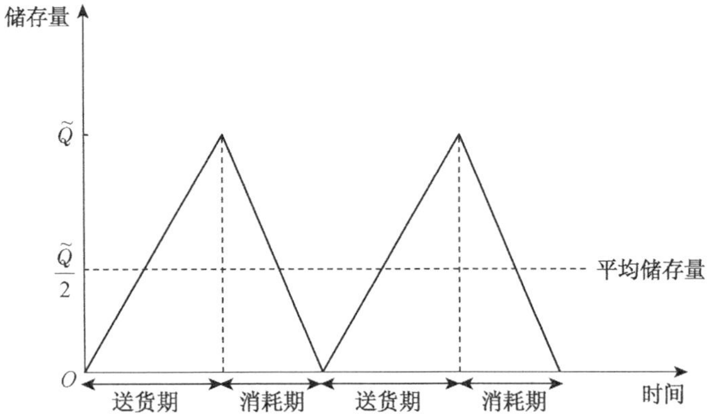

图8-8　陆续到货模型

设每次订货量为Q，相关订货成本类似经济订货批量模型，即：

$$TC_0=P\times\frac{A}{Q}$$

设存货每日到货量为 m，每日耗用量为 n，则在送货期，每日增加储存 $m-n$，共到货 $\frac{Q}{m}$ 天，则最大库存量 $\widetilde{Q}$ 及相关储存成本 TC_C 为：

$$\widetilde{Q}=(m-n)\times\frac{Q}{m}=\left(1-\frac{n}{m}\right)\times Q$$

$$TC_C=C_1\times\frac{\widetilde{Q}}{2}=\frac{1}{2}C_1\times\left(1-\frac{n}{m}\right)\times Q$$

陆续到货模型的相关总成本 TC 为：

$$TC=TC_O+TC_C=P\times\frac{A}{Q}+\frac{1}{2}C_1\times\left(1-\frac{n}{m}\right)\times Q$$

$$TC'=-\frac{PA}{Q^2}+\frac{1}{2}C_1\times\left(1-\frac{n}{m}\right)$$

令 $TC'=0$，得

$$Q^*=\sqrt{\frac{2PA}{C_1\times\left(1-\frac{n}{m}\right)}}$$

因为　$TC''=\frac{2PA}{Q^3}>0$

所以　Q^* 处 TC 有最小值：

$$TC^*=\sqrt{2PAC_1\times\left(1-\frac{n}{m}\right)}$$

陆续到货模型的最优解为：

$$\text{最优订货量 } Q^*=\sqrt{\frac{2PA}{C_1\times\left(1-\frac{n}{m}\right)}}$$

$$\text{最小相关总成本 } TC^*=\sqrt{2PAC_1\times\left(1-\frac{n}{m}\right)}$$

【例 8-10】 某企业全年需 A 零件为 1 200 件，每日送货量为 60 件，每日消耗量为 40 件，单价为 10 元，每次变动性订货成本为 30 元，该零件的年单位变动性储存成本为 6 元。

要求：计算最优订货量及最小相关总成本。

解：

$$\text{最优订货量}=\sqrt{\frac{2\times30\times1\,200}{6\times\left(1-\frac{40}{60}\right)}}=600(\text{件})$$

$$\text{最小相关总成本}=\sqrt{2\times30\times1\,200\times6\times\left(1-\frac{40}{60}\right)}=1\,200(\text{元})$$

（三）商业折扣模型

经济批量模型中的"存货的单价不变，不考虑商业折扣"假设也有可能与实际不符，为此我们分析讨论存在商业折扣情况下的最优决策。通常情况下，一次订货量越大，所能享受的商业折扣越高，企业存货购置成本越低。此时购置成本是决策的一项相关成本。

因此，在存在商业折扣的情况下，存货相关总成本除了考虑订货成本 TC_O 和储存成本 TCc 外，还应考虑购置成本 TC_k。存货相关总成本为：

$$TC = TC_k + TC_O + TC_C = K \times A + P \times \frac{A}{Q} + C_1 \times \frac{Q}{2}$$

本模型可按下列程序求最优解：

第一步，按经济订货批量模型求出订货批量。

第二步，按商业折扣条款查出与第一步求得的批量对应的采购单价及相关总成本。

第三步，求出按商业折扣条款中采购单价低于第二步求得的单价的各档次的最低批量对应的相关总成本。

第四步，比较相关总成本，最低的为最优解。

【例 8-14】 某企业甲材料的年需要量为 16 000 千克，每千克标准价为 20 元。销售企业规定：客户每批购买量不足 1 000 千克的，按照标准价格计算；每批购买量在 1 000 千克以上 2 000 千克以下的，价格优惠 2%；每批购买量在 2 000 千克以上的，价格优惠 3%。已知每次变动性订货成本为 600 元，单位材料的年平均变动性储存成本 30 元。

要求：计算最优采购批量和全年最少相关总成本。

解：按经济订货批量模型确定的经济进货批量为：

$$\text{经济进货批量} = \sqrt{\frac{2 \times 600 \times 16\,000}{30}} = 800(\text{千克})$$

这时甲材料的单价为标准单价 20 元。

$$\text{相关总成本 } TC_1 = 16\,000 \times 20 + 16\,000 \div 800 \times 600 + 800 \div 2 \times 30 = 344\,000(\text{元})$$

或

$$\text{相关总成本 } TC_1 = 16\,000 \times 20 + \sqrt{2 \times 16\,000 \times 600 \times 30} = 344\,000(\text{元})$$

当价格优惠 2%时：

$$\text{相关总成本 } TC_2 = 16\,000 \times 20 \times (1 - 2\%) + 16\,000 \div 1\,000 \times 600 + 1\,000 \div 2 \times 30 = 338\,200(\text{元})$$

当价格优惠 3%时：

$$\text{相关总成本 } TC_3 = 16\,000 \times 20 \times (1 - 3\%) + 16\,000 \div 2\,000 \times 600 + 2\,000 \div 2 \times 30 = 345\,200(\text{元})$$

通过比较发现，最优进货批量为 1 000 千克，此时全年最少相关总成本为 338 200 元。

（四）存货 ABC 控制法

有的企业存货品种繁多，尤其是大中型企业的存货往往多达上万种甚至数十万种。

实际上,不同的存货对企业财务目标的实现具有不同的作用。有的存货尽管品种数量很少,但金额巨大,如果管理不善,将给企业造成极大的损失。有的存货虽然品种数量繁多,但金额较小,即使管理当中出现一些问题,也不至于对企业产生较大的影响。如果对不同的存货都采用严格的控制方法,既不可能也无必要。ABC 控制法正是基于这一考虑而提出的,其目的在于使企业分清主次,突出重点,以提高存货资金管理的整体效果。

所谓存货 ABC 控制法就是按照一定的标准,将企业的存货划分为 A、B、C 三类,分别实行分品种重点管理、分类别一般控制和按总额灵活掌握的存货管理方法。存货 ABC 分类的标准主要有两个:一种是金额标准,另一种是品种数量标准。其中金额标准是最基本的,品种数量标准仅作为参考。

A 类存货的特点是金额巨大,但品种数量较少;B 类存货金额一般,品种数量相对较多;C 类存货品种数量繁多,但金额却很少。一般说来,三类存货的金额比重大致为 A∶B∶C=7∶2∶1,而品种数量比重大致为 A∶B∶C=1∶2∶7。

通过对存货进行 ABC 分类,可以使企业分清主次,采取相应的对策进行有效的管理和控制。对 A 类存货,由于品种数量少,企业应该按照每一个品种进行管理;B 类存货金额相对较小,企业不必像对待 A 类存货那样花费太多的精力,可以按照类别进行管理;C 类存货由于其金额比重很小,企业只需控制其总金额就可以了。

(五) 适时性管理

适时性管理是指企业在生产经营过程中努力实现经营需要与存货供应同步,存货传送与存货消耗同步,使存货库存最小化。适时性管理能够使得生产准备成本最小,经济订货批量下降,存货占用资金量较低。这就要求公司具有高效的采购计划、极为可靠的供应商以及有效的存货处理系统。通过计算机网络获得即时信息,有利于适时供应思想成为现实。

对于原材料存货,可以通过提高内部管理效率来减少,同时,通过与可靠供应商的合作,对于降低原材料库存至关重要;对于减少在产品的占用,通过提高内部物流管理效率可以达到目标;对于产成品存货而言,将受到客户满意程度的影响,适销对路,必然减少库存。适时供应将导致较快的生产流程,要求管理者一方面降低存货水平,另一方面防止缺货成本的发生,实现最低的存货总成本。

练习题

一、单项选择题

1. 企业置存货币资金的原因,主要是为了满足(　　)。

A. 交易性、预防性、收益性需要　　B. 交易性、投机性、收益性需要

C. 交易性、预防性、投机性需要　　D. 预防性、收益性、投机性需要

2. 下列项目中，属于持有货币资金的机会成本的是（　　）。
   A. 货币资金管理人员工资　　B. 货币资金安全措施费用
   C. 货币资金被盗损失　　D. 货币资金的再投资收益
3. 下列有关置存货币资金的成本中，属于固定成本性质的是（　　）。
   A. 货币资金管理成本　　B. 占用货币资金的机会成本
   C. 转换成本中的委托买卖佣金　　D. 货币资金短缺成本
4. 最佳货币资金持有量的存货模式中，应考虑的相关成本主要是（　　）。
   A. 机会成本和固定性转换成本　　B. 固定性转换成本和短缺成本
   C. 机会成本和短缺成本　　D. 持有成本和短缺成本
5. 下列各项中，企业制定信用标准时不予考虑的因素是（　　）。
   A. 同行业竞争对手的情况　　B. 企业自身的资信程度
   C. 客户的资信程度　　D. 企业承担违约风险的能力
6. 基本经济进货批量模式所依据的假设不包括（　　）。
   A. 一定时期的进货总量可以准确预测　　B. 存货进价稳定
   C. 存货耗用或销售均衡　　D. 允许缺货
7. 假设某企业预测的年赊销额为 2 000 万元，应收账款平均收账天数为 45 天，变动成本率为 60%，资金成本率为 8%，一年按 360 天计，则应收账款的机会成本为（　　）万元。
   A. 250　　B. 200　　C. 15　　D. 12
8. 在其他因素不变的情况下，企业采用积极的收账政策，可能导致的后果是（　　）。
   A. 坏账损失增加　　B. 应收账款投资增加
   C. 收账费用增加　　D. 平均收账期延长
9. 某企业采用 30 天信用期的产品销售量为 10 000 件，若将信用期放宽至 45 天，产品销售量将增加到 12 000 件，产品的单价 5 元，单位变动成本 4 元，该企业由于放宽信用增加的收益为（　　）元。
   A. 12 000　　B. 2 000　　C. 1 000　　D. 20 000
10. 某企业全年需用 A 材料 2 400 吨，每次的订货成本为 400 元，每吨材料年储备成本 12 元，则每年最佳订货次数为（　　）次。
   A. 12　　B. 6　　C. 3　　D. 4
11. 以下成本中，属于固定储存成本的是（　　）。
   A. 仓库折旧　　B. 存货资金的应计利息
   C. 存货的破损和变质损失　　D. 存货的保险费用
12. 某企业年销售收入为 108 万元，信用条件为“1/10，N/30”时，预计有 20%的客户选择享受货币资金折扣，其余客户在信用期付款，变动成本率为 50%，资金成本率为 10%，则应收账款机会成本为（　　）元。

A. 78 000　　B. 39 000　　C. 3 900　　D. 7 800

13. 某企业按照“2/10, N/60”的信用条件购进一批商品。若企业放弃货币资金折扣,在信用期内付款,则放弃货币资金折扣的机会成本为(　　)。

A. 20.41%　　B. 12.24%　　C. 14.70%　　D. 20%

14. 成本模型中考虑的货币资金持有成本不包括(　　)。

A. 机会成本　　B. 管理成本　　C. 短缺成本　　D. 转换成本

15. 以下各项存货成本中,与经济订货批量呈反方向变动的是(　　)。

A. 单位变动订货成本　　B. 存货年需要量

C. 单位变动储存成本　　D. 存货单价

16. 下列与持有存货成本有关的各成本计算中,不正确的是(　　)。

A. 进货成本=购置成本

B. 储备成本=固定储存成本+变动储存成本

C. 订货成本=固定订货成本+变动订货成本

D. 存货成本=进货成本+储存成本+缺货成本

17. 下列各项中,可用于计算营运资金的算式是(　　)。

A. 营运资金=资产总额-负债总额

B. 营运资金=流动资产总额-负债总额

C. 营运资金=流动资产总额-流动负债总额

D. 营运资金=速动资产总额-流动负债总额

18. 下列关于经济订货批量模型的表述中,正确的是(　　)。

A. 随每次订货批量的变动,相关订货费用和相关储存成本呈反方向变化

B. 相关储存成本与每次订货批量成反比

C. 相关订货费用与每次订货批量成正比

D. 相关储存成本与相关订货费用相等时的采购批量,即为经济订货批量

19. 下列各项中,会导致货币资金周转期下降的是(　　)。

A. 应收账款周转期　　B. 应付账款周转期

C. 固定资产周转期　　D. 存货周转期

20. 决定是否给予客户信用的首要因素是(　　)。

A. 品质　　B. 能力　　C. 资本　　D. 条件

二、判断题

1. 企业为满足交易动机所持有的货币资金余额主要取决于企业的销售水平。(　　)

2. 应收账款的机会成本的大小与企业维持赊销业务所需要的资金和资金成本率有关。(　　)

3. 企业营运资金余额越大,说明企业风险越小,收益率越高。(　　)

4. 因为货币资金的管理成本是相对固定的，在确定货币资金最佳持有量时，需要考虑它的影响。　（　）
5. 在存货模式下，持有货币资金的机会成本与现金固定性转换成本相等时，此时的持有量为最佳货币资金持有量。　（　）
6. 在年需要量确定的情况下，经济订货批量越大，进货间隔期越短。　（　）
7. 能够使企业的进货成本、储存成本和缺货成本之和最低的进货批量，便是经济订货批量。　（　）
8. 赊销是扩大销售的有利手段之一，企业应尽可能放宽信用条件，增加赊销量。（　）
9. 企业在不影响自己信誉的前提下，尽可能地推迟应付账款的支付期，是企业日常货币资金管理措施之一。　（　）
10. 一般来讲，当某种存货品种数量比重达到70%左右时，可将其划分为A类存货，进行重点管理和控制。　（　）
11. 在存货的ABC控制法下，应当重点管理的是虽然品种数量较少，但金额较大的存货。　（　）
12. 企业通常会选用一家能使支票流通在外的时间最长的银行来支付货款，从而扩大货币资金的浮游量。　（　）
13. 现金折扣是企业为了鼓励客户多买商品而给予的价格优惠，每次购买的数量越多，价格也就越便宜。　（　）
14. 应收账款周转期越短，应收账款的机会成本越高。　（　）
15. 在确定信用标准时，只要提供商业信用增加的成本低于扩大销售增加的利益，企业就可以进一步提供商业信用。　（　）
16. 企业的信用标准严格，给予客户的信用期很短，使得应收账款周转率很高，将有利于增加企业的利润。　（　）
17. 在存货经济订货批量模型中，存货的进价成本、订货固定成本和储存固定成本均为常量，但短缺成本是决策相关成本。　（　）
18. 在陆续到货的情况下，存货的平均库存量是每次订货量的一半。　（　）
19. 在商业折扣模型中购置成本并非决策的相关成本。　（　）
20. 适时性管理要求管理者既要降低存货水平，又要防止缺货成本的发生，从而实现最低的存货总成本。　（　）

三、计算题

1. 已知：某公司货币资金收支平稳，预计全年（按360天计算）货币资金需要量为250 000元，货币资金与有价证券的转换成本为每次500元，有价证券年利率为10%。

要求：

(1) 计算最佳货币资金持有量。

(2) 计算最佳货币资金持有量下的全年货币资金管理总成本、全年货币资金转换成本和全年货币资金持有机会成本。

(3) 计算最佳货币资金持有量下的全年有价证券交易次数和有价证券交易间隔期。

2. 某企业预计存货周转期为90天,应收账款周转期为40天,应付账款周转期为30天,预计全年需要货币资金1 440万元。

要求:计算最佳货币资金余额。

3. 某商业企业生产销售M产品,该产品单价5元,单位变动成本4元,固定成本为5 000元,预计信用期若为30天,年销售量可达10 000件,可能发生的收账费用为3 000元,可能发生的坏账损失率为1%,若信用期为60天,年销售量可增加2 000件,但可能发生的收账费用为4 000元,增加销售部分的坏账损失率为1.5%,假定资金成本率为10%。

要求:根据上述情况,确定对企业有利的信用期。

4. 某公司年度需耗用乙材料36 000千克,该材料采购成本为200元/千克,年度储存成本为16元/千克,平均每次订货费用为20元。

要求:

(1) 计算本年度乙材料的经济订货批量。

(2) 计算本年度乙材料经济订货批量下的相关总成本。

(3) 计算本年度乙材料经济订货批量下的平均资金占用额。

(4) 计算本年度乙材料最佳订货批次。

5. 某企业全年需原材料1 000吨,订货后每天能运达10吨,而企业每天消耗3吨。每次订货的成本为70元,每吨原材料的平均储存成本为20元。

要求:计算最优订货批量及全年最低相关总成本。

6. 某材料年需用量16 000吨,单价200元,每次订货成本1 200元,单位存货年储存成本60元。如果每次订货量超过1 600吨,可以有2%的价格优惠,如果每次订货量超过3 000吨,可以有3%的价格优惠。

要求:确定最优订货批量。

四、案例分析题

长城公司是一家电脑公司,主要业务是向小规模公司出售自己开发生产的小型和微处理电脑。为促进产品销售,增加公司的盈利,总经理想改变公司的信用政策。现行的信用政策是40天内全额付款,赊销额平均占销售额的75%,其余部分为立即付现购买。目前的应收账款周转天数为45天(假设1年为360天,根据赊销额和应收账款期末余额计算,下同)。总经理今年1月初提出,将信用政策改为50天内全额付款,改变信用政策后,预期总销售额可增20%,赊销比例增加到90%,其余部分为立即付现购买。预计应收账款周转天数延长到60天。

改变信用政策预计不会影响存货周转率和销售成本率(目前销货成本占销售额的70%)。工资由目前的每年200万元,增加到380万元。除工资以外的销售费用和管理费用目前为每年300万元,预计不会因信用政策改变而变化。长城公司上年末的资产负债表如表8-7所示。

表8-7　　长城公司资产负债表

201×年12月31日　　单位:万元

资　　产	金额	负债和所有者权益	金额
货币资金	200	应付账款	100
应收账款	450	短期借款	600
存货	560	实收资本	1 500
固定资产	1 000	未分配利润	10
资 产 总 计	2 210	负债和所有者权益总计	2 210

要求:假设该投资要求的必要报酬率为8.959 7%,作为公司的财务经理,请你判断总经理的决策是否有理?

第九章

学习目的与要求

通过本章的学习，应了解利润分配的基本原则和一般程序。理解股利分配的影响因素的含义。掌握剩余股利政策、固定股利政策、固定股利支付率政策与低正常股利加额外股利政策。了解股利的种类。掌握股票股利对股东权益、股东财富及有关指标的影响。理解股票分割的概念。掌握股票分割对有关财务指标的影响。

第一节　利润分配概述

利润分配，是将企业实现的净利润，按照国家财务制度规定的分配形式和分配顺序，在企业和投资者之间进行的分配。利润分配的过程与结果，关系到所有者的合法权益能否得到保护，企业能否长期、稳定发展的重要问题，为此，企业必须加强利润分配的管理和核算。利润分配决策是股东在当前利益和企业未来发展之间权衡的结果，将引起企业的资金存量和股东权益规模和结构的变化，也将对企业内部的筹资活动和投资活动产生影响。

一、利润分配基本原则

（一）依法分配原则

国家有关法律、法规对企业利润分配的基本原则、一般次序和重大比例也作了较为明确的规定，其目的是为了保障企业利润分配的有序进行，维护企业和所有者、债权人以及职工的合法权益，促使企业增加积累，增强风险防范能力。利润分配在企业内部属于重大事项，企业的章程必须在不违背国家有关规定的前提下，对本企业利润分配的原则、方法、决策程序等内容作出具体而又明确的规定。

（二）资本保全原则

资本保全是责任有限的现代企业制度的基础性原则之一，企业在分配中不能侵蚀资本。利润的分配是对经营中资本增值额的分配，不是对资本金的返还。按照这一原则，一般情况下，企业如果存在尚未弥补的亏损，应首先弥补亏损，再进行其他分配。

（三）充分保护债权人利益原则

按照风险承担的顺序及其合同契约的规定，企业必须在利润分配之前偿清所有债权人到期的债务，否则不能进行利润分配。同时，在利润分配之后，企业还应保持一定的偿债能力，以免产生财务危机，危及企业生存。此外，企业在与债权人签订某些长期债务契约的情况下，其利润分配政策还应征得债权人的同意或审核方能执行。

（四）多方及长短期利益兼顾原则

利润分配涉及投资者、经营者、职工等多方面的利益，企业必须兼顾，并尽可能地保持稳定的利润分配。在企业获得稳定增长的利润后，应增加利润分配的数额或百分比。同时，由于发展及优化资本结构的需要，除依法必须留用的利润外，企业仍可以出于对长远发展的考虑，合理留存利润。在积累与消费关系的处理上，企业应贯彻积累优先的原则，合理确定提取盈余公积金和分配给投资者利润的比例，使利润分配真正成为促进企业发展的有效手段。

二、利润分配的一般程序

利润分配程序是指企业根据适用的法律、法规或规定，对企业一定期间实现的净利润进行分派必须经过的先后步骤。企业向投资者（股东）分配利润（支付股利）应按一定的顺序进行，根据我国《公司法》等有关规定，利润分配应按下列顺序进行。

（一）确定可供分配的利润

我国财务和税务制度规定，企业的年度亏损，可以用下一年度的税前利润弥补，但弥补期不超过 5 年，超过法定弥补年限的未弥补的亏损，用以后年度的税后利润弥补。

可供分配利润＝本年税后利润＋年初未分配利润（未弥补亏损）

可供分配利润大于零是进行后续分配的必要条件，只有可供分配的利润大于零时，企业才能进行后续分配。

（二）提取法定盈余公积金

在不存在年初累计亏损的前提下，法定盈余公积金以税后净利润为基数，按 10％提取；在存在年初累计亏损的前提下，法定盈余公积金以税后净利润扣除以前年度亏损为基数，按 10％提取。法定盈余公积金已达注册资本的 50％时可不再提取。提取的法定盈余公积金用于弥补以前年度亏损或转增资本金。但转增资本金后留存的法定盈余公积金不得低于注册资本的 25％。

（三）发放优先股股利

如果企业有发行在外的优先股，应按事先约定的股利率向优先股股东发放优先股股利。

（四）提取任意盈余公积金

任意盈余公积金是根据企业发展的需要自行提取的公积金，其提取基数与计提法定盈余公积金的基数相同，计提比例由股东大会根据需要决定。

（五）向普通股股东（投资者）支付股利（分配利润）

企业应首先计算本年度可供投资者分配利润，然后再根据利润分配政策确定应向普通股股东支付的股利数额。

可供投资者分配利润＝可供分配利润－盈余公积金－优先股股利

可供投资者分配利润大于零是向普通股股东支付股利的必要条件，可供投资者分配利润也是企业向普通股股东支付股利的上限。

第二节　股利分配政策

股份有限公司的利润分配政策比较具有代表性，这里我们就以股份有限公司的利润分配政策即股利分配政策为背景展开讨论。

一、股利分配的影响因素

公司的股利分配是在种种因素制约下进行的，影响股利分配的因素有包括以下内容。

（一）法律因素

为了保护投资者、债权人和国家的利益，有关法规对企业的股利分配有如下限制。

1. 资本保全限制

资本保全限制规定，公司不能用资本（包括股本和资本公积）发放股利。股利的支付不能减少法定资本，如果一个公司的资本已经减少或因支付股利而引起资本减少，则不能支付股利。

2. 企业积累限制

为了制约公司支付股利的任意性，按照法律规定，公司税后利润必须先提取法定公积金。此外还鼓励公司提取任意公积金。提取法定公积金后的利润净额才可以用于支付股利。

3. 超额累积利润限制

由于股东接受股利缴纳的所得税高于其进行股票交易的资本利得税，于是很多国家规定公司不得超额累积利润，一旦公司的保留盈余超过法律认可的水平，将被加征额外税额。我国法律对公司累积利润尚未作出限制性规定。

4. 偿债能力限制

偿债能力限制是指企业按时、足额偿付各种到期债务的能力。如果企业已经无力偿付到期债务或因支付股利将使其失去偿还能力，则企业不能支付现金股利。

（二）股东因素

1. 避税考虑

股东接受股利应缴纳的所得税往往高于其进行股票交易的资本利得税，因此股东出于避税的考虑，通常反对公司发放较多的股利。在我国，由于现金股利收入的所得税税率是 20%，而股票交易尚未征收资本利得税，因此，低股利支付政策，可以给股东带来更多的资本利得收入，达到避税目的。

2. 稳定收入

对于一些依靠股利维持生活的股东，往往要求公司支付稳定的股利，若留存较多的利润，将受到这部分股东的反对。

3. 控制权稀释

高股利支付率会导致留存收益的减少，公司发行新股筹资的可能性加大，现有股东的控制权就有可能被稀释。对于公司原有的拥有控制权的股东是不利的。如果他们拿不出更多资金购买新股以维持原有的控股权，则宁愿不分配现金股利。

4. 规避风险

“双鸟在林，不如一鸟在手”。在一部分股东看来，通过增加留存收益促使股价上涨而获得资本利得是有风险的，当期的股利是确定的、无风险的；将来的资本利得是不确定的、有风险的，现时较多的股利比未来或有的较多资本利得更实在。因此，他们往往会要求企业支付较多的股利，从而减少风险。

（三）公司因素

公司资金的灵活周转是公司生产经营得以正常进行的必要条件。因此公司长期发展和短期经营活动对现金的需求，便成为对股利的最重要的限制因素。其相关因素主要有如下几项。

1. 盈余的稳定性

公司是否能获得长期稳定的盈余，是其股利决策的重要基础。盈余相对稳定的公司相对于盈余相对不稳定的公司而言具有较高的股利支付能力，因为盈余稳定的公司对保持较高股利支付率更有信心。收益稳定的公司面临的经营风险和财务风险较小，筹资能力较强，这些都是其股利支付能力的保证。

2. 资产的流动性

较多地支付现金股利会减少公司的现金持有量，使资产的流动性降低；而保持一定的资产流动性，是公司经营所必需的。

3. 举债能力

具有较强举债能力的公司因为能够及时地筹措到所需的现金，有可能采取高股利政策；而举债能力弱的公司则不得不多滞留盈余，因而往往采取低股利政策。

4. 投资机会

有着良好投资机会的公司，需要有强大的资金支持，因而往往少发放股利，而将大部分盈余用于投资。缺乏良好投资机会的公司，保留大量现金会造成资金的闲置，于是倾向于支付较高的股利。正因为如此，处于成长中的公司多采取低股利政策；处于经营收缩中的公司多采取高股利政策。

5. 资本成本

留存收益是公司内部筹资的一种重要方式，同发行新股相比，不需要花费筹资费用，筹资成本较低。因而从资本成本考虑，如果公司扩大规模，需要增加权益资本时，可考虑采取低股利政策。

（四）其他因素

影响股利政策的其他因素主要包括不属于法规规范的债务合同约束以及因通货膨胀带来的公司对重置实物资产的特殊考虑等。

1. 债务合同约束

公司的债务合同特别是长期债务合同，往往有限制公司现金股利支付的条款，这使得公司只能采用低股利政策。

2. 通货膨胀的影响

在通货膨胀的情况下，公司折旧基金的购买力水平会下降，会导致没有足够的资金来源重置固定资产。这时较多的留存利润就能弥补折旧基金购买力水平下降的影响，因此，在通货膨胀时期，公司股利政策往往偏紧。

二、股利分配政策

股利分配政策的核心问题是确定支付股利与留存收益的比例，两者存在着此长彼消的关系。增加支付会减少留存收益，将增加外部筹资需求，因此，股利分配行为同时也是内部筹资行为。常用的股利政策主要有以下四种类型。

（一）剩余股利政策

1. 股利的确定

这种政策认为公司的盈余首先用于盈利性投资项目的资金需要，如果有剩余，公司才能将剩余部分作为股利发放给股东。剩余股利政策的操作步骤如下：

（1）设定目标资本结构，在此资本结构下，加权平均资本成本将达到最低水平。

（2）根据公司的目标资本结构确定项目投资所需要的股东权益金额。

（3）公司的税后利润首先满足项目投资所需要的股东权益金额。

（4）如果还有剩余，则作为股利分派给股东；如果没有剩余，则不分派股利，不足部分通过增发新股来解决。

【例 9-1】 某公司 2013 年实现净利润 3 600 万元，该公司实行剩余股利政策，目标资本结构为资产负债率 40%。

要求：

（1）如果企业 2014 年拟投资 4 500 万元，计算企业将支付股利多少。

（2）如果企业 2014 年拟投资 7 000 万元，分析企业是否还将支付股利。

（3）在没有增发新股的情况下，计算该公司 2014 年可以用于投资的最大支出是多少。

解：

(1) 支付股利＝3 600－4 500×(1－40%)＝900(万元)

(2) 因为：3 600－7 000×(1－40%)＝－600(万元)<0

所以，公司不应支付股利，应该增发新股融资 600 万元。

(3) 公司最大的投资支出＝3 600÷(1－40%)＝6 000(万元)

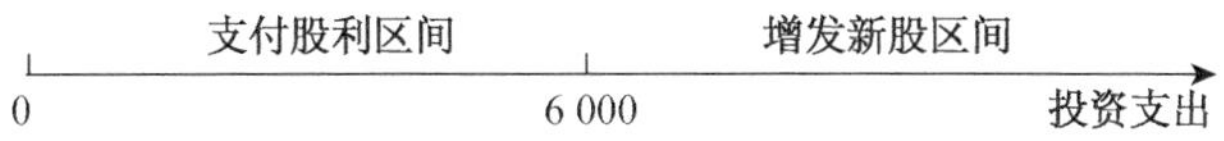

图 9-1　支付股利区间图(单位：万元)

如图 9-1 所示，如果公司投资支出小于 6 000 万元，公司应支付股利；反之，公司应该增发新股。

2. 剩余股利政策的意义

剩余股利政策成立的基础是，大多数投资者认为，如果公司再投资的收益率高于投资者在同样风险下其他投资的收益率，他们宁愿把利润保留下来用于企业再投资，而不是用于支付股利。例如，企业有投资收益率达 10%的再投资机会，而股东取得股利后再投资的收益率只有 5%时，则股东们愿意选择将利润保留于公司。

剩余股利政策的优点是，可以最大限度地满足公司对再投资的权益资本需要，保持理想的资本结构，并能使加权平均资本成本最低；它的缺点是忽略了不同股东对资本利得与股利的偏好，损害那些偏好现金股利的股东利益，从而有可能影响股东对企业的信心。此外，企业采用剩余股利政策是以投资的未来收益为前提的，由于企业管理层与股东之间存在信息不对称，股东不一定了解企业投资未来收益水平，也会影响股东对企业的信心。

(二) 固定股利政策

1. 股利的确定

这种政策是将每年发放的股利固定在某一固定的水平上并在较长时期内保持不变，只有当公司认为未来的盈利的增加足以使它能将股利维持到一个更高的水平时，公司才会提高股利的发放金额。每股股利如图 9-2 中的虚线所示。

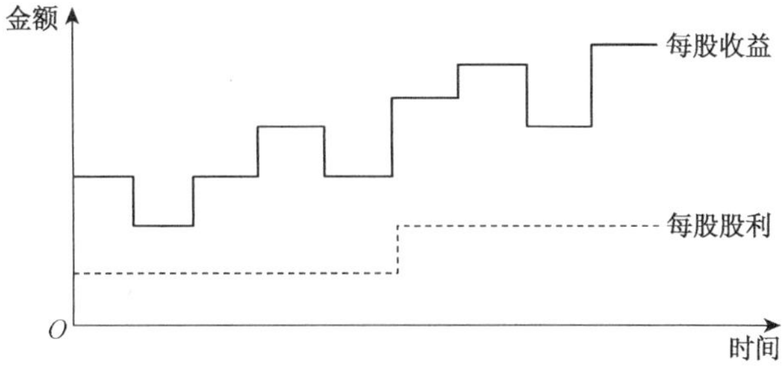

图 9-2　固定股利政策图

2. 固定股利政策的意义

固定的股利额会传递给市场一个稳定的信息，传达出管理者对公司未来的预期，有利于保持公司股票价格的稳定，增强投资者对公司未来的信心，树立良好的公司形象。固定的股利额，还有利于投资者有规律地安排股利收入和支出，尤其对那些期望有固定数额收入的投资者更是如此。固定股利政策的缺点主要在于，股利的支付与盈利相脱节，不能像剩余股利政策那样能筹措到较低的资本，而且，当盈利较低时仍要支付固定股利，这可能会出现资金短缺、财务状况恶化，影响企业的长远发展。

（三）固定股利支付率政策

1. 股利的确定

固定股利支付率政策是指公司确定一个股利占盈余的比率，长期按此比率支付股利的政策。在这一政策下，各年股利额随着公司经营的好坏而上下波动，获得较多盈利的年份股利额高，获得盈利较少的年份股利额低。每股股利如图 9-3 中的虚线所示。

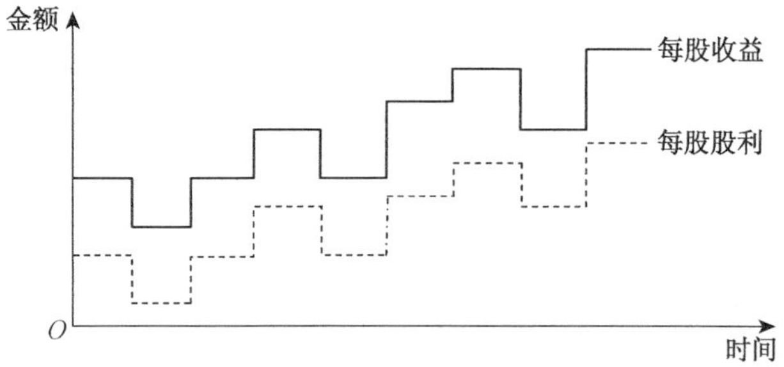

图 9-3 固定股利支付率政策

例如，某银行 2×16 年至 2×18 年的每股收益和每股股利见图9-4所示，该行执行固定股利支付率政策，股利支付率为 35%。

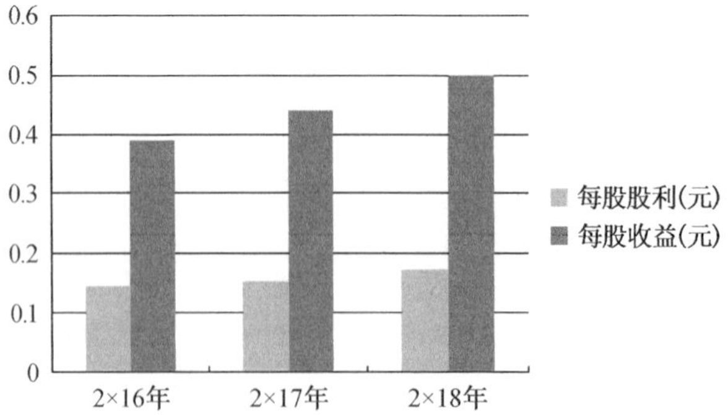

图 9-4 中国银行每股股利图

2. 固定股利支付率政策的意义

实行这一政策的公司认为，只有维持固定股利支付率，才能使股利与公司盈利紧密结合，体现多盈多分、少盈少分、不盈不分的原则，体现了风险投资与风险收益的对等，这样才算真正做到公平的对待每一股东。这一政策的问题在于，如果盈利各年间波动不定，则其股利也随之波动。由于股利随盈利而波动，会影响股东对未来经营的信心，不利于公司股票的市场价格的稳定与上涨。

（四）低正常股利加额外股利政策

1. 股利的确定

这种股利政策是介于固定股利与固定股利支付率之间的一种股利政策。其特征是：公司一般每年都支付较低的固定股利，当盈利增长较多时，再根据实际情况加付额外股利。但额外股利并不固定化，不意味着公司永久提高了规定的股利额。正常每股股利和额外每股股利如图 9-5 中的虚线所示。

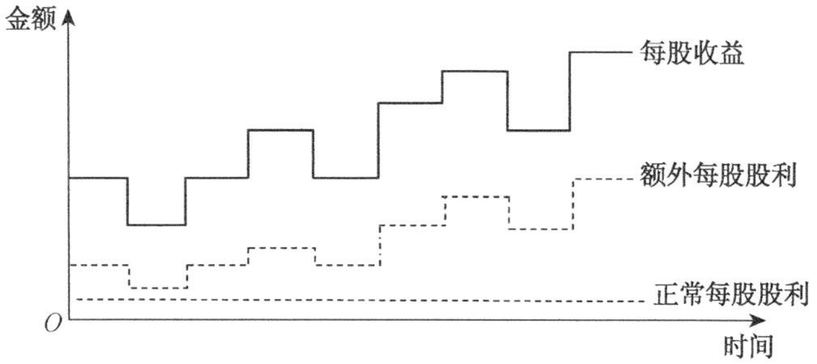

图 9-5　低正常股利加额外股利政策

2. 低正常股利加额外股利政策的意义

这种政策既能保证股利的稳定性，使依靠股利度日的股东有比较稳定的收入，从而吸引住这部分股东，又能做到股利和盈利有较好的配合，使企业具有较大的灵活性。这种股利政策适用于盈利与现金流量波动的公司，因而也被大多数公司所采用。

以上各种股利政策各有所长，公司在确定其股利分配政策时，应充分考虑各种股利政策的优缺点，确定适合本公司实际情况的股利分配政策。

第三节　股利种类及其支付

一、股利种类

公司通常以多种形式发放股利，股利支付形式一般有现金股利、股票股利、财产股利和负债股利，其中最为常见的是现金股利和股票股利。目前，我国上市公司的股利分配只存在现金股利和股票股利两种形式，在这里，我们只介绍这两种形式。

（一）现金股利

现金股利，俗称派现，是上市公司以现金形式支付给股东的股息红利。现金股利是公司最常见的、也是最易被投资者接受的股利支付方式。采用现金股利形式的公司既要有足够的可供投资者分配的利润，也要有足够的货币资金。

现金股利是上市公司提振股价、回馈投资者的行为，一些运行成熟、盈利稳定的上市公司，暂时未有较为有利的项目投资，倾向于发行现金股利。此外，中国证券监督管理委员会 2008 年发布的《关于修改上市公司现金分红若干规定的决定》要求，若要公开增发证券，最近 3 年以现金方式累计分配的利润不少于最近 3 年实现的年均可分配利润的 30%。

（二）股票股利

股票股利，俗称送股，是上市公司用股票的形式向股东分派的股利。股票股利并不直接增加股东的财富，不会导致公司资产的流出或负债的增加，但会引起股东权益各项目的变化。发放股票股利后，如果盈利总额与市盈率不变，会由于普通股股数的增加而引起每股收益和每股市价的下降。但由于股东所持股份的比例不变，每位股东所持有股票的市场价值总额保持不变。

现以我国某上市公司的股利分配方案举例说明。

【例 9-2】 某上市公司 2×18 年度利润分配方案如下：每 10 股送 3 股派发现金红利 0.6 元（含税，送股和派现均按照 10%代扣代缴个人所得税）。

该上市公司在实施利润分配前的股东权益情况如表 9-1 所示。

表 9-1　　利润分配前的股东权益情况　　单位：万元

项　　目	金　额
股本（面值 1 元，已发行 60 000 万股）	60 000
资本公积	60 000
盈余公积	16 000
未分配利润	120 000
股东权益合计	256 000

要求：

（1）计算股东实际收到的现金总额。

（2）分析该公司利润分配对股东权益的影响。

解：

（1）　扣税后每股实际收到的现金 = 0.06 − (0.06 + 0.3) × 10% = 0.024（元）

股东实际收到的现金总额 = 60 000 × 0.024 = 1 440（万元）

（2）　发放现金股利总额 = 60 000 × 0.06 = 3 600（万元）

现金股利使公司的现金和未分配利润同时减少 3 600 万元。

股票股利总额＝60 000×0.3＝18 000(万元)

股票股利使公司的未分配利润减少 18 000 万元,使股本增加 18 000 万元。

实施本次分配方案后,股东权益相关项目变化如下:

股本总额＝60 000＋18 000＝78 000(万元)

未分配利润总额＝120 000－3 600－18 000＝98 400(万元)

该公司 2×18 年实施利润分配方案后的股东权益各项目如表 9-2 所示。

表 9-2　利润分配后的股东权益情况　　单位:万元

项　　目	金　额
股本(面值 1 元,已发行 78 000 股)	78 000
资本公积	60 000
盈余公积	16 000
未分配利润	98 400
股东权益合计	252 400

可见,发放现金股利,会导致股东权益的减少,而发放股票股利,不会对股东权益总额产生影响,但会发生资金在各股东权益项目之间的再分配。

在美国等西方国家,如上市公司发放的股票股利在之前股票数量的 20%以内,应将股票股利以股票市价为基础,从未分配利润项目转出,其中按照股票面值部分转至股本项目,股票市价和面值的差额转入资本公积项目。如股票股利股票数量超出发行前股票数量的 20%,处理方法与我国相同。

【例 9-3】 假定在[例 9-2]中公司 2×18 年净利润为 39 000 万元,利润分配前的股票价格为 13 元,某股东持有 600 万股。假设市盈率不变。

要求:分析利润分配对该股东的影响。

解:发放股票股利后对股东的影响如表 9-3 所示。

表 9-3　发放股票股利后对股东的影响

项　目	发放前	发放后
每股收益(元)	39 000÷60 000 ＝ 0.65	0.65÷(1＋30%) ＝ 0.5
每股市价(元)	13	13÷(1＋30%)＝ 10
持股比例	600÷60 000 ＝ 1%	780÷78 000 ＝ 1%
所持股总价值(万元)	13×600 ＝ 7 800	10×780 ＝ 7 800

发放股票股利后每股利润和每股市价的计算公式为:

$$发放股票股利后的每股收益=\frac{EPS_0}{1+D}$$

$$发放股票股利后的每股市价=\frac{M}{1+D}$$

式中 EPS_0——发放股票股利前的每股收益；

M——发放股票股利前的每股市价；

D——股票股利发放率。

3. 发放股票股利的意义

尽管股票股利不直接增加股东的财富，也不增加企业的价值，但对股东和企业都有好处。

（1）对股东而言，股票股利的意义：①有时公司发放股票股利后其股价并不成比例下降，这可使股东得到股票价值相对上升的好处。②在股东需要现金时，可以将分得的股票股利出售，有些国家税法规定出售股票所需缴纳的资本利得税税率比收到现金股利所需缴纳的所得税税率低，这使得股东可以从中获得纳税上的好处。

（2）对公司而言，股票股利的意义：①发放股票股利可使股东分享公司的盈余无须分配现金，这使公司留存了大量现金，便于进行再投资，有利于公司长期发展。②在盈余和现金股利不变的情况下，发放股票股利可以降低每股价格，从而吸引更多的投资者。③发放股票股利往往会向社会传递公司将会继续发展的信息，从而提高投资者对公司的信心，在一定程度上稳定股票价格。

二、股利支付程序

企业通常在年度末，计算出当期盈利之后，才决定向股东发放股利。但是，在资本市场中，股票可以自由交换，公司的股东也经常变换。那么，哪些人应该领取股利，对此，公司必须事先确定与股利支付相关的时间界限。这个时间界限包括如下几项。

1. 股利宣告日

股利宣告日是指公司将股东大会通过本年度利润分配方案以及股利支付情况予以公告的日期。在公告中将宣布每股股利、股权登记日、除息日和股利支付日等事项。

2. 股权登记日

股权登记日是指有权领取股利的股东资格登记截止日期。只有在股权登记日前在公司股东名册上有名的股东，才有权分享本次股利，在股权登记日以后列入名单的股东无权领取本次股利。

3. 除息日

除息日是指领取股利的权利与股票相互分离的日期。在除息日前，股利权从属于股票，持有股票者即享有领取股利的权利；从除息日开始，股利权与股票相分离，新购入股票的人不能享有本次股利。在我国，由于采用次日交割方式，则除息日为股权登记日的下一个工作日。由于在除息日之前的股票价格中包含了本次派发的股利，而除息日起的股票价格中不包含本次派发的股利，需要经过除权调整上市公司每股股票对应的价值，以便投资者对股价进行对比分析。

4. 股利支付日

股利支付日是公司确定的向股东正式发放股利的日期。公司通过资金清算系统或其他系统将股利支付给股东。

【例 9-4】 假定某公司于 2×18 年 3 月 18 日发布了《公司派发现金红利实施公告》。公告称该公司在 2×18 年 3 月 15 日召开的 2×17 年度股东大会上，通过了董事会提出的每股 10 股派发 5 元的股利分配预案，公司将于 2×18 年 5 月 10 日将股利支付给已在 2013 年 4 月 5 日登记在册的股东。

要求：确定该公司股利支付相关的日期。

解：如图 9-6 所示，本例中，股利宣告日是 2×18 年 3 月 18 日；股权登记日是 2×18 年 4 月 5 日；除息日是 4 月 8 日；股利发放日为 2×18 年 5 月 10 日。

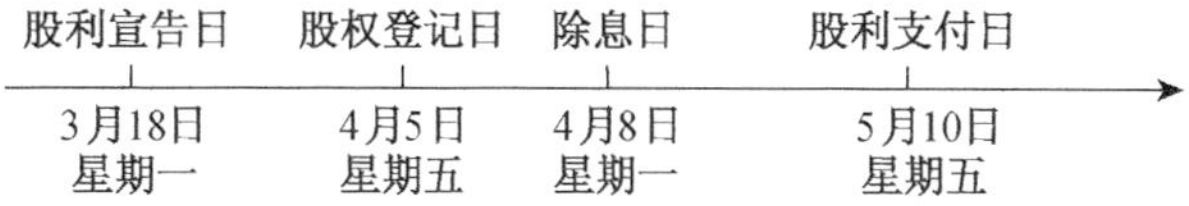

图 9-6　股利分配过程

第四节　股票分割

一、股票分割的概念

股票分割，俗称拆股，是将一股面值较大的股票交换成若干股面值较小的股票的行为。例如，将一股面值为 10 元的股交换成 10 股面值为 1 元的股票。股票分割不属于股利分配，但其产生的影响与发放股票股利相近。

二、股票分割对有关财务指标的影响

股票分割后，公司发行在外的股数会增加，每股收益会降低；但公司股东权益总额不变，股东的持股比例也保持不变，这些情况与发放股票股利相同。股票分割后，公司的股票每股面值会变小，但股东权益的结构仍然不变，这些情况与发放股票股利不同。

【例 9-5】 某公司原发行面值 4 元的普通股 4 000 000 股，经股东大会同意现按 1 股拆成 4 股的比例进行股票分割。股票分割前的股东权益项目如表 9-4 所示。

表 9-4　　股票分割前的股东权益　　单位：元

普通股股本(面值 4 元，已发行 4 000 000 股)	16 000 000
资本公积	14 000 000
未分配利润	30 000 000
股东权益合计	60 000 000

要求：

(1) 分析股票分割后股东权益项目的变化。

(2) 股票分割前,某股东持有 200 000 股,占总股本的 5%,假定股票市价为 16 元,分析股票分割后该股东持股市值的变化。

解:

(1) 股票分割后发行在外股数由 4 000 000 股增加到 16 000 000 股;每股面值由 4 元降低到 1 元。股票分割后的股东权益项目如表 9-5 所示。

表 9-5　　股票分割后的股东权益　　单位:元

普通股股本(面值 1 元,已发行 16 000 000 股)	16 000 000
资本公积	14 000 000
未分配利润	30 000 000
股东权益合计	60 000 000

(2) 股票分割前:

该股东持股比例=200 000÷4 000 000×100%=5%
该股东持股市值=200 000×16=3 200 000(元)

股票分割后:

该股东持股数量=200 000×4=800 000(股)
该股东持股比例=800 000÷16 000 000×100%=5%
股票价格=16÷4=4(元)
该股东持股市值=800 000×4=3 200 000(元)

由此可见,该股东在股票分割后持股比例仍为 5%,股票市值仍为 3 200 000 元,股票分割前后并无变化。

三、股票分割的意义

1. 对股东的意义

(1) 股票分割后降低了股价,可能导致购买该股票的人增加,从而推动股价的上升,增加股东的财富。

(2) 如果股票分割后每股现金股利的下降幅度小于股票分割幅度,股东仍能多获得现金股利。

2. 对公司的意义

(1) 股票分割会在短时间内使公司股票每股市价降低,买卖该股票所必需的资金量减少,可以促进股票的交易和流通。

(2) 股票分割可以向投资者传递公司发展前景良好的信息,有助于提高投资者对公司的信心,在一定程度上可稳定甚至提高公司股票的价格。

例如，腾讯控股(00700. HK)鉴于股票价格高达 500 港元以上，买卖一手资金高达 50 000 港元，腾讯控股 2014 年 5 月在港交所发布公告，宣布分股票分割方案，每 1 股拆分为 5 股，将每股面值 0.000 1 港元的股份拆细为 5 股每股面值 0.000 02 港元的股份，至于拆股的原因，腾讯控股在公告中解释，通过股票分割可提高公司股票交易量，有助于公司吸引更多投资者及扩大股东基础，股票分割符合公司及股东整体利益。

练习题

一、单项选择题

1. 企业法定盈余公积金达到注册资本的(　　)时，可不再提取。
A. 10%　　B. 5%　　C. 25%　　D. 50%
2. 在影响收益分配政策的法律因素中，目前，我国相关法律尚未作出规定的是(　　)。
A. 资本保全限制　　B. 资本积累限制
C. 偿债能力限制　　D. 超额累积利润限制
3. 固定股利政策的优点是(　　)。
A. 有利于树立公司良好形象，增强投资者信心
B. 使公司可灵活安排资金支出
C. 能使股利与公司盈余紧密配合，多盈多分，少盈少分
D. 有利于机构投资者安排股利收入
4. 上市公司按照剩余股利政策发放股利的好处是(　　)。
A. 有利于公司合理安排资金结构　　B. 有利于投资者安排收入与支出
C. 有利于公司稳定股票的市场价格　　D. 有利于公司树立良好的形象
5. 能很好地将灵活性与稳定性结合起来的股利政策是(　　)。
A. 剩余股利政策　　B. 固定股利政策
C. 固定股利支付率政策　　D. 低正常股利加额外股利政策
6. 在下列股利分配政策中，能保持股利与利润之间一定的比例关系，并体现风险投资与风险收益对等原则的是(　　)。
A. 剩余股利政策　　B. 固定股利政策
C. 固定股利支付率政策　　D. 低正常股利加额外股利政策
7. 如果上市公司以其应付票据作为股利支付给股东，则这种股利的方式称为(　　)。
A. 现金股利　　B. 股票股利　　C. 负债股利　　D. 财产股利
8. 公司发放现金股利，带来的结果是(　　)。
A. 引起负债与股东权益同时变化　　B. 资产负债率下降
C. 资产负债率提高　　D. 引起资产与负债同时变化

9.（　　）之后的股票交易，其交易价格可能有所下降。

A. 股利宣告日　　B. 除息日　　C. 股权登记日　　D. 股利支付日

10. 公司以股票形式发放股利，可能带来的结果是（　　）。

A. 引起公司资产减少　　B. 引起公司负债减少

C. 引起股东权益内部结构变化　　D. 引起股东权益与负债同时变化

11. 关于现金股利，下列说法中错误的是（　　）。

A. 支付现金股利会导致未分配利润减少

B. 支付现金股利，股东权益总额不变

C. 采用现金股利形式的公司要有足够的可供投资者分配利润

D. 采用现金股利形式的公司要有足够的货币资金

12. 制定利润分配政策时，应该考虑的股东经济利益限制的是（　　）。

A. 投资机会　　B. 资本成本　　C. 资产的流动　　D. 控制权的稀释

13. 容易造成股利支付额与本期净利润相脱节的股利分配政策是（　　）。

A. 剩余股利政策　　B. 固定股利政策

C. 固定股利支付率政策　　D. 低正常股利加额外股利政策

14. 影响股利政策的因素不包括（　　）。

A. 法律因素　　B. 股东因素　　C. 企业因素　　D. 治理结构因素

15. 企业利润分配应遵循的原则不包括（　　）。

A. 依法分配原则　　B. 资本保全原则

C. 充分保护债权人利益原则　　D. 平衡性原则

16. 关于利润分配政策，下列说法中错误的是（　　）。

A. 剩余股利政策能使加权平均资本成本最低

B. 固定股利政策有利于公司股票价格的稳定

C. 固定股利支付率政策不利于股票价格的稳定和上涨

D. 低正常加额外股利政策体现了风险投资与风险受益的对等

17. 某公司 2×17 年实现税后净利润为 850 万元，若 2×18 年的投资计划所需的资金为 800 万元，公司的目标资金结构为自有资金占 60%。若公司采用剩余股利政策，则 2×17 年年末可发放股利（　　）万元。

A. 850　　B. 510　　C. 370　　D. 340

18.（　　）需要调整上市公司每股股票对应的价值，以便投资者对股价进行对比分析。

A. 股利宣告日　　B. 除息日　　C. 股权登记日　　D. 股利支付日

19. 股票分割对有关财务指标的影响是（　　）。

A. 股票分割后公司每股收益不变

B. 股票分割后公司股东权益总额提高

C. 股票分割后公司的股票每股面值会变小

D. 股票分割后公司未分配利润减少

二、判断题

1. 公司奉行剩余股利政策的目的是保持理想的资金结构。（　）
2. 正常股利加额外股利政策将股利支付与公司当年经营业绩紧密相连，以缓解股利支付压力。（　）
3. 发放股票股利后会使得每股利润和每股净资产下降。（　）
4. 一个新股东要想取得本期股利，必须在股权登记日之前购入股票，否则即使持有股票也无权领取本次股利。（　）
5. 企业发放股票股利将使同期每股收益下降。（　）
6. 股东为防止控制权稀释，往往希望公司提高股利支付率。（　）
7. 按照利润分配的积累优先原则，企业税后利润分配，不论在什么条件下均应优先提取法定公积金。（　）
8. 如果发放股票股利的比例大于股价下降的比例，股东就可得到收益。（　）
9. 发放股票股利不会对公司的资产总额、负债总额产生影响，但会使所有者权益下降。（　）
10. 股票分割后对股东权益总额、股东权益各项目的金额及相互间的比例没有影响，这与发放股票股利有相同之处。（　）
11. 可供分配利润大于零是向普通股股东支付股利的必要条件。（　）
12. 发放股票股利往往会向社会传递公司将会继续发展的信息，提高投资者对公司的信心。（　）
13. 只要企业有足够的未分配利润就可以发放现金股利。（　）
14. 计提法定盈余公积金的基数是企业当年实现的净利润。（　）
15. 剩余股利政策使公司股利的支付具有较大灵活性。（　）
16. 当盈利较低时采用固定股利政策容易引起公司资金短缺、财务状况恶化。（　）
17. 派发股票股利有可能会导致公司资产的流出或负债的增加。（　）
18. 如果企业预计将有较好的投资机会，则选择低股利支付政策较好。（　）
19. 发放股票股利会引起每股利润的下降，每股市价也有可能下跌，因而每位股东持股票的市场总价值也将下降。（　）
20. 股票分割会在短时间内使公司股票每股市价降低，可以促进股票的交易和流通。（　）

三、计算题

1. 某企业2×18年实现销售收入2 500万元，全年固定成本600万元，变动成本率45%，所得税税率25%。2×18年应用税后利润弥补上年度亏损80万元，按10%提取盈余公积金，向投资者分配利润的比率为可供投资者分配利润的30%。

要求：

(1) 计算2×18年税后利润。

(2) 计算2×18年提取的盈余公积金。

(3) 计算2×18年可供投资者分配利润。

(4) 计算2×18年年末未分配利润。

2. 某公司本年税后利润为1 500万元，下一年度拟投资一新项目，需投资2 000万元，公司的目标资本结构为负债与权益之比2∶3，公司流通在外的普通股为200万股，公司采用剩余股利政策。

要求：

(1) 计算公司本年可发放的股利额。

(2) 计算股利支付率。

(3) 计算每股股利。

3. 某公司2×18年总资产为200 000万元，营业收入为25 250万元，变动成本率为60%，固定成本为500万元，资产负债率为45%，负债利率为10%，所得税税率为25%。为进一步增加利润，2×19年拟投资600万元扩大生产能力。

要求：

(1) 计算2×18年公司实现的净利润。

(2) 该公司产品销路稳定，执行剩余股利政策，目前资本结构为最佳资本结构，计算2×18年净利润用于下年投资的数额和向投资人分配的股利。

(3) 假设2×18年净利润全部用于投资，计算公司能支持的最大投资项目金额。

4. 某公司鉴于其产品销路稳定，拟投资600万元，使其生产能力提高20%。该公司欲维持目前45%的负债比率，并继续执行20%的固定股利支付率政策。该公司2×18年的税后利润为300万元。

要求：计算该公司2×19年为扩充上述生产能力必须从外部筹措多少权益资本。

5. 我国某上市公司在2×18年度实施利润分配前的股东权益情况如表9-6所示。

表9-6　　利润分配前的股东权益情况　　单位：万元

项　目	金　额
股本(面值1元，已发行50 000万股)	50 000
资本公积	50 000
盈余公积	20 000
未分配利润	150 000
股东权益合计	270 000

2×18年度利润分配方案如下：每10股送5股派发现金红利1元(含税，送股和派现

均按照10%代扣代缴个人所得税)。

要求:

(1) 计算股东实际收到的现金总额。

(2) 分析该公司利润分配对股东权益的影响。

四、案例分析题

立信公司成立于2×17年1月1日,其产品生产规模逐年扩大,产品的市场占有率逐年提高。2×17年度实现的净利润为1 000万元,分配现金股利550万元,提取公积450万元(所提公积均已指定用途)。2×18年实现的净利润为900万元(不考虑计提法定盈余公积金的因素)。2×19年计划增加投资,所需资金为700万元。假定公司目标资本结构为自有资金占60%,长期借入资金占40%。立信公司可供选择的股利分配政策有剩余股利政策、固定股利支付率政策和固定股利支付率政策。

要求:假如你是立信公司的财务经理,请你帮助计算与分析以下内容。

(1) 在保持目标资本结构的前提下,计算2×19年投资方案所需的权益资本和从外部借入的长期债务资本。

(2) 在保持目标资本结构的前提下,如果立信公司执行剩余股利政策。计算2×18年度应分配的现金股利。

(3) 在不考虑目标资本结构的前提下,如果立信公司执行固定股利政策,计算2×18年度应分配的现金股利、可用于2×19年投资的留存收益和需要额外筹集的资本。

(4) 不考虑目标资本结构的前提下,如果立信公司执行固定股利支付率政策,计算该公司的股利支付率和2×18年度应分配的现金股利。

(5) 假定立信公司2×19年面临着从外部筹资的困难,只能从内部筹资,不考虑目标资本结构,计算在此情况下2×18年度应分配的现金股利。

第一章　财务管理导论

一、单项选择题

1. C　2. B　3. B　4. A　5. C　6. B　7. B　8. C　9. B　10. A　11. C　12. B　13. B

二、判断题

1. ×　2. ×　3. ×　4. ×　5. √　6. √　7. ×　8. √　9. √　10. ×　11. ×
12. √　13. √　14. ×　15. √　16. ×

第二章　财务管理基础知识

一、单项选择题

1. C　2. B　3. C　4. B　5. B　6. C　7. A　8. D　9. B　10. A　11. B　12. C　13. D
14. D　15. D　16. C　17. B　18. D　19. B　20. D

二、判断题

1. √　2. √　3. ×　4. ×　5. √　6. √　7. ×　8. ×　9. ×　10. ×　11. √
12. √　13. ×　14. √　15. ×　16. ×　17. ×　18. √

三、计算题

1. 2×16 年年初投资额的终值为 164 800 元。
   2×16 年年初每年投资的现值为 187 110 元。
2. 最初时一次应存入银行的款项是 8 181 元或 8 184.24 元。
3. 该设备每年为企业增加收益的总现值为 172 410 元，大于设备买价，故值得购买。
4. (1) $P_1=20\times[(P/A,\ 10\%,\ 9)+1]=20\times(5.759+1)=20\times6.759=135.18$(万元)
   (2) $P_2=25\times(P/A,\ 10\%,\ 13)-25\times(P/A,\ 10\%,\ 3)=25\times7.1034-25\times2.4869$
   $=115.41$(万元)
   该公司应选择第二种方案。
5. $F=600\times(P/A,\ 6\%,\ 4)=1\,386$(元)
6. (1) 计算两项目的期望收益：

$$E(A)=2\,000\times0.2+1\,000\times0.5+500\times0.3=1\,050(元)$$
$$E(B)=3\,500\times0.2+1\,000\times0.5+(-500)\times0.3=1\,050(元)$$

(2) 计算两项目的标准离差：

$$\sigma_{(A)}=\sqrt{(2\,000-1\,050)^2\times0.2+(1\,000-1\,050)^2\times0.5+(500-1\,050)^2\times0.3}=522(元)$$
$$\sigma_{(B)}=\sqrt{(3\,000-1\,050)^2\times0.2+(1\,000-1\,050)^2\times0.5+(-500-1\,050)^2\times0.3}=1\,387(元)$$

(3) 计算两项目的标准离差率：

$$Q_{(A)}=522/1\,050=0.5$$
$$Q_{(B)}=1\,387/1\,050=1.32$$

(4) 因 $E_{(A)}=E_{(B)}$；$Q_{(A)}<Q_{(B)}$，故 A 项目优于 B 项目。

7. $I=(1+8\%/4)^4-1=8.24\%$
   $F=100\times(1+8.24\%)^5=100\times1.485\,7=148.57$(万元)
8. (1) $F=300\times(F/A,8\%,3)\times(1+8\%)=300\times3.246\,4\times1.08=1\,051.83$(万元)
   (2) $P=100\times(P/A,8\%,10)=100\times6.710\,1=671.01$(万元)
   (3) 因为 671.01<1 051.03，所以项目不可行。
9. 相当于现值收到 10 000 元。
10. 期望值：A 产品、B 产品、C 产品均为 16.5%。
    标准差：A 产品 10.5%；B 产品 27.75%；C 产品 19.11%。
    标准离差率：A 产品 63.64%；B 产品 168.18%；C 产品 115.82%。
    故应选择 A 产品。

第三章　财 务 分 析

一、单项选择题

1. B　2. C　3. D　4. C　5. C　6. A　7. B　8. C　9. D　10. D　11. B　12. B　13. C　14. D　15. B　16. A　17. D　18. A　19. B

二、多项选择题

1. CD　2. AD　3. ABD　4. ABCD　5. ABCD　6. AC　7. BCD　8. ABD　9. ABCD　10. AB

三、判断题

1. ×　2. √　3. ×　4. √　5. ×　6. ×　7. √　8. ×　9. ×　10. √　11. ×　12. ×　13. √　14. ×　15. ×　16. ×　17. √　18. ×　19. ×

四、计算题

1. (1) 资产负债率=(30+60+10+230)/620×100%=53.23%
   (2) 权益乘数=1÷(1−53.23%)≈2.138
   (3) 流动比率=(50+60+110)÷(30+60+10)=2.2

(4) 速动比率=(50+60)÷(30+60+10)=1.1

2. (1) 营业净利润率=1 116.7×(1−25%)÷3 750=837.5÷3 750=22.33%

(2) 总资产周转率=3 750÷4 687.5=0.8(次)

(3) 总资产净利率=837.5÷4 687.5×100%=17.87%

(4) 净资产收益率=837.5÷2 812.5×100%=29.78%

3. (1) 流动比率=流动资产÷流动负债

流动资产期末数=1.6×225=360(万元)

速动比率=速动资产÷流动负债

速动资产期初数=0.75×150=112.5 (万元)

流动资产期初数=112.5+180=292.5 (万元)

(2) 本期营业收入=1.2×(800+1 000)÷2=1 080(万元)

(3) 本期流动资产平均余额= (292.5+360)÷2=326.25(万元)

流动资产周转次数=1 080÷326.25=3.31(次)

4. (1) 年末流动负债=42÷2=21(万元)

年末速动资产=1.5×21=31.5 (万元)

年末存货=42−31.5=10.5 (万元)

本年销售成本=4×(15+10.5)÷2=51 (万元)

本年销售额=51÷80%=63.75(万元)

(2) 应收账款周转次数=63.75÷[(12+21.5)÷2]=3.8(次)

应收账款平均收账期=360÷3.8=95(天)

5. (1) 销售成本=120 000×(1−50%)=60 000(元)

净利润=120 000×20%=24 000(元)

期末平均存货=60 000÷5=12 000

期末存货=12 000×2−8 000=16 000(元)

应收账款平均余额=(10 000+8 000)÷2=9 000(元)

应收账款周转率=120 000÷9 000=13.33(次)

(2) 流动负债=16 000÷(2.16−1.6)=28 571(元)

流动资产=2.16×28 571=61 713(元)

总资产=61 713÷20%=308 565(元)

总负债=308 565×50%=154 283(元)

所有者权益=308 565−154 283=154 282(元)

资产净利率=24 000÷308 565×100%=7.78%

(3) 每股收益=24 000÷50 000=0.46(元)

(4) 市盈率=9.6÷0.48=20

(5) 每股净资产=154 282÷50 000=3.09(元)

市净率=9.6÷3.09=3.11

6. 速动资产＝应收账款＋短期投资＋货币资金＝4 000＋交易性金融资产＋货币资金＝8 000(元)
速动资产＝流动负债×2＝8 000(元)　　应付账款＝流动负债＝4 000(元)
流动资产＝4 000÷25%＝16 000＝存货＋8 000(元)　　存货＝8 000(元)
固定资产＝4 000(元)　　合计＝16 000＋4 000＝20 000(元)
所有者权益＝16 000－4 000＝12 000(元)
未分配利润＝12 000÷3＝4 000(元)
实收资本＝4 000×2＝8 000(元)
非流动负债＝20 000－12 000－4 000＝4 000(元)＝4×交易性金融资产
交易性金融资产＝1 000(元)　货币资金＝4 000－1 000＝3 000(元)

资产负债表　　单位:元

资　产	金　额	负债和所有者权益	金　额
货币资金	3 000	应付账款	4 000
交易性金融资产	1 000	非流动负债	4 000
应收账款	4 000	实收资本	8 000
存货	8 000	未分配利润	4 000
固定资产	4 000		
合　计	20 000	合　计	20 000

7. **资产负债表**

20××年 12 月 31 日　　单位:万元

资　产		负债和所有者权益	
货币资金	50	应付账款	100
应收账款	50	非流动负债	100
存货	100	实收资本	100
固定资产	200	留存收益	100
资产合计	400	负债和所有者权益	400

(1) 非流动负债÷(100＋100)＝0.5　非流动负债＝200×0.5＝100(万元)
(2) 负债和所有者权益＝100＋100＋100＋100＝400(万元)＝资产合计
(3) 总资产周转率＝销售收入÷400＝2.5
销售收入＝400×2.5＝1 000(万元)
销售成本＝1 000×(1－10%)＝900(万元)
存货周转率＝900÷存货＝9　　存货＝900÷9＝100(万元)
(4) 应收账款周转率＝360÷18＝1 000÷应收账款＝20
应收账款＝1 000÷20＝50(万元)
(5) 固定资产＝400－100－50－50＝200(万元)

8. (1) ① 流动比率＝(620＋2 688＋1 932)÷(1 032＋672＋936)＝5 240÷2 640＝1.98
② 资产负债率＝(2 640＋2 052)÷7 580×100%＝4 692÷7 580×100%＝61.9%
③ 利息保障倍数＝(364＋196)÷196＝2.86(倍)

④ 存货周转率=11 140÷[(1 400+1 932)÷2]=6.69(次)

⑤ 应收账款周转次数=12 860÷[(2 312+2 686)÷2]=5.15(次)

应收账款周转天数=360÷5.15=70(天)

⑥ 固定资产周转率=12 860÷2 340=5.5(次)

⑦ 总资产周转率=12 860÷7 580=1.7(次)

⑧ 销售净利率=220÷12 860=1.71%

⑨ 总资产净利率=220÷7 580=2.9%

⑩ 净资产收益率=220÷2 888=7.62%

填列该公司财务比率表：

比 率 名 称		本公司	行业平均数
流动比率	(1)	1.98	1.98
资产负债率	(2)	61.90%	62%
利息保障倍数	(3)	2.86	3.8
存货周转率	(4)	6.69	6 次
应收账款周转天数	(5)	70	35 天
固定资产周转率	(6)	5.5	13 次
总资产周转率	(7)	1.7	3 次
销售净利率	(8)	1.71%	1.30%
总资产净利率	(9)	2.90%	3.40%
净资产收益率	(10)	7.62%	8.30%

(2) 可能存在的问题有:应收账款管理不善;固定资产投资偏大;销售额偏低。

9. (1) 2×18 年流动比率=630÷300=2.1

速动比率=(90+180)÷300=0.9

资产负债率=700÷1 400=50%

(2) 总资产周转率=700÷1 400=0.5

营业净利率=126÷700=18%

净资产收益率=126÷700=18%

(3) 2×18 年权益乘数=1 400÷700=2

2×18 年相对于 2×17 年,净资产收益率降低了 2%(18%−20%)

营业利润率变动的影响:(18%−16%)×0.5×0.5=2.5%

总资产周转率变动的影响:(0.5−0.5)×18%×2.5=0

权益乘数变动的影响:(2−2.5)×18%×0.5=−4.5%

五、案例分析题

(1) 分析说明该公司 2×18 年与 2×17 年相比净资产收益率的变化及其原因。

2×17 年 净利润=4 300×4.7%=202.1(万元)

营业净利率=4.7%

$$资产周转率=\frac{4\,300}{\frac{1\,560+1\,430}{2}}=2.88$$

权益乘数＝2.39

2×18年　净利润＝3 800×2.6%＝98.8(万元)

营业净利率＝2.6%

$$资产周转率=\frac{3\,800}{\frac{1\,695+1\,560}{2}}=2.33$$

权益乘数＝2.50

因为：净资产收益率＝营业净利率×资产周转率×权益乘数

2×17年净资产收益率＝4.7%×2.88×2.39＝32.35%

2×18年净资产收益率＝2.6%×2.33×2.50＝15.15%

营业净利率变动的影响：(2.6%－4.7%)×2.88×2.39＝－14.45%

资产周转率变动的影响：2.6%×(2.33－2.88)×2.39＝－3.42%

权益乘数变动的影响：2.6%×2.33×(2.50－2.39)＝0.67%

该公司净资产收益率2×18年比2×17年下降，主要是运用资产的获利能力下降，其资产周转率和营业净利率都在下降。

总资产周转率下降的原因是平均收账期延长和存货周转率下降。

营业净利率下降的原因是销售毛利率在下降。

(2) 2×18年的总资产1 695万元；2×17年的总资产1 560万元

1) 该公司总资产增加，主要原因是存货和应收账款占用增加。

2) 2×18年负债是筹资的主要来源，而且是流动负债。非流动负债和所有者权益都没有增加，所有盈余都用于发放股利。

(3) 2×19年改善措施：扩大销售；降低存货、降低应收账款；降低进货成本；增加收益留存。

第四章　筹资决策

一、单项选择题

1. C　2. B　3. B　4. B　5. A　6. D　7. C　8. B　9. D　10. A　11. C　12. C　13. D　14. B　15. B　16. B　17. C　18. B　19. A　20. D

二、判断题

1. ×　2. √　3. ×　4. √　5. ×　6. ×　7. ×　8. √　9. √　10. ×　11. ×　12. ×　13. ×　14. √　15. √　16. √　17. ×　18. ×　19. ×　20. √

三、计算题

1. (1) 立即付款：

折扣率＝(10 000－9 630)÷10 000＝3.70%

放弃折扣成本＝[3.70%÷(1－3.70%)]×[360÷(90－0)]＝15.37%

(2) 30天付款：

折扣率＝(10 000－9 750)÷10 000＝2.5％

放弃折扣成本＝[2.5％÷(1－2.5％)]×[360÷(90－30)]＝15.38％

(3) 60天付款：

折扣率＝(10 000－9 870)/10 000＝1.3％

放弃折扣成本＝[1.3％/(1－1.3％)]×[360÷(90－60)]＝15.81％

(4) 放弃现金折扣的成本，是利用现金折扣的收益。应选择大于贷款利率且利用现金折扣收益率较高的付款期。最有利的是第60天付款9 870元。

2. (1) 年末支付方式下每年等额租金额＝90 000÷(P/A，15％，5)＋50 000÷5＝36 848(元)

(2) 年初支付方式下每年等额租金额＝90 000÷[(P/A，12％，4)＋1]＋50 000÷5＝32 292(元)

3. 增加的资产＝增量收入×基期变动资产占基期销售额的百分比

＝(1 000×20％)×(100＋200＋300)÷1 000＝120(万元)

增加的自然负债＝增量收入×基期变动负债占基期销售额的百分比

＝(1 000×20％)×(40＋60)÷1 000＝20(万元)

增加的留存收益＝预计销售收入×计划销售净利率×留存收益率

＝1 000×(1＋20％)×10％×(1－60％)＝48(万元)

外部资金需要量＝增加的资产－增加的自然负债－增加的留存收益

＝120－20－48＝52(万元)

四、案例分析题

(1) 收到货物后15天支付款项，与享受现金折扣在第10天付款，付款期推迟了5天，会计人员混淆了资金的5天使用成本与1年的使用成本。必须将时间长度转化一致，这两种成本才具有可比性。

第五章　资本成本与资本结构

一、单项选择题

1. B　2. B　3. D　4. A　5. D　6. C　7. B　8. C　9. C　10. D　11. B　12. D　13. C　14. C　15. D　16. C　17. C　18. D　19. C　20. D

二、判断题

1. √　2. ×　3. √　4. ×　5. ×　6. ×　7. √　8. ×　9. ×　10. √　11. ×　12. ×　13. √　14. ×　15. ×　16. √　17. ×　18. √　19. √　20. ×

三、计算题

1. (1) 银行借款成本＝3.04％

(2) 债券资金成本＝4.5％

(3) 普通股资金成本＝21.67％

(4) 留存收益资金成本＝21％

(5) 加权平均资金成本＝14.45％

2. (1) 边际贡献＝200(万元)

(2) 息税前利润=100(万元)
(3) 经营杠杆系数=2
(4) 财务杠杆系数=2
(5) 综合杠杆系数=4

3. (1) 2×18 年企业的边际贡献总额=20 000(元)
(2) 2×18 年企业的息税前利润=10 000(元)
(3) 销售量为 10 000 件时的经营杠杆系数=2
(4) 2×19 年息税前利润增长率=20%
(5) 综合杠杆系数=4

4. 无差别点的息税前利润为 232 万。
企业应采取借款方案筹资。

5. (1) $EPS_{债}=[(400+1\,600-3\,000\times10\%-4\,000\times11\%)\times(1-40\%)]\div800=0.945$
$EPS_{优}=[(400+1\,600-3\,000\times10\%)\times(1-40\%)-4\,000\times12\%)]\div800=0.675$
$EPS_{普}=[(400+1\,600-3\,000\times10\%)\times(1-40\%)]\div(800+4\,000\div20)=1.02$

(2) “普”↔“债”
$(EBIT-3\,000\times10\%)\times(1-40\%)\div(800+200)$
$=[(EBIT-3\,000\times10\%-4\,000\times11\%)\times(1-40\%)]\div800$
$EBIT=2\,500$
“普”↔“优”
$(EBIT-3\,000\times10\%)\times(1-40\%)\div(800+200)$
$=[(EBIT-3\,000\times10\%)\times(1-40\%)-400\times12\%]\div800$
$EBIT=4\,300$

(3) 筹资前:$DFL=1\,600\div(1\,600-3\,000\times10\%)=1.23$
筹资后:
$EFL_{债}=(400+1\,600)\div(400+1\,600-3\,000\times10\%-4\,000\times11\%)=1.59$
$DFL_{优}=(400+1\,600)\div\{400+1\,600-3\,000\times10\%-[4\,000\times12\%\div(1-40\%)]\}=2.22$
$DFL_{普}=(400+1\,600)\div(400+1\,600-3\,000\times10\%)=1.18$

(4) 应选择普通股筹资。因为其每股收益最高,财务风险最小。

四、案例分析题

(1) 利用无差别点进行分析:
债券筹资与普通股筹资的无差别点:

$$[(EBIT-320-440)\times0.7]\div1\,000=[(EBIT-320)\times0.7]\div1\,200$$

通过计算可得 EBIT 为 2 320 万元。
优先股与普通股每股收益无差别点:

$$[(EBIT-320)\times0.7-4\,000\times12\%]\div800=[(EBIT-320)\times0.7]\div1\,000$$

通过计算可得 EBIT 为 2 624 万元。

(2) 在不考虑财务风险的情况下,基于以上的计算结果,债券筹资、优先股筹资与普通股筹资的无别点分别是 2 320 万元和 2 624 万元，由于该项目为公司新增 400 万元(2 000－1 100－500)的息税前利润，再加上预计当年实现的息税前利润 1 600 万元，共计获得息税前利润 2 000 万元，在这种情况下，普通股有着更高的每股收益率，所以应该选择发行普通股的方式来筹资。

第六章 长期投资决策

一、单项选择题

1. A 2. D 3. B 4. D 5. B 6. C 7. A 8. B 9. D 10. C 11. A 12. D 13. A 14. B 15. C 16. B 17. C 18. C 19. B 20. A

二、判断题

1. √ 2. × 3. × 4. √ 5. × 6. × 7. √ 8. × 9. × 10. × 11. × 12. √ 13. × 14. √ 15. √ 16. × 17. × 18. √ 19. × 20. ×

三、计算题

1. 解：年折旧额＝24 000/5＝4 800(元)

   利润＝48 000－42 800＝5 200(元)

   $NCF_{1\sim5}$＝5 200＋4 800＝10 000(元)

   (1) 投资利润率＝5 200÷(24 000/2)＝43.33%

   (2) 静态投资回收期＝24 000/10 000＝2.4(年)

   (3) 净现值＝10 000×(P/A, 10%, 5)－24 000＝13 908(元)

   (4) 净现值率＝13 908÷24 000＝0.579 5

   现值指数＝1＋0.579 5＝1.579 5

   (5) 内含报酬率

   (P/A, IRR, 5)＝24 000÷10 000＝2.4

   IRR＝28%＋[(2.532 0－2.4)÷(2.532 0－2.345 2)]×(32%－28%)＝30.83%

2. 解：(1) (静态)投资回收期为 4.4 年。

   (2) NPV＝－73.64，故该项目不可行。

3. 解：每年的折旧＝54 万元

   5 年的营业现金净流量分别为 94 万元、84 万元、74 万元、74 万元、74 万元。

   净现值＝－28.868 万元

   因此该方案不可行。

4. 解：现值指数＝1.088 75；内涵报酬率＝12.98%

5. 解：ΔNCF_0＝－500 000＋100 000＝－400 000 元

   $\Delta NCF_{1\sim5}$＝100 000＋(500 000－100 000)÷5＝180 000 元

6. 解：(1) A 方案

   建设期现金净流量：

$$NCF_0=-55-20=-75(\text{万元})$$

$$NCF_1=-55(\text{万元})$$

$$NCF_2=-20(\text{万元})$$

经营期经营现金净流量：

$$固定资产年折旧额=\frac{110-10}{10}=10(万元)$$

$$无形资产年摊销额=\frac{20}{5}=4(万元)$$

$$NCF_{3\sim7}=40-38+10+4=16(万元)$$

$$NCF_{8\sim11}=60-40=20(万元)$$

经营期终结点现金净流量：

$$NCF_{12}=20+10+20=50(万元)$$

(2) B方案

$$净现值=30\times(P/A,10\%,9)+40\times(P/S,10\%,10)-180=8.21(万元)$$

(3) 因为A方案的净现值小于零，所以财务上是不可行的。B方案的净现值大于零，所以财务上是可行的，应采用B方案。

7. 解：(1) 年折旧=(750−50)/5=140(万元)

各年净利润=(4×250−4×180−40−140)×(1−25%)=75(万元)

$NCF_0=-750-250=-1\,000$(万元)

$NCF_{1\sim4}=75+140=215$(万元)

$NCF_5=210+50+250=515$(万元)

(2) 净现值=−1 000+215×(P/A，10%，5)+300×(P/F，10%，5)

=−1 000+215×3.790 8+300×0.620 9=−1 000+815.022+186.27

=1.292(万元)

8. 解：$\Delta NCF_0=-[30-4-(10-3.2-4)\times25\%]=-25.3$(万元)

新设备年折旧额=(30−6)÷3=8(万元)

旧设备年折旧额=(10−3.2−2)÷3=1.6(万元)

$\Delta NCF_{1\sim2}=(10-6)\times(1-25\%)+(8-1.6)\times25\%=4.6$(万元)

$\Delta NCF_3=4.6+6-2=8.6$(万元)

$\Delta NPV=4.6\times(P/A,12\%,2)+8.6\times(P/F,12\%,3)-25.3=-8.13$(万元)

所以，设备不应该更新。

9. 解：原始投资流出=176 500(元)

每年营业现金流入=20 000×(1−40%)=12 000(元)

每年折旧抵税=13 000×40%=5 200(元)

第13年现金流入=7 500×(1−40%)=4 500(元)

$NPV=(12\,000+5\,200)\times(P/A,4\%,13)+4\,500\times(P/S,4\%,13)-176\,500=1\,155$(元)

故应采纳该方案。

10. 解：对于互斥的投资，选择时应比较其各自的净现值

$NPV(A)=-60\,000+90\,000\times(1+10\%)^{-1}=21\,818$(元)

$NPV(B)=-104\,000+50\,000\times(1+10\%)^{-1}+100\,000\times(1+10\%)^{-2}=24\,050$(元)

因为 $NPV(B) > NPV(A)$

所以投资方案 B 较好。

四、案例分析题

1.（1）① 使用新设备比使用旧设备增加的投资额＝150 000－60 000＝90 000(元)

② 因旧设备提前报废发生的处理固定资产净损失抵税＝(70 000－60 000)×25%＝2 500(元)

③ 计算使用新设备比使用旧设备每年增加的息税前利润

使用新设备比使用旧设备每年增加的折旧＝(150 000－10 000)÷5－(60 000－5 000)÷5＝17 000(元)

使用新设备比使用旧设备每年增加的总成本＝－8 000＋17 000＝9 000(元)

使用新设备比使用旧设备第 1 年增加的息税前利润＝11 074.63－9 000＝2 074.63(元)

使用新设备比使用旧设备第 2 至第 4 年每年增加的息税前利润＝16 000－9 000＝7 000(元)

使用新设备比使用旧设备第 5 年增加的息税前利润＝15 253.73－9 000＝6 253.73(元)

④ 计算使用新设备比使用旧设备每年增加的净现金流量

ΔNCF_0＝－(150 000－60 000)＝－90 000(元)

ΔNCF_1＝2 074.63×(1－25%)＋17 000＋2 500＝21 056(元)

$\Delta NCF_{2\sim4}$＝7 000×(1－25%)＋17 000＝22 250(元)

ΔNCF_5＝6 253.73×(1－25%)＋17 000＋5 000＝26 690(元)

⑤ 21 056×(P/F, ΔIRR, 1)＋22 250×(P/F, ΔIRR, 2)＋22 250×(P/F, ΔIRR, 3)＋22 250×(P/F, ΔIRR, 4)＋26 690×(P/F, ΔIRR, 5)－90 000＝0

利用插补法：

21 056×(P/F, 8%, 1)＋22 250×(P/F, 8%, 2)＋22 250×(P/F, 8%, 3)＋22 250×(P/F, 8%, 4)＋26 690×(P/F, 8%, 5)－90 000＝751.69

21 056×(P/F, 9%, 1)＋22 250×(P/F, 9%, 2)＋22 250×(P/F, 9%, 3)＋22 250×(P/F, 9%, 4)＋26 690×(P/F, 9%, 5)－90 000＝－1 666.22

可知 ΔIRR 介于 8%和 9%之间。

ΔIRR＝8%＋(751.69－0)÷(751.69＋1 666.22)×(9%－8%)＝8.31%

（2）① 更新设备比继续使用旧设备增加的投资额＝－ΔNCF_0＝37 908(元)

② 乙设备的投资＝37 908＋60 000＝97 908(元)

③ 乙方案的差额内部收益率($\Delta IRR_{乙}$)：

依题意，可按简单计算法：

(P/A, ΔIRR, 5)＝37 908÷10 000＝3.790 8

∵ (P/A, 10%, 5)＝3.790 8

∴ $\Delta IRR_{乙}$＝10%

（3）∵乙方案的差额内部收益率($\Delta IRR_{乙}$)＝10%＞ic＝9%

∴ 应当按乙方案进行设备的更新改造。

∵ 甲方案的差额内部收益率($\Delta IRR_{甲}$)＝8.31%＜ic＝9%

∴ 不应当按甲方案进行设备的更新改造。

决策结论：应当按乙方案进行设备的更新改造。

第七章 证 券 投 资

一、单项选择题

1. D 2. D 3. C 4. D 5. B 6. D 7. B 8. D 9. C 10. C 11. A 12. B 13. D 14. A 15. D 16. C 17. B 18. B 19. B 20. A

二、判断题

1. × 2. √ 3. × 4. × 5. √ 6. × 7. × 8. √ 9. × 10. √ 11. √ 12. × 13. √ 14. √ 15. √ 16. × 17. × 18. √ 19. √ 20. ×

三、计算题

1. (1) 甲公司债券的价值＝1 000×(P/F，6%，5)＋1 000×8%×(P/A，6%，5)

＝1 000×0.747 3＋1 000×8%×4.212 4≈1 084.29(元)

因为:发行价格 1 041 元＜债券价值 1 084.29 元。

(2) 乙公司债券的价值＝(1 000＋1 000×8%×5)×(P/F，6%，5)

＝(1 000＋1 000×8%×5)×0.747 3＝1 046.22(元)

(3) 丙公司债券的价值 P＝1 000×(P/F，6%，5)＝1 000×0.747 3＝747.3(元)。

(4) A 公司应当选择购买甲公司债券的方案。

(5) A 公司的投资收益率＝[(1 050－1 041)＋1 000×8%×1]÷1 041＝8.55%

2. (1) 该证券的内在价值＝1 000×10%×(P/A，9%，5)＋1 000×(P/F，9%，5)

＝100×3.889 7＋1 000×0.649 9＝1 038.87(元)

(2) 1 049.06＝100×(P/A，i，4)＋1 000×(P/F，i，4)

用 i＝8%试算:100×(P/A，8%，4)＋1 000×(P/F，8%，4)＝1 066.21

用 i＝9%试算:100×(P/A，9%，4)＋1 000×(P/F，9%，4)＝1 032.37

$$R=8\%+\frac{1\,066.21-1\,049.06}{1\,066.21-1\,032.37}\times1\%=8.50\%$$

3. (1) 计算 X、S 公司股票价值:

X 公司股票价值＝0.30(1＋6%)/(8%－6%)＝15.90(元)

S 公司股票价值＝1.20/8%＝15(元)

(2) 分析与决策。由于 X 公司股票现行市价为 16 元,高于其投资价值 15.90 元,故 X 公司股票目前不宜投资购买。

S 公司股票现行市价为 14.80 元,低于其投资价值 15 元,故 S 公司股票值得投资,甲企业应购买 S 公司股票。

4. 最近 3 年股利的现值＝2.4×0.870＋2.88×0.756＋3.456×0.658＝6.54

P_3＝3.456×(1＋12%)/(15%－12%)＝129.02

P_3×(P/F，15%，3)＝129.02×0.658＝84.83

股票内在价值＝6.54＋84.83＝91.37(元)

5. (1) 利用资本资产定价模型计算 A、B 公司的必要收益率为:

A公司 $K=8\%+2\times(12\%-8\%)=16\%$

B公司 $K=8\%+1.5\times(12\%-8\%)=14\%$

(2) 利用固定成长股票及非固定成长股票的模型公式：

A公司的股票价值 $=5\times(P/A, 16\%, 5)+[5\times(1+6\%)]\div(16\%-6\%)\times(P/F, 16\%, 5)$

$=5\times3.274+53\times0.476=41.61$(元)

B公司的股票价值 $=[2\times(1+4\%)]\div(14\%-4\%)=20.8$(元)

由于A、B公司的股票价值大于或等于其市价，所以应该购买。

(3) 证券组合收益率 $=(100\times40)\div(100\times40+100\times20)\times16\%+(100\times20)\div(100\times40+100\times20)\times14\%=10.67\%+4.67\%=15.34\%$

(4) 综合 β 系数 $=(100\times40)\div(100\times40+100\times20)\times2+(100\times20)\div(100\times40+100\times20)\times1.5$

$=1.33+0.5=1.83$

6. (1) ① 甲公司证券组合的 β 系数 $=50\%\times2+30\%\times1+20\%\times0.5=1.4$

② 甲公司证券组合的必要投资收益率 $(K)=10\%+1.4\times(15\%-10\%)=17\%$

③ 投资A股票的必要投资收益率 $=10\%+2\times(15\%-10\%)=20\%$

(2) 因为，A股票的内在价值 $=1.2\times(1+8\%)/(20\%-8\%)=10.8$ 元 $<$ A股票的当前市价12元

所以，甲公司当前出售A股票比较有利。

四、案例分析题

(1) 该董事的观点是错误的。该公司一直采用固定股利支付率的政策，由于第四年及以后的净收益水平保持不变，所以从第四年后每年股利是固定的。在固定股利增长模型中 $P_0=D_1/(k-g)$，当股利较高时，在其他条件不变的情况下，价格的确也会较高。但其他条件不是不变的。如果公司提高了股利支付率，增长率 g 就会下跌，股票价格不一定会上升。事实上，如果股权收益率 $>K$，价格反而会下降。

(2) 股利支付率的提高将减少可持续增长率，因为用于再投资企业的资金减少了。股利支付率的上升会减少股票账面价值，原因也是一样的。

(3) $K=4\%+(8\%-4\%)\times1.5=10\%$

股票价值计算如下：

年　份	0	1	2	3	合计
每股股利(元)	2	2.3	2.65	2.8	
现值系数(i=10%)		0.909 1	0.826 4	0.753 1	
股利现值(元/股)		2.09	2.19	2.11	6.39
未来股利(元/股)				28	
未来股利现值(元/股)				21.09	21.09
股票价值					27.48

第八章 营运资金管理

一、单项选择题

1. C 2. D 3. A 4. A 5. B 6. D 7. D 8. C 9. B 10. B 11. A 12. C 13. C 14. D 15. C 16. A 17. C 18. D 19. B 20. A

二、判断题

1. √ 2. √ 3. × 4. × 5. √ 6. × 7. √ 8. × 9. √ 10. × 11. √ 12. √ 13. × 14. × 15. √ 16. × 17. × 18. × 19. × 20. √

三、计算题

1. (1) 最佳货币资金持有量 $=\sqrt{\frac{2\times250\ 000\times500}{10\%}}=50\ 000$(元)

(2) 最低货币资金管理总成本 $=\sqrt{2\times250\ 000\times500\times10\%}=5\ 000$(元)

转换成本 $=\frac{250\ 000}{50\ 000}\times500=2\ 500$(元)

机会成本 $=\frac{50\ 000}{2}\times10\%=2\ 500$(元)

(3) 有价证券交易次数 $=\frac{250\ 000}{50\ 000}=5$(次)

有价证券交易间隔期 $=\frac{360}{5}=72$(天)

2. 货币资金周转期＝90＋40－30＝100(天)

最佳货币资金余额＝1 440/360×100＝400(万元)

3. (1) 增加的销售利润＝销售量增加×单位边际贡献＝2 000×(5－4)＝2 000(元)

(2) 应收账款占用资金机会成本的增加＝(12 000×5)÷360×60×4÷5×10%－(10 000×5)÷360×30×4÷5×10%＝800－333＝467(元)

(3) 坏账损失的增加＝2 000×5×1.5%＝150(元)

(4) 收账费用增加＝4 000－3 000＝1 000(元)

(5) 改变信用期的净损益＝收益增加－成本费用增加＝2 000－(467＋150＋1 000)＝383(元)

由于收益的增加大于成本增加，故应采用 60 天信用期。

4. (1) 本年度乙材料的经济进货批量 $=\sqrt{(2\times36\ 000\times20)\div16}=300$(千克)

(2) 本年度乙材料经济进货批量下的相关总成本 $=\sqrt{2\times36\ 000\times20\times16}=4\ 800$(元)

(3) 本年度乙材料经济进货批量下的平均资金占用额＝300×200÷2＝30 000(元)

(4) 本年度乙材料最佳进货批次＝36 000÷300＝120(次)

5. 最优订货批量 $=\sqrt{\frac{2\times70\times1\ 000}{20\times\left(1-\frac{3}{10}\right)}}=100$

最优订货批量 $=\sqrt{2\times70\times1\ 000\times20\times\left(1-\frac{3}{10}\right)}=1\ 400$

6. 无数量折扣时的经济订货量

$Q^{*}=\sqrt{2\times1\,200\times16\,000\div60}=800$(吨)<(1 600 吨)

此时的单价为 200 元。

$TC(800)=\frac{16\,000}{800}\times1\,200+\frac{800}{2}\times60+16\,000\times200=3\,248\,000$(元)

$TC(1\,600)=\frac{16\,000}{1\,600}\times1\,200+\frac{1\,600}{2}\times60+16\,000\times200\times(1-2\%)=3\,196\,000$(元)

$TC(3\,000)=\frac{16\,000}{1\,600}\times1\,200+\frac{3\,000}{2}\times60+16\,000\times200\times(1-3\%)=3\,206\,000$(元)

经比较,TC(1 600)最小,最优订货量应为 1 600 吨。

四、案例分析题

增加的销售收入=4 800×20%=960(万元)

增加的销售毛利=4 800×20%×(1−70%)=288(万元)

应收账款增加多占用资金应计利息=54.19−28.22=25.97(万元)

由于销售成本率不变,销售成本与销售收入一样,增长 20%。又存货周转率不变,所以存货增加 20%。

则存货增加多占用资金利息=560×20%×8.959 7%=10.03(万元)

其他有关费用增加=380−200=180(万元)

改变信用政策增加的净收益=288−25.97−10.03−180=72(万元)

改变信用政策的净收益大于 0,所以总经理的决策有理。

第九章　利润分配管理

一、单项选择题

1. D　2. D　3. A　4. A　5. D　6. D　7. C　8. C　9. B　10. C　11. B　12. D　13. B　14. D　15. D　16. D　17. C　18. B　19. C

二、判断题

1. √　2. ×　3. √　4. √　5. √　6. ×　7. ×　8. √　9. ×　10. ×　11. ×　12. √　13. ×　14. ×　15. ×　16. √　17. ×　18. √　19. ×　20. √

三、计算题

1. (1) 2×18 年税后利润=581.25(万元)

   (2) 提取的盈余公积金=50.13(万元)

   (3) 可供投资者分配利润=451.12(万元)

   (4) 未分配利润 270.67(万元)

2. (1) 公司本年可发放的股利额=300(万元)

   (2) 股利支付率=20%

   (3) 每股股利=1.5(元/股)

3. (1) 2×18 年公司实现的净利润=450(万元)

   (2) 2×18 年净利润用于下年投资的数额=330(万元)

向投资人分配的股利＝120(万元)

(3) 能支持的最大投资项目金额＝818.18(万元)

4. 该公司须从外部筹集权益资金 90 万元。

5. (1) 股东实际收到的现金总额＝2 000(万元)

(2) 现金股利使公司的现金和未分配利润同时减少 5 000 万元。

股票股利使公司的未分配利润减少 25 000 万元，使股本增加 25 000 万元。

实施本次分配方案后，股东权益相关项目变化如下：

股本总额＝75 000(万元)

资本公积＝50 000(万元)

盈余公积＝20 000(万元)

分配利润总额＝120 000(万元)

四、案例分析题

(1) 2×19 年投资方案所需的权益资本＝700×60％＝420(万元)

2×19 年投资方案所需从外部借入的长期债务资本＝700×40％＝280(万元)

(2) 2×18 年应分配的现金股利＝900－420＝480(万元)

(3) 2×18 年应分配的现金股利＝上年分配的现金股利＝550(万元)

可用于 2×19 年投资的留存收益＝900－550＝350(万元)

2×19 年投资需要额外筹集的资本＝700－350＝350(万元)

(4) 该公司的股利支付率＝550÷1 000×100％＝55％

2×18 年应分配的现金股利＝55％×900＝495(万元)

(5) 因为公司只能从内部筹资，所以 2×19 年投资需要从 2×18 年的净利润中留存 700 万元，所以2×18 年应分配的现金股利＝900－700＝200(万元)。

附表一　　　　　　　　　　　　1 元复利终值表

期数	1%	2%	3%	4%	5%	6%	7%	8%	9%	10%
1	1.010 0	1.020 0	1.030 0	1.040 0	1.050 0	1.060 0	1.070 0	1.080 0	1.090 0	1.100 0
2	1.020 1	1.040 4	1.060 9	1.081 6	1.102 5	1.123 6	1.144 9	1.166 4	1.188 1	1.210 0
3	1.030 3	1.061 2	1.092 7	1.124 9	1.157 6	1.191 0	1.225 0	1.259 7	1.295 0	1.331 0
4	1.040 6	1.082 4	1.125 5	1.169 9	1.215 5	1.262 5	1.310 8	1.360 5	1.411 6	1.464 1
5	1.051 0	1.104 1	1.159 3	1.216 7	1.276 3	1.338 2	1.402 6	1.469 3	1.538 6	1.610 5
6	1.061 5	1.126 2	1.194 1	1.265 3	1.340 1	1.418 5	1.500 7	1.580 9	1.677 1	1.771 6
7	1.072 1	1.148 7	1.229 9	1.315 9	1.407 1	1.503 6	1.605 8	1.713 8	1.828 0	1.948 7
8	1.082 9	1.171 7	1.266 8	1.368 6	1.477 5	1.593 8	1.718 2	1.850 9	1.992 6	2.143 6
9	1.093 7	1.195 1	1.304 8	1.423 3	1.551 3	1.689 5	1.838 5	1.999 0	2.171 9	2.357 9
10	1.104 6	1.219 0	1.343 9	1.480 2	1.628 9	1.790 8	1.967 2	2.158 9	2.367 4	2.593 7
11	1.115 7	1.243 4	1.384 2	1.539 5	1.710 3	1.898 3	2.104 9	2.331 6	2.580 4	2.853 1
12	1.126 8	1.268 2	1.425 8	1.601 0	1.795 9	2.012 2	2.252 2	2.518 2	2.812 7	3.138 4
13	1.138 1	1.293 6	1.468 5	1.665 1	1.885 6	2.132 9	2.409 8	2.719 6	3.065 8	3.452 3
14	1.149 5	1.319 5	1.512 6	1.731 7	1.979 9	2.260 9	2.578 5	2.937 2	3.341 7	3.797 5
15	1.161 0	1.345 9	1.558 0	1.800 9	2.078 9	2.396 6	2.759 0	3.172 2	3.642 5	4.177 2
16	1.172 6	1.372 8	1.604 7	1.873 0	2.182 9	2.540 4	2.952 2	3.425 9	3.970 3	4.595 0
17	1.184 3	1.400 2	1.652 8	1.947 9	2.292 0	2.692 8	3.158 8	3.700 0	4.327 6	5.054 5
18	1.196 1	1.428 2	1.702 4	2.025 8	2.406 6	2.854 3	3.379 9	3.996 0	4.717 1	5.559 9
19	1.208 1	1.456 8	1.753 5	2.106 8	2.527 0	3.025 6	3.616 5	4.315 7	5.141 7	6.115 9
20	1.220 2	1.485 9	1.806 1	2.191 1	2.653 3	3.207 1	3.869 7	4.661 0	5.604 4	6.727 5
21	1.232 4	1.515 7	1.860 3	2.278 8	2.786 0	3.399 6	4.140 6	5.033 8	6.108 8	7.400 2
22	1.244 7	1.546 0	1.916 1	2.369 9	2.925 3	3.603 5	4.430 4	5.436 5	6.658 6	8.140 3
23	1.257 2	1.576 9	1.973 6	2.464 7	3.071 5	3.819 7	4.740 5	5.871 5	7.257 9	8.254 3
24	1.269 7	1.608 4	2.032 8	2.563 3	3.225 1	4.048 9	5.072 4	6.341 2	7.911 1	9.849 7
25	1.282 4	1.640 6	2.093 8	2.665 8	3.386 4	4.291 9	5.427 4	6.848 5	8.623 1	10.835
26	1.295 3	1.673 4	2.156 6	2.772 5	3.555 7	4.549 4	5.807 4	7.396 4	9.399 2	11.918
27	1.308 2	1.706 9	2.221 3	2.883 4	3.733 5	4.882 3	6.213 9	7.988 1	10.245	13.110
28	1.321 3	1.741 0	2.287 9	2.998 7	3.920 1	5.111 7	6.648 8	8.627 1	11.167	14.421
29	1.334 5	1.775 8	2.356 6	3.118 7	4.116 1	5.418 4	7.114 3	9.317 3	12.172	15.863
30	1.347 8	1.811 4	2.427 3	3.243 4	4.321 9	5.743 5	7.612 3	10.063	13.268	17.449
40	1.488 9	2.208 0	3.262 0	4.801 0	7.040 0	10.286	14.794	21.725	31.408	45.259
50	1.644 6	2.691 6	4.383 9	7.106 7	11.467	18.420	29.457	46.902	74.358	117.39
60	1.816 7	3.281 0	5.891 6	10.520	18.679	32.988	57.946	101.26	176.03	304.48

（续表）

期数	12%	14%	15%	16%	18%	20%	24%	28%	32%	36%
1	1.120 0	1.140 0	1.150 0	1.160 0	1.180 0	1.200 0	1.240 0	1.280 0	1.320 0	1.360 0
2	1.254 4	1.299 6	1.322 5	1.345 6	1.392 4	1.440 0	1.537 6	1.638 4	1.742 4	1.849 6
3	1.404 9	1.481 5	1.520 9	1.560 9	1.643 0	1.728 0	1.906 6	2.087 2	2.300 0	2.515 5
4	1.573 5	1.689 0	1.749 0	1.810 6	1.938 8	2.073 6	2.364 2	2.684 4	3.036 0	3.421 0
5	1.762 3	1.925 4	2.011 4	2.100 3	2.287 8	2.488 3	2.931 6	3.436 0	4.007 5	4.652 6
6	1.973 8	2.195 0	2.313 1	2.436 4	2.699 6	2.986 0	3.635 2	4.398 0	5.289 9	6.327 5
7	2.210 7	2.502 3	2.660 0	2.826 2	3.185 5	3.583 2	4.507 7	5.629 5	6.982 6	8.605 4
8	2.476 0	2.852 6	3.059 0	3.278 4	3.758 9	4.299 8	5.589 5	7.205 8	9.217 0	11.703
9	2.773 1	3.251 9	3.517 9	3.803 0	4.435 5	5.159 8	6.931 0	9.223 4	12.166	15.917
10	3.105 8	3.707 2	4.045 6	4.411 4	5.233 8	6.191 7	8.594 4	11.806	16.060	21.647
11	3.478 5	4.226 2	4.652 4	5.117 3	6.175 9	7.430 1	10.657	15.112	21.199	29.439
12	3.896 0	4.817 9	5.350 3	5.936 0	7.287 6	8.916 1	13.215	19.343	27.983	40.037
13	4.363 5	5.492 4	6.152 8	6.885 8	8.599 4	10.699	16.386	24.759	36.937	54.451
14	4.887 1	6.261 3	7.075 7	7.987 5	10.147	12.839	20.319	31.691	48.757	74.053
15	5.473 6	7.137 9	8.137 1	9.265 5	11.974	15.407	25.196	40.565	64.359	100.71
16	6.130 4	8.137 2	9.357 6	10.748	14.129	18.488	31.243	51.923	84.954	136.97
17	6.866 0	9.276 5	10.761	12.468	16.672	22.186	38.741	66.461	112.14	186.28
18	7.690 0	10.575	12.375	14.463	19.673	26.623	48.039	86.071	148.02	253.34
19	8.612 8	12.056	14.232	16.777	23.214	31.948	59.568	108.89	195.39	344.54
20	9.646 3	13.743	16.367	19.461	27.393	38.338	73.864	139.38	257.92	468.57
21	10.804	15.668	18.822	22.574	32.324	46.005	91.592	178.41	340.45	637.26
22	12.100	17.861	21.645	26.186	38.142	55.206	113.57	228.36	449.39	866.67
23	13.552	20.362	24.891	30.376	45.008	66.247	140.83	292.30	593.20	1 178.7
24	15.179	23.212	28.625	35.236	53.109	79.497	174.63	374.14	783.02	1 603.0
25	17.000	26.462	32.919	40.874	62.669	95.396	216.54	478.90	1 033.6	2 180.1
26	19.040	30.167	37.857	47.414	73.949	114.48	268.51	613.00	1 364.3	2 964.9
27	21.325	34.390	43.535	55.000	87.260	137.37	332.95	784.64	1 800.9	4 032.3
28	23.884	39.204	50.066	63.800	102.97	164.84	412.86	1 004.3	2 377.2	5 483.9
29	26.750	44.693	57.575	74.009	121.50	197.81	511.95	1 285.6	3 137.9	7 458.1
30	29.960	50.950	66.212	85.850	143.37	237.38	634.82	1 645.5	4 142.1	10 143
40	93.051	188.83	267.86	378.72	750.38	1 469.8	5 455.9	19 427	66 521	*
50	289.00	700.23	1 083.7	1 670.7	3 927.4	9 100.4	46 890	*	*	*
60	897.60	2 595.9	4 384.0	7 370.2	20 555	56 348	*	*	*	*
	*>99 999									

附表二 **1 元复利现值表**

期数	1%	2%	3%	4%	5%	6%	7%	8%	9%	10%
1	0.990 1	0.980 4	0.970 9	0.961 5	0.952 4	0.943 4	0.934 6	0.925 9	0.917 4	0.909 1
2	0.980 3	0.971 2	0.942 6	0.924 6	0.907 0	0.890 0	0.873 4	0.857 3	0.841 7	0.826 4
3	0.970 6	0.942 3	0.915 1	0.889 0	0.863 8	0.839 6	0.816 3	0.793 8	0.772 2	0.751 3
4	0.961 0	0.923 8	0.888 5	0.854 8	0.822 7	0.792 1	0.762 9	0.735 0	0.708 4	0.683 0
5	0.951 5	0.905 7	0.862 6	0.821 9	0.783 5	0.747 3	0.713 0	0.680 6	0.649 9	0.620 9
6	0.942 0	0.888 0	0.837 5	0.790 3	0.746 2	0.705 0	0.666 3	0.630 2	0.596 3	0.564 5
7	0.932 7	0.860 6	0.813 1	0.759 9	0.710 7	0.665 1	0.622 7	0.583 5	0.547 0	0.513 2
8	0.923 5	0.853 5	0.787 4	0.730 7	0.676 8	0.627 4	0.582 0	0.540 3	0.501 9	0.466 5
9	0.914 3	0.836 8	0.766 4	0.702 6	0.644 6	0.591 9	0.543 9	0.500 2	0.460 4	0.424 1
10	0.905 3	0.820 3	0.744 1	0.675 6	0.613 9	0.558 4	0.508 3	0.463 2	0.422 4	0.385 5
11	0.896 3	0.804 3	0.722 4	0.649 6	0.584 7	0.526 8	0.475 1	0.428 9	0.387 5	0.350 5
12	0.887 4	0.788 5	0.701 4	0.624 6	0.556 8	0.497 0	0.444 0	0.397 1	0.355 5	0.318 6
13	0.878 7	0.773 0	0.681 0	0.600 6	0.530 3	0.468 8	0.415 0	0.367 7	0.326 2	0.289 7
14	0.870 0	0.757 9	0.661 1	0.577 5	0.505 1	0.442 3	0.387 8	0.340 5	0.299 2	0.263 3
15	0.861 3	0.743 0	0.641 9	0.555 3	0.481 0	0.417 3	0.362 4	0.315 2	0.274 5	0.239 4
16	0.852 8	0.728 4	0.623 2	0.533 9	0.458 1	0.393 6	0.338 7	0.291 9	0.251 9	0.217 6
17	0.844 4	0.714 2	0.605 0	0.513 4	0.436 3	0.371 4	0.316 6	0.270 3	0.231 1	0.197 8
18	0.836 0	0.700 2	0.587 4	0.493 6	0.415 5	0.350 3	0.295 9	0.250 2	0.212 0	0.179 9
19	0.827 7	0.686 4	0.570 3	0.474 6	0.395 7	0.330 5	0.276 5	0.231 7	0.194 5	0.163 5
20	0.819 5	0.673 0	0.553 7	0.456 4	0.376 9	0.311 8	0.258 4	0.214 5	0.178 4	0.148 6
21	0.811 4	0.659 8	0.537 5	0.438 8	0.358 9	0.294 2	0.241 5	0.198 7	0.163 7	0.135 1
22	0.803 4	0.646 8	0.521 9	0.422 0	0.341 8	0.277 5	0.225 7	0.183 9	0.150 2	0.122 8
23	0.795 4	0.634 2	0.506 7	0.405 7	0.325 6	0.261 8	0.210 9	0.170 3	0.137 8	0.111 7
24	0.787 6	0.621 7	0.491 9	0.390 1	0.310 1	0.247 0	0.197 1	0.157 7	0.126 4	0.101 5
25	0.779 8	0.609 5	0.477 6	0.375 1	0.295 3	0.233 0	0.184 2	0.146 0	0.116 0	0.092 3
26	0.772 0	0.597 6	0.463 7	0.360 4	0.281 2	0.219 8	0.172 2	0.135 2	0.106 4	0.083 9
27	0.764 4	0.585 9	0.450 2	0.346 8	0.267 8	0.207 4	0.160 9	0.125 2	0.097 6	0.076 3
28	0.756 8	0.574 4	0.437 1	0.333 5	0.255 1	0.195 6	0.150 4	0.115 9	0.089 5	0.069 3
29	0.749 3	0.563 1	0.424 3	0.320 7	0.242 9	0.184 6	0.140 6	0.107 3	0.082 2	0.063 0
30	0.741 9	0.552 1	0.412 0	0.308 3	0.231 4	0.174 1	0.131 4	0.099 4	0.075 4	0.057 3
35	0.705 9	0.500 0	0.355 4	0.253 4	0.181 3	0.130 1	0.093 7	0.067 6	0.049 0	0.035 6
40	0.671 7	0.452 9	0.306 6	0.208 3	0.142 0	0.097 2	0.066 8	0.046 0	0.031 8	0.022 1
45	0.649 1	0.410 2	0.264 4	0.171 2	0.111 3	0.072 7	0.047 6	0.031 3	0.020 7	0.013 7
50	0.608 0	0.371 5	0.228 1	0.140 7	0.087 2	0.054 3	0.033 9	0.021 3	0.013 4	0.008 5
55	0.578 5	0.336 5	0.196 8	0.115 7	0.068 3	0.040 6	0.024 2	0.014 5	0.008 7	0.005 3

（续表）

期数	12%	14%	15%	16%	18%	20%	24%	28%	32%	36%
1	0. 892 9	0. 877 2	0. 869 6	0. 862 1	0. 847 5	0. 833 3	0. 806 5	0. 781 3	0. 757 6	0. 735 3
2	0. 797 2	0. 769 5	0. 756 1	0. 743 2	0. 718 2	0. 694 4	0. 650 4	0. 610 4	0. 573 9	0. 540 7
3	0. 711 8	0. 675 0	0. 657 5	0. 640 7	0. 608 6	0. 578 7	0. 524 5	0. 476 8	0. 434 8	0. 397 5
4	0. 635 5	0. 592 1	0. 571 8	0. 552 3	0. 515 8	0. 482 3	0. 423 0	0. 372 5	0. 329 4	0. 292 3
5	0. 567 4	0. 519 4	0. 497 2	0. 476 2	0. 437 1	0. 401 9	0. 341 1	0. 291 0	0. 249 5	0. 214 9
6	0. 506 6	0. 455 6	0. 432 3	0. 410 4	0. 370 4	0. 334 9	0. 275 1	0. 227 4	0. 189 0	0. 158 0
7	0. 452 3	0. 399 6	0. 375 9	0. 353 8	0. 313 9	0. 279 1	0. 221 8	0. 177 6	0. 143 2	0. 116 2
8	0. 403 9	0. 350 6	0. 326 9	0. 305 0	0. 266 0	0. 232 6	0. 178 9	0. 138 8	0. 108 5	0. 085 4
9	0. 360 6	0. 307 5	0. 284 3	0. 263 0	0. 225 5	0. 193 8	0. 144 3	0. 108 4	0. 082 2	0. 062 8
10	0. 322 0	0. 269 7	0. 247 2	0. 226 7	0. 191 1	0. 161 5	0. 116 4	0. 084 7	0. 062 3	0. 046 2
11	0. 287 5	0. 236 6	0. 214 9	0. 195 4	0. 161 9	0. 134 6	0. 093 8	0. 066 2	0. 047 2	0. 034 0
12	0. 256 7	0. 207 6	0. 186 9	0. 168 5	0. 137 3	0. 112 2	0. 055 7	0. 051 7	0. 035 7	0. 025 0
13	0. 229 2	0. 182 1	0. 162 5	0. 145 2	0. 116 3	0. 093 5	0. 061 0	0. 040 4	0. 027 1	0. 018 4
14	0. 204 6	0. 159 7	0. 141 3	0. 125 2	0. 098 5	0. 077 9	0. 049 2	0. 031 6	0. 020 5	0. 013 5
15	0. 182 7	0. 140 1	0. 122 9	0. 107 9	0. 083 5	0. 064 9	0. 039 7	0. 024 7	0. 015 5	0. 009 9
16	0. 163 1	0. 122 9	0. 106 9	0. 098 0	0. 070 9	0. 054 1	0. 032 0	0. 019 3	0. 011 8	0. 007 3
17	0. 145 6	0. 107 8	0. 092 9	0. 080 2	0. 060 0	0. 045 1	0. 025 9	0. 015 0	0. 008 9	0. 005 4
18	0. 130 0	0. 094 6	0. 080 8	0. 069 1	0. 050 8	0. 037 6	0. 020 8	0. 011 8	0. 006 8	0. 003 9
19	0. 116 1	0. 082 9	0. 070 3	0. 059 6	0. 043 1	0. 031 3	0. 016 8	0. 009 2	0. 005 1	0. 002 9
20	0. 103 7	0. 072 8	0. 061 1	0. 051 4	0. 036 5	0. 026 1	0. 013 5	0. 007 2	0. 003 9	0. 002 1
21	0. 092 6	0. 063 8	0. 053 1	0. 044 3	0. 030 9	0. 021 7	0. 010 9	0. 005 6	0. 002 9	0. 001 6
22	0. 082 6	0. 056 0	0. 046 2	0. 038 2	0. 026 2	0. 018 1	0. 008 8	0. 004 4	0. 002 2	0. 001 2
23	0. 073 8	0. 049 1	0. 040 2	0. 032 9	0. 022 2	0. 015 1	0. 007 1	0. 003 4	0. 001 7	0. 000 8
24	0. 065 9	0. 043 1	0. 034 9	0. 028 4	0. 018 8	0. 012 6	0. 005 7	0. 002 7	0. 001 3	0. 000 6
25	0. 058 8	0. 037 8	0. 030 4	0. 024 5	0. 016 0	0. 010 5	0. 004 6	0. 002 1	0. 001 0	0. 000 5
26	0. 052 5	0. 033 1	0. 026 4	0. 021 1	0. 013 5	0. 008 7	0. 003 7	0. 001 6	0. 000 7	0. 000 3
27	0. 046 9	0. 029 1	0. 023 0	0. 018 2	0. 011 5	0. 007 3	0. 003 0	0. 001 3	0. 000 6	0. 000 2
28	0. 041 9	0. 025 5	0. 020 0	0. 015 7	0. 009 7	0. 006 1	0. 002 4	0. 001 0	0. 000 4	0. 000 2
29	0. 037 4	0. 022 4	0. 017 4	0. 013 5	0. 008 2	0. 005 1	0. 002 0	0. 000 8	0. 000 3	0. 000 1
30	0. 033 4	0. 019 6	0. 015 1	0. 011 6	0. 007 0	0. 004 2	0. 001 6	0. 000 6	0. 000 2	0. 000 1
35	0. 018 9	0. 010 2	0. 007 5	0. 005 5	0. 003 0	0. 001 7	0. 000 5	0. 000 2	0. 000 1	*
40	0. 010 7	0. 005 3	0. 003 7	0. 002 6	0. 001 3	0. 000 7	0. 000 2	0. 000 1	*	*
45	0. 006 1	0. 002 7	0. 001 9	0. 001 3	0. 000 6	0. 000 3	0. 000 1	*	*	*
50	0. 003 5	0. 001 4	0. 000 9	0. 000 6	0. 000 3	0. 000 1	*	*	*	*
55	0. 002 0	0. 000 7	0. 000 5	0. 000 3	0. 000 1	*	*	*	*	*
	*<.0 001									

附表三 **1元年金终值表**

期数	1%	2%	3%	4%	5%	6%	7%	8%	9%	10%
1	1.000 0	1.000 0	1.000 0	1.000 0	1.000 0	1.000 0	1.000 0	1.000 0	1.000 0	1.000 0
2	2.010 0	2.020 0	2.030 0	2.040 0	2.050 0	2.060 0	2.070 0	2.080 0	2.090 0	2.100 0
3	3.030 1	3.060 4	3.090 9	3.121 6	3.152 5	3.183 6	3.214 9	3.246 4	3.278 1	3.310 0
4	4.060 4	4.121 6	4.183 6	4.246 5	4.310 1	4.374 6	4.439 9	4.506 1	4.573 1	4.641 0
5	5.101 0	5.204 0	5.309 1	5.416 3	5.525 6	5.637 1	5.750 7	5.866 6	5.984 7	6.105 1
6	6.152 0	6.308 1	6.468 4	6.633 0	6.801 9	6.975 3	7.153 3	7.335 9	7.523 3	7.715 6
7	7.213 5	7.434 3	7.662 5	7.898 3	8.142 0	8.393 8	8.654 0	8.922 8	9.200 4	9.487 2
8	8.285 7	8.583 0	8.892 3	9.214 2	9.549 1	9.897 5	10.260	10.637	11.028	11.436
9	9.368 5	9.754 6	10.159	10.583	11.027	11.491	11.978	12.488	13.021	13.579
10	10.462	10.950	11.464	12.006	12.578	13.181	13.816	14.487	15.193	15.937
11	11.567	12.169	12.808	13.486	14.207	14.972	15.784	16.645	17.560	18.531
12	12.683	13.412	14.192	15.026	15.917	16.870	17.888	18.977	20.141	21.384
13	13.809	14.680	15.618	16.627	17.713	18.882	20.141	21.495	22.953	24.523
14	14.947	15.974	17.086	18.292	19.599	21.015	22.550	24.214	26.019	27.975
15	16.097	17.293	18.599	20.024	21.579	23.276	25.129	27.152	29.361	31.772
16	17.258	18.639	20.157	21.825	23.657	25.673	27.888	30.324	33.003	35.950
17	18.430	20.012	21.762	23.698	25.840	28.213	30.840	33.750	36.974	40.545
18	19.615	21.412	23.414	25.645	28.132	30.906	33.999	37.450	41.301	45.599
19	20.811	22.841	25.117	27.671	30.539	33.760	37.379	41.446	46.018	51.159
20	22.019	24.297	26.870	29.778	33.066	36.786	40.995	45.752	51.160	57.275
21	23.239	25.783	28.676	31.969	35.719	39.993	44.865	50.423	56.765	64.002
22	24.472	27.299	30.537	34.248	38.505	43.392	49.006	55.457	62.873	71.403
23	25.716	28.845	32.453	36.618	41.430	46.996	53.436	60.883	69.532	79.543
24	26.973	30.422	34.426	39.083	44.502	50.816	58.177	66.765	76.790	88.497
25	28.243	32.030	36.459	41.646	47.727	54.863	63.249	73.106	84.701	98.347
26	29.526	33.671	38.553	44.312	51.113	59.156	68.676	79.954	93.324	109.18
27	30.821	35.344	40.710	47.084	54.669	63.706	74.484	87.351	102.72	121.10
28	32.129	37.051	42.931	49.968	58.403	68.528	80.698	95.339	112.97	134.21
29	33.450	38.792	45.219	52.966	62.323	73.640	87.347	103.97	124.14	148.63
30	34.785	40.568	47.575	56.085	66.439	79.058	94.461	113.28	136.31	164.49
40	48.886	60.402	75.401	95.026	120.80	154.76	199.64	259.06	337.88	442.59
50	64.463	84.579	112.80	152.67	209.35	290.34	406.53	573.77	815.08	1 163.9
60	81.670	114.05	163.05	237.99	353.58	533.13	813.52	1 253.2	1 944.8	3 034.8

（续表）

期数	12%	14%	15%	16%	18%	20%	24%	28%	32%	36%
1	1.000 0	1.000 0	1.000 0	1.000 0	1.000 0	1.000 0	1.000 0	1.000 0	1.000 0	1.000 0
2	2.120 0	2.140 0	2.150 0	2.160 0	2.180 0	2.200 0	2.240 0	2.280 0	2.320 0	2.360 0
3	3.374 4	3.439 6	3.472 5	3.505 6	3.572 4	3.640 0	3.777 6	3.918 4	3.062 4	3.209 6
4	4.779 3	4.921 1	4.993 4	5.066 5	5.215 4	5.368 0	5.684 2	6.015 6	6.362 4	6.725 1
5	6.352 8	6.610 1	6.742 4	6.877 1	7.154 2	7.441 6	8.048 4	8.699 9	9.398 3	10.146
6	8.115 2	8.535 5	8.753 7	8.977 5	9.442 0	9.929 9	10.980	12.136	13.406	14.799
7	10.089	10.730	11.067	11.414	12.142	12.916	14.615	16.534	18.696	21.126
8	12.300	13.233	13.727	14.240	15.327	16.499	19.123	22.163	25.678	29.732
9	14.776	16.085	16.786	17.519	19.086	20.799	24.712	29.369	34.895	41.435
10	17.549	19.337	20.304	21.321	23.521	25.959	31.643	38.593	47.062	57.352
11	20.655	23.045	24.349	25.733	28.755	32.150	40.238	50.398	63.122	78.998
12	24.133	27.271	29.002	30.850	34.931	39.581	50.895	65.510	84.320	108.44
13	28.029	32.089	34.352	36.786	42.219	48.497	64.110	84.853	112.30	148.47
14	32.393	37.581	40.505	43.672	50.818	59.196	80.496	109.61	149.24	202.93
15	37.280	43.842	47.580	51.660	60.965	72.035	100.82	141.30	198.00	276.98
16	42.753	50.980	55.717	60.925	72.939	87.442	126.01	181.87	262.36	377.69
17	48.884	59.118	65.075	71.673	87.068	105.93	157.25	233.79	347.31	514.66
18	55.750	68.394	75.836	84.141	103.74	128.12	195.99	300.25	459.45	770.94
19	63.440	78.969	88.212	98.603	123.41	154.74	244.03	385.32	607.47	954.28
20	72.052	91.025	102.44	115.38	146.63	186.69	303.60	494.21	802.86	1 298.8
21	81.699	104.77	118.81	134.84	174.02	225.03	377.46	633.59	1 060.8	1 767.4
22	92.503	120.44	137.63	157.41	206.34	271.03	469.06	812.00	1 401.2	2 404.7
23	104.60	138.30	159.28	183.60	244.49	326.24	582.63	1 040.4	1 850.6	3 271.3
24	118.16	158.66	184.17	213.98	289.49	392.48	723.46	1 332.7	2 443.8	4 450.0
25	133.33	181.87	212.79	249.21	342.60	471.98	898.09	1 706.8	3 226.8	6 053.0
26	150.33	208.33	245.71	290.09	405.27	567.38	1 114.6	2 185.7	4 260.4	8 233.1
27	169.37	238.50	283.57	337.50	479.22	681.85	1 383.1	2 798.7	5 624.8	11 198.0
28	190.70	272.89	327.10	392.50	566.48	819.22	1 716.1	3 583.3	7 425.7	15 230.3
29	214.58	312.09	377.17	456.30	669.45	984.07	2 129.0	4 587.7	9 802.9	20 714.2
30	241.33	356.79	434.75	530.31	790.95	1 181.9	2 640.9	5 873.2	12 941	28 172.3
40	767.09	1 342.0	1 779.1	2 360.8	4 163.2	7 343.2	27 290	69 377	*	*
50	2 400.0	4 994.5	7 217.7	10 436	21 813	45 497	*	*	*	*
60	7 471.6	18 535	29 220	46 058	*	*	*	*	*	*
	* >99 999									

附表四 **1元年金现值表**

期数	1%	2%	3%	4%	5%	6%	7%	8%	9%
1	0.990 1	0.980 4	0.970 9	0.961 5	0.952 4	0.943 4	0.934 6	0.925 9	0.917 4
2	1.970 4	1.941 6	1.913 5	1.886 1	1.859 4	1.833 4	1.808 0	1.783 3	1.759 1
3	2.941 0	2.883 9	2.828 6	2.775 1	2.723 2	2.673 0	2.624 3	2.577 1	2.531 3
4	3.902 0	3.807 7	3.717 1	3.629 9	3.546 0	3.465 1	3.387 2	3.312 1	3.239 7
5	4.853 4	4.713 5	4.579 7	4.451 8	4.329 5	4.212 4	4.100 2	3.992 7	3.889 7
6	5.795 5	5.601 4	5.417 2	5.242 1	5.075 7	4.917 3	4.766 5	4.622 9	4.485 9
7	6.728 2	6.472 0	6.230 3	6.002 1	5.786 4	5.582 4	5.389 3	5.206 4	5.033 0
8	7.651 7	7.325 5	7.019 7	6.732 7	6.463 2	6.209 8	5.971 3	5.746 6	5.534 8
9	8.566 0	8.162 2	7.786 1	7.435 3	7.107 8	6.801 7	6.515 2	6.246 9	5.995 2
10	9.471 3	8.982 6	8.530 2	8.110 9	7.721 7	7.360 1	7.023 6	6.710 1	6.417 7
11	10.367 6	9.786 8	9.252 6	8.760 5	8.306 4	7.886 9	7.498 7	7.139 0	6.805 2
12	11.255 1	10.575 3	9.954 0	9.385 1	8.863 3	8.383 8	7.942 7	7.536 1	7.160 7
13	12.133 7	11.348 4	10.635 0	9.985 6	9.393 6	8.852 7	8.357 7	7.903 8	7.486 9
14	13.003 7	12.106 2	11.296 1	10.563 1	9.898 6	9.295 0	8.745 5	8.244 2	7.786 2
15	13.865 1	12.849 3	11.937 9	11.118 4	10.379 7	9.712 2	9.107 9	8.559 5	8.060 7
16	14.717 9	13.577 7	12.561 1	11.652 3	10.837 8	10.105 9	9.446 6	8.851 4	8.312 6
17	15.562 3	14.291 9	13.166 1	12.165 7	11.274 1	10.477 3	9.763 2	9.121 6	8.543 6
18	16.398 3	14.992 0	13.753 5	12.689 6	11.689 6	10.827 6	10.059 1	9.371 9	8.755 6
19	17.226 0	15.678 5	14.323 8	13.133 9	12.085 3	11.158 1	10.335 6	9.603 6	8.960 1
20	18.045 6	16.351 4	14.877 5	13.590 3	12.462 2	11.469 9	10.594 0	9.818 1	9.128 5
21	18.857 0	17.011 2	15.415 0	14.029 2	12.821 2	11.764 1	10.835 5	10.016 8	9.029 22
22	19.660 4	17.658 0	15.936 9	14.451 1	13.488 6	12.303 4	11.061 2	10.200 7	9.442 4
23	20.455 8	18.292 2	16.443 6	14.856 8	13.488 6	12.303 4	11.272 2	10.371 1	9.580 2
24	21.243 4	18.913 9	16.935 5	15.247 0	13.798 6	12.550 4	11.469 3	10.528 8	9.706 6
25	22.023 2	19.523 5	17.413 1	15.622 1	14.093 9	12.783 4	11.653 6	10.674 8	9.822 6
26	22.795 2	20.121 0	17.876 8	15.982 8	14.375 2	13.003 2	11.825 8	10.810 0	9.929 0
27	23.559 6	20.705 9	18.327 0	16.329 6	14.643 0	13.210 5	11.986 7	10.935 2	10.026 6
28	24.316 4	21.281 3	18.764 1	16.663 1	14.898 1	13.406 2	12.137 1	11.051 1	10.116 1
29	25.065 8	21.844 4	19.188 5	16.983 7	15.141 1	13.590 7	12.277 7	11.158 4	10.198 3
30	25.807 7	22.396 5	19.600 4	17.292 0	15.372 5	13.764 8	12.409 0	11.257 8	10.273 7
35	29.408 6	24.998 6	21.487 2	18.664 6	16.374 2	14.498 2	12.947 7	11.654 6	10.566 8
40	32.834 7	27.355 5	23.114 8	19.792 8	17.159 1	15.046 3	13.331 7	11.924 6	10.757 4
45	36.094 5	29.490 2	24.518 7	20.720 0	17.774 1	15.455 8	13.605 5	12.108 4	10.881 2
50	39.196 1	31.423 6	25.729 8	21.482 2	18.255 9	15.761 9	13.800 7	12.233 5	10.961 7
55	42.147 2	33.174 8	26.774 4	22.108 6	18.633 5	15.990 5	13.939 9	12.318 6	11.014 0

（续表）

期数	10%	12%	14%	15%	16%	18%	20%	24%	28%	32%
1	0.909 1	0.892 9	0.877 2	0.869 6	0.862 1	0.847 5	0.833 3	0.806 5	0.781 3	0.757 6
2	1.735 5	1.690 1	1.646 7	1.625 7	1.605 2	1.565 6	1.527 8	1.456 8	1.391 6	1.331 5
3	2.486 9	2.401 8	2.321 6	2.283 2	2.245 9	2.174 3	2.106 5	1.981 3	1.868 4	1.766 3
4	3.169 9	3.037 3	2.917 3	2.855 0	2.798 2	2.690 1	2.588 7	2.404 3	2.241 0	2.095 7
5	3.790 8	3.604 8	3.433 1	3.352 2	3.274 3	3.127 2	2.990 6	2.745 4	2.532 0	2.345 2
6	4.355 3	4.111 4	3.888 7	3.784 5	3.684 7	3.497 6	3.325 5	3.020 5	2.759 4	2.534 2
7	4.868 4	4.563 8	4.288 2	4.160 4	4.038 6	3.811 5	3.604 6	3.242 3	2.937 0	2.677 5
8	5.334 9	4.967 6	4.638 9	4.487 3	4.343 6	4.077 6	3.837 2	3.421 2	3.075 8	2.786 0
9	5.759 0	5.328 2	4.916 4	4.771 6	4.606 5	4.303 0	4.031 0	3.565 5	3.184 2	2.868 1
10	6.144 6	5.650 2	5.216 1	5.018 8	4.833 2	4.494 1	4.192 5	3.681 9	3.268 9	2.930 4
11	6.495 1	5.937 7	5.452 7	5.233 7	5.028 6	4.656 0	4.327 1	3.775 7	3.335 1	2.977 6
12	6.813 7	6.194 4	5.660 3	5.420 6	5.197 1	4.793 2	4.439 2	3.851 4	3.386 8	3.013 3
13	7.103 4	6.423 5	5.842 4	5.583 1	5.342 3	4.909 5	4.532 7	3.912 4	3.427 2	3.040 4
14	7.366 7	6.628 2	6.002 1	5.724 5	5.467 5	5.008 1	4.610 6	3.961 6	3.458 7	3.060 9
15	7.606 1	6.810 9	6.142 2	5.847 4	5.575 5	5.091 6	4.675 5	4.001 3	3.483 4	3.076 4
16	7.823 7	6.974 0	6.265 1	5.954 2	5.668 5	5.162 4	4.729 6	4.033 3	3.502 6	3.088 2
17	8.021 6	7.119 6	6.372 9	6.047 2	5.748 7	5.222 3	4.774 6	4.059 1	3.517 7	3.097 1
18	8.021 6	7.249 7	6.467 4	6.128 0	5.817 8	5.273 2	4.812 2	4.079 9	3.529 4	3.103 9
19	8.364 9	7.365 8	6.550 4	6.198 2	5.877 5	5.316 2	4.843 5	4.096 7	3.538 6	3.109 0
20	8.513 6	7.469 4	6.623 1	6.259 3	5.928 8	5.352 7	4.869 6	4.110 3	3.545 8	3.112 9
21	8.648 7	7.562 0	6.687 0	6.312 5	5.973 1	5.383 7	4.891 3	4.121 2	3.551 4	3.115 8
22	8.771 5	7.644 6	6.742 9	6.358 7	6.011 3	5.409 9	4.909 4	4.130 0	3.555 8	3.118 0
23	8.883 2	7.718 4	6.792 1	6.398 8	6.044 2	5.342 1	4.924 5	4.137 1	3.559 2	3.119 7
24	8.984 7	7.784 3	6.835 1	6.433 8	6.072 6	5.450 9	4.937 1	4.142 8	3.561 9	3.121 0
25	9.077 0	7.843 1	6.872 9	6.464 1	6.097 1	5.466 9	4.947 6	4.147 4	3.564 0	3.122 0
26	9.160 9	7.895 7	6.906 1	6.490 6	6.118 2	5.480 4	4.956 3	4.151 1	3.565 6	3.122 7
27	9.237 2	7.942 6	6.935 2	6.513 5	6.136 4	5.491 9	4.963 6	4.154 2	3.566 9	3.123 3
28	9.306 6	7.984 4	6.960 7	6.533 5	6.152 0	5.501 6	4.969 7	4.156 6	3.567 9	3.123 7
29	9.369 6	8.021 8	6.983 0	6.550 9	6.165 6	5.509 8	4.974 7	4.158 5	3.568 7	3.124 0
30	9.426 9	8.055 2	7.002 7	6.566 0	6.177 2	5.516 6	4.978 9	4.160 1	3.569 3	3.124 2
35	9.644 2	8.175 5	7.070 0	6.616 6	6.215 3	5.538 6	4.991 5	4.164 4	3.570 8	3.124 8
40	9.779 1	8.243 8	7.105 0	6.641 8	6.233 5	5.548 2	4.996 6	4.165 9	3.571 2	3.125 0
45	9.862 8	8.282 5	7.123 2	6.654 3	6.242 1	5.552 3	4.998 6	4.166 4	3.571 4	3.125 0
50	9.914 8	8.304 5	7.132 7	6.660 5	6.246 3	5.554 1	4.999 5	4.166 6	3.571 4	3.125 0
55	9.947 1	8.317 0	7.137 6	6.663 6	6.248 2	5.554 9	4.999 8	4.166 6	3.571 4	3.125 0